概説 イギリス文化史

佐久間康夫/中野葉子/太田雅孝 編著

ミネルヴァ書房

はしがき

　昔の建物を改装したB＆B（1泊朝食つきの民宿）の食卓につくと，目の前にほかほかと湯気立つフル・イングリッシュ・ブレックファストが出てきた。薄切りの食パンを焼いた3角形のトーストを立てて並べた皿の前には，カリカリに焼いたベーコン，太くて長いソーセージ，ハッシュド・ポテトや焼きトマト，マッシュルームにベイクド・ビーンズ，それに目玉焼き。これらが大きな皿に載せられている。卵はスクランブルでもいいし，ポーチド・エッグにしてもいい。肉は大きなハムがつくこともある。飲み物は，紅茶はもちろん，コーヒーやハーブ・ティー，各種フルーツ・ジュースも飲める。シリアルがいい人はそれを希望すればいい。朝からこんなにボリュームたっぷりの食事をいただくということだけでも，楽しい異文化感覚である。よくイギリスの食事はまずいと言われてきたが，食べ物がすべてまずかったら2,000年来この国に人間の姿はなかったであろう。こうしたことを見過ごしてしまっては，文化は語れない。

　経済的な繁栄の時代は去り，その意味ではややくすんで見えるが，イギリスはいまだにいろいろな魅力を放つ文化を持っている。日本でもよく知られたイギリスのキャラクターを挙げれば，世界に名だたる007やビートルズ，有名政治家のチャーチルやサッチャーやブレア，他にもシェイクスピア，ガリバー，アリス，キャロル，ディケンズ，ピーター・パン，アガサ・クリスティー，シャーロック・ホームズ，メアリー・ポピンズ，ピーター・ラビット，くまのプーさん，ウェッジウッド，ローラ・アシュレイ，ダイアナ妃，ハリー・ポッターなどなど，きりがない。

　さらに最近の日本でも評判のナショナル・トラストやイングリッシュ・ガーデンは，まさにイギリス人の自然に対する態度をよく表しているものといえる。シシングハースト城の庭園はその代表的なものだろうが，他にも小説『嵐が丘』の舞台となったハワースの荒野や，詩人ワーズワスの歩き回った湖水地方，

ウィリアム・モリスが賞賛したコッツウォルズの中世的な名残りを漂わす風景など，どこをとっても自然をこよなく愛してきたイギリス人の感性を窺わせるものがある。ストーンヘンジの謎の遺跡や，チェスターやヨークの城壁のある古い街など，昔のケルトやローマの支配した時代を偲ばせる歴史的由緒のある場所があるかと思えば，最近では特急ユーロスターが走り，ロンドンからパリまで日帰りで往復6時間の旅というモダンな面を見せる。

　イギリスは，2,000年前にローマによってヨーロッパに組み込まれて以来，幾度も外来の文化と接触してきたが，現在も，いやおうなく多文化的な世界の流れに直面している。いまのロンドンは，ニューヨークに次いで多民族的な都市になっているといえるだろう。革新を受けいれる精神と，伝統を大切にする心，これこそまさにイギリス人の豊かな文化を培ってきた絶妙のバランス感覚であろう。

　そうしたことからはじめて，さらに旅行ガイドの本では得られない文化を見る視点がないと，本当のイギリス文化の複雑さは見えてこない。伝統と呼ばれるようなクオリティー・オヴ・ライフ（暮らしや生き方の質）を持つにいたった社会は，人々のどのような考え方・感じ方から生まれ育ってきたのか。また，歴史のいたずらのような流れが，イギリスという国と文化をどう変容させ，何を世界にもたらしたのか。どのようなことが人間の感覚と思考を大きく深く変貌させ，現代のわれわれの生き方に影響を与えてきたのだろうか。この不思議の国のユニークな文化をさまざまな切り口から歴史的に眺め，今までにない社会史的パースペクティヴを示そうと試みていることが本書の大きな特徴である。

　イギリス文化は，アメリカ文化と異なり，長い年月を経て醸造されてきたものだから，その文化を1冊の本で紹介するとなると，なかなか一筋縄ではいかない。これほど深い伝統と文化を持つ社会を限られたページ数の内に掬い取ろうとするとき，端然と理論的に整理された形は取りたくても取れず，必然的に混沌を抱きこむようなアプローチとならざるをえない。しかし，その思いもよらぬ広がりこそ，じつに興味深いイメージの乱反射を生み出し，類書では得られないような，ありがたい偶然の結果を本書にもたらしてくれたように思う。

　何を取り上げても，どこを掘り下げようと，必ず大小さまざまな宝石の原石

が出てくるのがイギリス文化の面白さである。人間の叡智や尊厳ばかりでなく，人間の愚かさも傲慢さもそこには顔を出す。この豊かな文化が，元来は4つの別の国であった地域から成り立つところに，複雑な階級社会の中で育まれてきたことや，世界的にも珍しくなった王室と宗教と教育制度を持ち，シェイクスピアやディケンズのような世界に誇りうる文学を持ち，カントリー・ハウスやイングリッシュ・ガーデンのような独特の風味を持ち，さらには大英帝国と植民地主義や産業革命への素早い対応など，じつに多面的な様相を示し，かつそれらが興味深い歴史を持っているということは，きわめて驚嘆に価する。

　これほど面白い文化史というものは，他には（あるとして，しかも井の中の蛙ふうに言えばだが）わが国くらいのものではないだろうか。また，文化というものには，単に目に見えることばかりでなく，昔から現代にいたるまで，時代をまたがるようにして人々の頭の中を染めてきた世界観や自然観などの，輻輳し変容する流れがあることもまた見逃せない。これは，従来の文化史にはほとんど見られない視点であるが，そうした文化の背景にも着目した紹介書として，本書が読者の理解の一助となることを願っている。

　本書の基本的な構成としては，まず各章の歴史的概説においてテーマ全体の流れを把握し，さらに4つほどの重要な項目を立ててそれぞれの詳しい解説を行い，その章が扱うテーマに関連した文章の原典を引用紹介し，対照的に翻訳を付けてある。さらに興味深いコラムを全体にわたって配置し，できるだけ楽しく読んでもらえるように工夫した。また，巻末には各章の参考文献を10冊前後あげておいた。それだけでなく，見やすく分かりやすい年表や地図も付けておいたのでお役に立てるものと信じている。

　本書は，全体のバランスを考えながら構成されたものではあるが，各章の記述は独立性が高く，それゆえどこから読み始めても構わないものになっている。これからイギリス文化を理解したいと思う方々も，あるいはいままでイギリス文化に興味を抱いてきた方々も，ぜひとも本書を手に取り，イギリス人やイギリス文化の歴史を学んだまなざしで，現在のイギリスを多角的に味わってほしい。ひいては，それがまたわが国の文化を考え直し，新しい時代の良質な文化を創り出すきっかけになれば，と密かに祈念するものである。

編集に際しては，全体の統一や目配りに十分配慮したつもりであるが，不備不足の点も多々あることかと思われる。忌憚のないご意見・ご教示をいただければ幸いである。

　イギリス文化を紹介する仕事は，想像以上の時間がかかった。手間のかかる地道な作業が多く，たいがいの執筆者は悪戦苦闘の状態に陥りながらも，よくこうした形になるまで努力していただいたと思う。心から感謝したい。また，地図・年表・索引の作成にあたっては，島﨑はつよ氏に協力していただいた。さらには編集過程で有意義なご助言をしてくださった方々にも，この場をかりてお礼を申し上げたい。

　最後になってしまったが，ミネルヴァ書房の杉田啓三氏と編集部の澤村由佳さんには改めて感謝したい。いろいろ紆余曲折があったにもかかわらず，辛抱強くお世話していただいたことは忘れられない。長い間，ほんとうにありがとうございました。

2002年2月

　　　　　　　　　　　　　　　　　　　　　　　　　　　編　　者

目　　次

はしがき
イギリス略図

I　風土と伝統

第1章　4つの文化圏 ………………………… 緒方孝文 …2

概説　イギリスのなりたち ……………………… 2
「イギリス」の正式名と歴史的変遷　「6か国対抗ラグビー選手権」に見る国家意識　民族意識の形成　アイデンティティの葛藤とナショナリティ

1　バラの花咲く丘陵の郷, イングランド ……………… 8
成立の時期　イングランド人の外国人嫌い　アングロ・ノルマン的現実主義

2　誇りたかきケルトの国, ウェールズ ……………… 12
統一国家の形成に消極的　ウェールズ人の誇りと「プリンス・オヴ・ウェールズ」　ウェールズ語迫害の歴史

3　森と湖の国, スコットランド ……………………… 15
イングランドへの対抗意識　麦とスコッチ　『蛍の光』とタータン

4　みどりの島, 北アイルランド ……………………… 18
ケルト勢力とアングロ・ノルマン人の侵入　プロテスタントとカトリックの対立　2つのアイリッシュ

原典をたのしむ
「イギリス的性質についてのノート」 ………………………… 21
「はじめて見るイングランド」 ………………………………… 22

第2章　王室と宗教 ……………………………… 橋本清一 … 24

概説　王室の宗教的変遷 …………………………………… 24

大陸の宗教改革とヘンリー8世の宗教改革　ヘンリー8世の3人の子どもたちの宗教改革　ジェイムズ1世とチャールズ1世の専制政治　オリヴァー・クロムウェルの共和政とチャールズ2世の王政復古　ジェイムズ2世と名誉革命後のスチュアート朝　ジョージ1世とハノーヴァー朝

1　イギリス国教会の誕生と発展——ヘンリー8世からエドワード6世へ … 30

ヘンリー8世の離婚問題とイギリス国教会の誕生　エドワード6世と2人の護民官

2　血まみれのメアリと処女王エリザベス ………………………… 32

メアリ1世のカトリック信仰　エリザベス1世とイギリス国教会の成立　エリザベス1世の対外政策とエリザベス朝の文学

3　王権神授説とピューリタン革命 ………………………………… 33

ジェイムズ1世と『欽定訳聖書』の刊行　チャールズ1世と「権利の請願」　ピューリタン革命と共和政

4　王政復古から名誉革命へ ………………………………………… 35

チャールズ2世と2大政党の誕生　ジェイムズ2世とオレンジ公ウィリアム　名誉革命と権利の章典　ウィリアム3世の対外政策

原典をたのしむ

『ユートピア』……………………………………………………………… 40
『欽定訳聖書—山上の垂訓—』………………………………………… 41
「権利の章典」……………………………………………………………… 42

第3章　貴族の城館と庭園 …………………… 杉恵惇宏 … 47

概説　カントリー・ハウスの誕生と盛衰 ……………………… 47

はじめに城ありき　修道院とカントリー・ハウス　宮廷のカントリー・ハウス訪問の意味　12人の公爵誕生　政治活動の拠点として　館の改造と改築　20世紀に向けて　館の戦中の役割　E. ウォーとカントリー・ハウス

1　カントリー・ハウスとナショナル・トラスト …………………… 55

　　　　ナショナル・トラストの誕生　カントリー・ハウス保存の貢献者たち
　　　　トラストが所有したカントリー・ハウス

　　2　ガーデニングと風景式庭園………………………………………………57
　　　　ガーデニング熱　風景庭園をデザインした人たち　風景庭園の粋　風景
　　　　庭園とジェイン・オースティン

　　3　使用人部屋（Below Stairs）……………………………………………61
　　　　使用人の世界　使用人の階級社会　家族と使用人の関係

　　4　ステイトリー・ホーム・ビジネス――館の一般公開へ………………64
　　　　カントリー・ハウス訪問の今昔　ステイトリー・ホーム・ビジネスの先
　　　　駆

　原典をたのしむ
　　『高慢と偏見』………………………………………………………………68
　　『日の名残り』………………………………………………………………70

II　表象の身ぶり　　　　　　　　　　　　　　　　　　　　　　73

第4章　われら役者は影法師 ……………………… 佐久間康夫…74

　概説　中世から19世紀までの劇場と俳優………………………………74
　　　　民衆演劇の黎明　チューダー朝に花開く演劇　エリザベス朝の劇場
　　　　ウィリアム・シェイクスピア　宮廷仮面劇　王政復古とともにおきた一
　　　　大変化　18世紀にかけて　19世紀は名優の世紀　スペクタクルとメロド
　　　　ラマの時代

　　1　シアター・ロイヤル・ドゥルリー・レイン……………………………83
　　　　通りの由来　生ける伝説　黄金時代の予感　3代目，そして4代目へ
　　　　名優の出演に沸く舞台

　　2　ウェスト・エンドの誘惑…………………………………………………87
　　　　劇場の街　レパートリーの特色　ウェスト・エンドの内と外　エピソー
　　　　ドの落穂拾い

　　3　名優はいかに鍛えられたか――アンソニー・ホプキンズの演技の秘密…91

　　　　新米俳優の苦闘　成功への階段　焼きつくす演技の炎　いい役とのめぐ
　　　　りあい　入魂の演技力　狂気の殺人鬼を演じる　世界的なスターへ

　原典をたのしむ

　　　『テンペスト』…………………………………………………………… *98*
　　　「ロンドンの劇場に寄せて」…………………………………………… *99*

第5章　拡がる地平　………………………………… 木下　卓… *101*

概説　2つの革命 …………………………………………………… *101*

　　　　農業革命　産業革命　産業革命の担い手たち　産業革命の結果

1　鉄道の誕生 ……………………………………………………… *105*

　　　　馬車・船から鉄道へ　鉄道の影響力

2　鉄道の社会学 …………………………………………………… *108*

　　　　リゾートの誕生　出版への影響

3　旅とイデオロギー ……………………………………………… *111*

　　　　旅の大衆化　旅と植民地主義　旅する女性たち

4　植民地主義と博物館 …………………………………………… *115*

　　　　博物学の流行　植民地主義と展示物

　原典をたのしむ

　　　『朝鮮奥地紀行』………………………………………………………… *117*

第6章　はばたくメディア ……………………………… 清水　明… *119*

概説　ジャーナリズムと出版の進展 …………………………… *119*

　　　　印刷物の普及　文書合戦の時代　ジョンソンの時代　19世紀　20世紀

1　文学的ジャーナリズムとコーヒー・ハウス ………………… *124*

　　　　新しいジャーナリズムの誕生　コーヒー・ハウスの役割

2　近代的出版形態と活字文化 …………………………………… *126*

　　　　パトロン制の終焉　出版形態の未来

viii

3 高級紙と大衆紙·· 129
      高級紙と大衆紙の比較　『ガーディアン』の週刊版
  4 オーウェルとプロパガンダ······································ 131
      放送メディアの威力　オーウェルの著名作家擁護論

  原典をたのしむ
    『スペクテイター』·· 134
    「チェスターフィールド伯爵閣下」······························ 135

III　生き方をもとめて　　　　　　　　　　　　　　137

第7章　子どもへのまなざし······················太田雅孝···138
  概説　〈子ども〉の文化史··· 138
      〈子ども〉とは何か　〈子ども〉へのまなざし　〈おとな〉の誕生　興味深い仮説　〈子ども〉向けの出版物　〈子ども〉の描かれ方
  1 救貧院・子どもの労働·· 143
      救貧院　子どもの労働　悲惨な時代
  2 マザー・グースの唄··· 147
      伝承童謡集の誕生　本格的なマザー・グース集　文化のゆりかご
  3 〈子ども〉のイメージの変遷···································· 149
      感受性の転換　ロマン派の〈子ども〉像　変容と開花
  4 キャロルとアリスの物語··· 151
      キャロル登場まで　アリスとの出会い　なぞなぞあれこれ

  原典をたのしむ
    『不思議の国のアリス』··· 155
    「マザー・グースの唄①②③」··································· 156

第8章　ジェントルマンのたしなみ…………中野葉子…158

概説　教育——伝統と改革のつづら織り……………………158

僧院での学問　さまざまな学校の誕生　絶対王政の時代　教育における王党派とピューリタンとの対立　公教育の確立　これからの展望

1　騎士道からジェントルマン教育へ……………………164

エチケット教育　騎士教育　紳士としてのたしなみ

2　はじめにオックスブリッジありき……………………166

大学の始まり　タウン・アンド・ガウンとケンブリッジ　大学の民主化　大学民主化の中で

3　パブリック・スクールの功罪……………………169

パブリック・スクールとは？　パブリック・スクールの名声　転機を迎えたパブリック・スクール

4　総合学校システムへの期待……………………172

1944年の教育法とイレヴン・プラス　総合学校　現行教育制度と学外試験の平等化

原典をたのしむ

『完璧なる紳士』……………………177
『トム・ブラウンの学生生活』……………………178
『オックスフォード』……………………179

第9章　問いかける女性たち……………………窪田憲子…181

概説　〈天使〉たちの旅路……………………181

イギリスは女王の国，女の国？　バースの女房と中世の女たち　「家庭の天使」の誕生：ヴィクトリア時代の女性　制約を越えて　教育の普及・世界の広がり　ニュー・ウーマンから現代へ：フェミニズムの世紀

1　もうひとつの女性史——ウーマン・クエスチョン……………………188

聖母マリア？それとも邪悪なイヴ？　女性論の大流行：ヴィクトリア時代　〈科学〉に侵略された女性たち　女性論のポリティックス

2　束縛のなかから……………………191

制度・習慣に縛られて　〈近代国家〉の形成：囲い込まれた女たち　既
　　　婚女性の権利回復　ガヴァネス

　3　長きイバラの道——参政権獲得まで ……………………………… 193
　　　フランス革命に失望して：ウルストンクラフト　ミルの国会演説　サフ
　　　ラジェットの壮絶な闘い

　4　女性と文学 …………………………………………………………… 195
　　　シェイクスピアの妹は存在したか？　中世・ルネサンス期の女性と著作
　　　近代小説と女性　多様な女性作家たちの登場　女性作家はきら星のごと
　　　く：現代イギリス文学

　原典をたのしむ
　　『女性の権利の擁護』……………………………………………………… 199
　　『自分だけの部屋』………………………………………………………… 200

IV　変貌する世界観　　　　　　　　　　　　　　　　　　　　　203

第10章　「大英帝国」の光と影 ……………………… 武井博美 … 204

　概説　「帝国」という意識 ………………………………………………… 204
　　　「大英帝国」という呼称　上訴禁止法　首長令　イギリスの成立過程
　　　ユニオン・ジャック

　1　パクス・ブリタニカ …………………………………………………… 207
　　　万国博覧会　旅行　世界の工場　世界の銀行　伝道の情熱

　2　ヴィクトリアニズム …………………………………………………… 212
　　　2つの国民　大衆社会の時代　中流階級の台頭　中流階級の理想像　王
　　　室一家の団欒図

　3　リスペクタビリティ …………………………………………………… 215
　　　尊敬される人々，皮肉られる人々　ノブレス・オブリージ

　4　世紀末文化 ……………………………………………………………… 217
　　　ボーア戦争の蹉跌　世紀末デカダンス　ヴィクトリア女王　文化研究
　　　負のエネルギー

原典をたのしむ
  「ロンドン」……………………………………………………………… 222
  『文化と帝国主義』……………………………………………………… 223

第11章　パラダイム・シフト……………………植月恵一郎…225
　　　　──〈存在の鎖〉から〈モダニズム／ポストモダニズム〉まで

概説　概念史をたどる……………………………………………………… 225
　　6つのパラダイム　〈存在の鎖〉　〈大宇宙〉と〈小宇宙〉　円環の破壊
　　〈崇高〉：無限性の美学　進化論　モダニズム／ポストモダニズム

1　〈錬金術〉の文化史…………………………………………………… 234
　　錬金術とは？　錬金術と文学　錬金術のメタファー

2　〈山〉の文化史………………………………………………………… 238
　　山の変容　なぜ〈山〉は変容したか？　バーネットの地球論

3　〈海〉の文化史………………………………………………………… 241
　　イギリスと海　海賊から海軍へ　パクス・ブリタニカ

4　〈ユートピア〉の文化史……………………………………………… 245
　　ユートピアとその系譜　進化論とユートピア　ディストピア　政治的
　　ユートピア

原典をたのしむ
  『トロイラスとクレシダ』……………………………………………… 251
  『楽園喪失』……………………………………………………………… 251
  『第1周年追悼詩』……………………………………………………… 252

第12章　英語世界の万華鏡………………………松原良治…254

概説　ゲルマンの部族語から世界語へ…………………………………… 254
　　世界の言語と印欧語族　印欧語族の12の語派　先史時代・ケルト人・
　　ローマ人による征服　古英語・中英語・近代英語　標準英語の成立　近
　　代英語から現代英語へ

1　英語のはじまり………………………………………………………… 259

ケルト語からの借用　ラテン語からの借用　古ノルド語（古北欧語）か
　　　らの借用　英語語彙の特色

　2　アーサー王と中世ロマンス ………………………………………… 262
　　　ロマンスの誕生　ロマンスの題材　アーサー王と円卓の騎士　アーサー
　　　王伝説の影響

　3　処刑された翻訳者——英訳聖書をめぐって …………………… 266
　　　旧約と新約　聖書翻訳の歴史　古英語期　中英語期　初期近代英語期

　4　多様性と階級 …………………………………………………………… 269
　　　ことばのヴァリエーション　地理的変異　社会的変異　機能的変異

原典をたのしむ

　　古英語による「主の祈り」………………………………………… 273
　　『オクタヴィアン』………………………………………………… 274

参考文献 ……………………………………………………………………… 275
略年表 ………………………………………………………………………… 291
図版写真出典一覧 …………………………………………………………… 297
人名・作品索引 ……………………………………………………………… 301
事項索引 ……………………………………………………………………… 307

コラム一覧

第1章	ケルト人と文化	7
第1章	ヴァイキング	21
第2章	ヘンリー8世と6人の王妃たち	29
第2章	イギリス国教会の内部組織	39
第2章	ウェストミンスター寺院と戴冠式	46
第3章	カントリー・ハウスとレジャー	53
第3章	映画の舞台となった館	67
第4章	イギリス流クラシック音楽への招待	81
第4章	活況を誇るイギリス産のミュージカル	97
第5章	南太平洋への航海	111
第5章	ピクチャレスク	117
第6章	ジャーナリスト・デフォーと『ペスト』	123
第6章	センセーショナリズムとジャーナリズム	133
第7章	パンチとジュディ人形劇	142
第7章	パブとタヴァーンとイン	154
第8章	芸術家養成教育	163
第8章	ウェールズ語教育	176
第9章	女性の参政権に反対した2,000人の女性たちの緊急アピール	187
第9章	死んだ夫に身ぐるみ剝がされて	198
第10章	ミリタリー・ファッション	206
第10章	イギリス海軍と日本	221
第11章	望遠鏡と顕微鏡	233
第11章	経度の測定と時計職人ハリソン	249
第12章	アフタヌーン・ティー	272

イギリス略図

第Ⅰ部
風土と伝統

湖水地方の風光明媚な風景

第1章　4つの文化圏

概説　イギリスのなりたち

▶「イギリス」の正式名と歴史的変遷

「イギリスでは……」という文章を英語に訳したらどうなるだろう。おそらく in the UK [United Kingdom], in England, in (Great) Britain, in the British Isles などといったさまざまな言い方になるだろう。また，有名なことわざである「イギリス人の家はその城である」(An Englishman's home is his castle.) の Englishman の中にウェールズ人は入るのだろうかと疑問をもったことはないだろうか。「英国紳士」と言ったときに，われわれはキルトを身につけバグパイプを吹く人の姿を思い浮べるだろうか。「大英帝国」や「海洋帝国」という日本語は英語ではどう言うのか。はたまた，それは正式な呼び方なのだろうか。

　国名・人種の呼び方や意味に関するこうした数々の疑問と混乱の中に，実はこの国のもつ歴史性，そして複雑な民族意識の秘密が隠されている。われわれが「イギリス」という国に関してなんらかの誤った固定観念や先入観をもっているとしたら，それは「イギリス」という国名に原因があるといっても決して過言ではないのである。

　現在われわれが「イギリス」と呼んでいる国の正式名は，「グレート・ブリテンおよび北部アイルランド連合王国」(The United Kingdom of Great Britain and Northern Ireland) である。いわゆるイギリス本島 (Great Britain) の中にある南東部のイングランド，南西部のウェールズ，北部のスコットランドという3つの地域に，海を隔てた北アイルランドが加わり，この4つの地域が結びついて (united) できているのが「イギリス」なのである。

　今でこそこのような長々しい名称になっているが，歴史的に見ると最初から

図1-1 イギリスの4つの地域

4地域に分かれていたわけではなく，EnglandでもGreat Britainでも，またGreat Britain and Irelandでもあながちまちがいではない時期があった。つまり，デンマーク王クヌートやノルマンディー公ウィリアムの征服によって封建国家を成立させたイングランドがもともと中心的な位置にあったところに，1536年にウェールズが，1707年にスコットランドが，そして1801年にアイルランドが併合されてできたものが現在の「イギリス」なのである。（正式には1922年に北アイルランドだけがイギリス領になり，1927年に'Northern'が付け加えられた現在のような国名がイギリス国会で採択された。）なお，2011年時点の各地域の人口は，イングランド（約5,301万人），スコットランド（約530

万人），ウェールズ（約306万人），北アイルランド（約181万人）である。

▶「6か国対抗ラグビー選手権」に見る国家意識　このように，厳密にいえば4つの地域は「イギリス」という国の1地域にすぎないのであるが，実際にはスコットランドや北アイルランドに郵送する手紙の宛先に，UKを省いてあたかも国名であるかのようにScotlandやNorthern Irelandと書く人も多い。さらには，現地の人々の間でさえ他の地域をcountry（田舎ではなく外国という意味で使う）と呼ぶこともあるし，具体的に人々や言語をEnglish, Welsh, Scots (Scottish), Irishと使い分ける。たとえばWalesという地名は，征服者の言葉であるアングロ・サクソン語のwaeliscに由来していて，この地に追い込まれたブリトン人を異邦人という意味で形容した言葉なのである。

　地域でありながらお互いに別々の国家意識をもっていることのよい例が，ヨーロッパで行なわれる6か国対抗のラグビー選手権試合で，ここでは「イギリス」という国は存在せず，「イングランド」「ウェールズ」「スコットランド」に「アイルランド」（ラグビーでは北アイルランドとアイルランド共和国の合同チームだが，サッカーのワールドカップではそれぞれ独立したチームを作っている）と「フランス」「イタリア」を加えて6か国と称している。

　イングランドの応援団は「セント・ジョージの赤十字」と呼ばれる白地に赤十字の〈国旗〉をもって，スコットランドの応援団は「セント・アンドルーの白十字」と呼ばれる青地に白の斜十字の〈国旗〉をもって，競技場に駆けつける。もちろん現在のイギリスの正式な国旗は，この2つの国旗にアイルランド（現在は北アイルランド）の「セント・パトリックの赤十字」と呼ばれる白地に赤の斜十字を重ねて作られた「ユニオン・ジャック」（正式名はユニオン・フラッグ）であるが，実際には上記のような各地域の〈国旗〉も健在なのである。なお，赤のドラゴンが描かれたウェールズの〈国旗〉がユニオン・ジャックの中に生かされなかったのは，ユニオン・ジャック成立（1606年）以前にウェールズがイングランドに併合（1536年）されていたためである。

　それぞれの〈国旗〉をもった観客が競技場や街中で興奮して乱闘騒ぎを起こす光景を目にすると，とてもこれが1つの国とは思えないだろう。国民的競技であるラグビーにおいて各地域を〈国〉と呼ぶことに，連合王国の中に

あって根深く残っているナショナリティに対するこだわりが見てとれるのである。

▶民族意識の形成　こうした複合多民族国家としてのイギリスの原点は，紀元前から紀元後数世紀にわたる侵略と征服の歴史をふり返れば容易に理解することができる。鉄器文化をもつケルト人の侵入に始まり，ジュリアス・シーザー率いるローマ人の支配の時代があり，アングロ・サクソン人の侵入の時代があり，ヴァイキング（デーン人）の襲来の時代があり，1066年に封建国家を成立させたノルマン民族のイングランド征服がありと，11世紀あまりの間に海を渡ってさまざまな民族がこの島へ侵入し，征服と支配を繰り返している。ちょうど生粋のアメリカ人が存在しないように，イギリスにも生粋のイギリス人などというものはもともと存在しないのである。

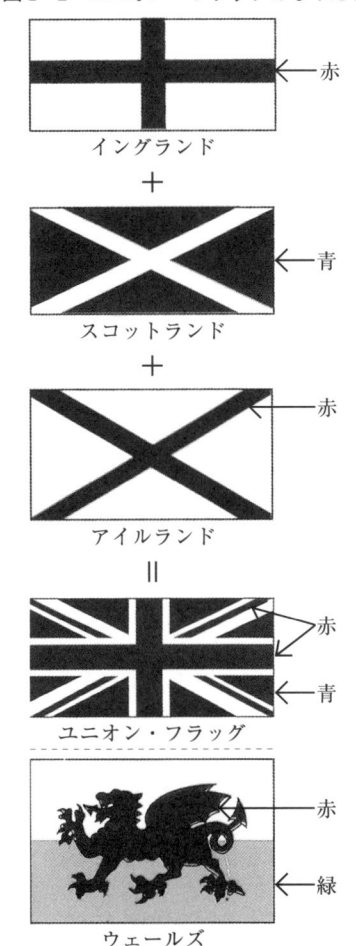

図1-2　ユニオン・フラッグのなりたち

　先に述べた4地域のナショナリティの主張は，こうした初期の頃の侵略の歴史に見られる民族意識の衝突がもとになっていることは否定できない。つまり，ゲルマン民族の1派であるアングロ・サクソン系の部族国家をもとにして成り立ったイングランド王国に対して，ケルト系民族はそれに先立つ紀元前1世紀までの間に，イングランドのみならずウェールズ，スコットランド，アイルランドまでを征服していたのであり，先住民としての誇りが彼らのアイデンティティの基本にあるからである。ローマ軍がブリタニアに侵入したときも，スコットランド奥地やアイルランドはローマの支配下に入ることはなく，ケルト

第1章　4つの文化圏　5

文化がこうした辺境地域に生き残ることになる。

　今でも日常の会話で4地域に住む人々の民族性についてよく話題にのぼるが，興味深いのはイングランド人を中心において，イングランド人対ウェールズ人，イングランド人対スコットランド人という図式で語られることがほとんどである。たとえば，ウェールズ人対スコットランド人，スコットランド人対北アイルランド人などという対比・対照が成立しにくいのは，お互いにケルト系であるという民族的連帯意識がどこか彼らの体の奥にしみついているからであろう。

　ただし，注意しなければならないのは，4地域の併合はあくまでも政治的な出来事であって，民族的・文化的にはっきりと線を引いて分けられない部分もあり，それぞれの地域が独自性を保ちながらも重なった部分をも内包する複雑な関係をもっているということである。イングランドにおけるアングロ・サクソン人の侵入が先住のケルト人の文化を破壊したり辺境に追いやったと言い切るのは必ずしも正しくなく，むしろ2つの民族は対立しながらも共存する部分もあったと見る方が自然であると現在では考えられている。

　そして，このことが彼らに地域民族としてのアイデンティティと同時に，「イギリス」という1つの国家の国民としてのアイデンティティをも意識させることになる。したがって，イギリスは単に地域が併合された複合国家というだけではなく，さまざまな民族的・文化的要素が重なりあった重層的な多元的国家であるといわなければならない。

▶**アイデンティティの葛藤とナショナリティ**　とくにウェールズ，スコットランド，北アイルランドといったイングランド周辺地域の人々は，ローカルな愛着心にもとづく地域的なアイデンティティ，ケルト系民族という連帯感にもとづく民族的・言語的アイデンティティ，そして連合王国としての政治的アイデンティティという3重のアイデンティティの重なり合いの中で逡巡している。これらのアイデンティティは個々の事例ではまったく独立して機能しているように見えても，総体的に見れば多分に重なりあっている場合が多い。

　先のラグビーやサッカーの試合のように地域感情が前面に押し出される場合があるかと思えば，自然保護団体ナショナル・トラストの設立のように連合王国としての集団的結束を求める動きも活発にある。個々の人々にとっても，感

ケルト人と文化

　ケルト人（Celts）はもともとはヨーロッパの先住民で，オッピドゥム（丘上要塞）と呼ばれる彼らに特徴的な遺跡が，温暖ヨーロッパ地域のあちこちで発見されている。彼らは最盛期には東はチェコから西はスペインにかけて，ヨーロッパのほぼ全地域に居住範囲を拡大していた。ケルト人を政治的に統一された一民族と認識するのはまちがいである。

　第1に，彼らはインド・ヨーロッパ語属の一派として共通の言語を話す部族の言語的文化集団にすぎない。たとえば，現在でもわれわれがウェールズやスコットランドやアイルランドをケルト辺境地域というのは，血縁的にはアングロ・サクソン系，ノルマン系などの血が混じっていても，そこで話されるウェールズ語やゲール語が，古代ケルト人の言葉が分化し生き残った結果，彼らのアイデンティティの核としてあるからである。しかし，長い間ケルト人が「幻の民」とされ，その文化が謎とされてきた理由のひとつは，彼らが文字をもたない文化集団であったために，ギリシャ・ローマの文献にしか解明に役立つ資料を求められなかったためである。

　第2に，ケルト社会は統一国家の形成を望まず，部族社会のままで割拠し続けていたという特徴がある。侵略や生き残りの激しい時代にあって，これは異例なことである。結果的にケルト人はローマ軍にもアングロ・ノルマン人にも敗れ，政治的だけではなく，言語的・文化的にも辺境地域に追いやられてしまう。テリー・イーグルトンはマシュー・アーノルドの言葉を引いて，アイルランド文学におけるケルト民族の感覚的印象主義は物語の構築能力の欠乏という欠陥を伴っていて，それは結局は「強力な国家」を形成できないというケルト系民族の政治的欠陥と表裏をなしていると述べている（『表象のアイルランド』）。

石造りの十字架ハイクロス

　他民族の征服にもかかわらずケルトの芸術文化が生き残った理由のひとつは，ケルトの信奉するドルイド教といわれる多神教（アニミズム）と征服者の宗教であるキリスト教との混合がうまくいったためである。ハイクロスと呼ばれる石造りの十字架や『ケルズの書』をはじめとする写本芸術，その他，渦巻き，卍，絡み，組紐模様といった伝統的なケルトの手法が，『聖書』をはじめとするキリスト教的素材とうまく調和し合って生き残ることになるのである。

情的レベルとより現実的・政治的レベルでのアイデンティティ認識とではズレがあるように思われる。パブでは他地域の人々を〈外国人〉と呼んでも，政治的には独立に反対する人もいる。また，アイルランド問題に見られるように，個々のアイデンティティとナショナリティの問題を別々のものとして考える人もいる。つまり，地域にある程度の自治権（アイデンティティ）を与えてしまった方がかえって敵対意識を減少させ，結果的にブリティッシュとしてのまとまり（ナショナリティ）が得られるという意見もある。ともあれ，歴史的，文化的，政治的背景を考えると，「イギリス」という国に単一のアイデンティティを求めることはほとんど不可能な話なのである。

◆1　バラの花咲く丘陵の郷，イングランド

▶成立の時期　　いわゆるケルト辺境地域を含む「イギリス」の母体となるイングランドがいつ成立したかを特定するのは非常に難しい。9世紀にウェセックス王国のエグバート王が7王国を統一した頃を成立とみなす学者もいるが，統一といっても実際にはアングロ・サクソン系の部族国家が漠然と統合されていったにすぎず，ウェセックス王の支配権も統治機構もまだ完全に確立されていたわけではなかった。事実，その頃はデーン人の侵入も盛んで，11世紀初頭にはデンマーク王クヌートがイングランドを征服することになる。

政治機構が整った国家の成立という意味では，1042年にデンマーク王の支配が終わってイングランド王エドワードが即位し，さらに1066年にノルマンディー公ウィリアムがイングランドを征服して封建国家の基礎を築く時代まで待たなければならない。しかし，こうした見方は王を頂点とする統治体制を備えた国家の成立という政治的要因に主にもとづいている。民族意識レベルでの連帯感という意味では，デーン人の侵入という外敵を背景に7つの小王国が統一されていく時点で，すでに同一民族としてのアイデンティティがある程度確立しつつあったと見ることができるだろう。

▶イングランド人の外国人嫌い　　イングランドまたはイングランド人のニックネームとして，17世紀頃からジョン・ブル（John Bull）という言葉が使わ

図1-3 イングランドを征服したノルマンディー公ウィリアムの肖像画

れていたが、後にアーバスノット（John Arbuthnot）の『ジョン・ブルの歴史』（*The History of John Bull* 1712）が出版されるにおよんで、イングランド人は無愛想、率直、現実的であるというイメージが広く定着することになる。イングランド人の一般的気質とされる無愛想、排他性、外国人嫌いは、もとを糺（ただ）せば外敵の侵入が繰り返された初期の時代の民族的性質が彼らにしみついているからかもしれない。もっとも、アングロ人であれデーン人であれノルマン人であれ、また、その後の歴代の国王のほとんどであれ、自らが〈外国人〉であるわけだから、そう考えるとずいぶん勝手な話である。

　イングランドまたはイングランド人の国民性に関する数々の論考や文学作品の中でも、たとえば「スペイン人は……、イタリア人は……、オランダ人は

第1章　4つの文化圏 | 9

図1-4 イングランド人の象徴ジョン・ブル

……，それに対してイングランド人は……である」と他の国民と類型的に比較した描写が多いのは，彼らの身についている〈外国人〉との差別化嗜好を表しているといえないだろうか。

そして，ことイングランドに関しては，〈外国人〉の中にウェールズ人やスコットランド人や北アイルランド人が含まれることがあり，しかもイングランド人対〈外国人〉という図式の中ではイングランド人の優越性（〈外国人〉の劣等性）が強調されるのが常である。この優劣の差は歴然としてあって，一般的にはイングランド人を中心的優位に据えて，他の3地域との対照・比較というパターンを取ることが多い。

これは根本にイングランドの政治的，経済的，人種的優越性が歴史的事実として人々の中にしみこんでいるためである。たとえば，シェイクスピア（William Shakespeare 1564-1616）の描く国王ヘンリー5世は，イギリス軍のフランス侵攻中に「全スコットランド人の敵対的行為をもありえると思っている。彼らは昔から，いつも信用できぬ隣人であった」と自ら述べ，ウェスモランド伯も「フランスを獲んと欲するなら，スコットランドから始めよ」とさえいっている（『ヘンリー5世』第1幕2場）。そしてまた，イングランド人のこうした優越感は上流支配階級に限られたことではなく，労働者階級を中心とする一般庶民の感覚でもあるということを注意しておきたい。一般のイングランド人にとっては自分たちこそが「イギリス人」であり，イングランドと「連合王国」は事実上同一のものという感覚が身についているのである。

▶アングロ・ノルマン的現実主義

ところで，芸術を愛好するケルト的性質に対応するものとして，イングランド人のアングロ・ノルマン的実行力や現実主義にもとづいた実用性を重んじる性質がよく指摘される。吉田健一はイギリスの文化は〈日用品の文化〉，つまり実用性にもとづいた生活の文化であるという。具体的に英国の文化を代表するものは「生活から出発した文学」と「住みやすくできている」建築であると述べ，典型的な例としてイギリスでは

図1-5　天井の高いイギリスのタクシー
（オースティン）

図1-6　ボビーハットをかぶり通常は銃を
もたないイギリスの警官

「水洗便所」がフランスよりも100年以上も前のエリザベス朝時代にすでに発明されていたことを挙げている。

　また日本と違ってイギリスでは憲法は成文化されておらず，ときに法律的な解釈も議会で決定する。そこでは裁判官や法学者の解釈や慣習法といったものが重要な役割を果たす。官僚が作った法案を形式的に議論する日本と違って国会では議員の1人1人が実質的な議論に参加して，ときには予期しない議決に達することもある。さすがに世界で最初に民主主義的議会を設立させた国民である。

　身近な例でいえば，信号のないラウンドアバウトという交差点，スーツケースをもち込めるタクシー，自転車や動物ももち込める列車，電柱がない都市計

画，銃をもたない警官，有料の公共トイレ，わかりやすい地下鉄路線など，いろいろなところに合理性が隠されている。文学に関していえば，トマス・モア (Sir Thomas More 1478-1535) の『ユートピア』(*Utopia* 1516) やデフォー (Daniel Defoe 1660-1731) の『ロビンソン・クルーソー』(*Robinson Crusoe* 1719) をはじめとする小説描写は現実批判を目指した架空世界であり，その意味ではケルト的素材を用いたアングロ・ノルマン的現実主義の世界ということができるだろう。

2　誇りたかきケルトの国，ウェールズ

▶統一国家の形成に消極的

歴史的に見るとウェールズは3地域の中ではもっとも早くイングランドと併合している。紀元元年にローマ軍が侵入してきたときも，現在のウェールズはイングランドとともにその支配下に治まっている。加えて隣接するイングランドとの境界線が他の地域よりも長いという地理的条件も重なって，ケルト系民族が多く住むウェールズ，スコットランド，北アイルランドといった周辺地域の中では，ウェールズがイングランドとの関係においては政治的にいちばん近いという印象をわれわれに与える。

　これは一面では事実であって，たとえば1979年の分権に関する国民投票では，分権反対派が5分の4と圧勝している。1997年，ブレア政権下で行なわれた独自の議会をもつことに関する国民投票では賛成派が反対派をわずかに0.6％上回ったものの，約50％という投票率を考えると，積極的に賛成している人はウェールズの人口の4分の1にも満たないということになる。つまり，ウェールズではスコットランドとは違って，分権に積極的に賛成している人も積極的に反対している人も少ないということである。

　考えてみれば，1536年のイングランドへの併合以来，ウェールズでは独自の国家をもとうとする運動がまったくといっていいほどなかった。統一国家の形成に消極的という点で，ウェールズにはケルト人のもつひとつの特徴が表れている。

▶ウェールズ人の誇りと「プリンス・オヴ・ウェールズ」

しかしその原因をウェールズ人の従順さに求めるのはある意味ではまちがっている。今ではウェールズ地方の魅力となっている数々の古城を目のあたりにすると，中世

期においてイングランドに対するウェールズの抵抗が実際にははかり知れないものであったということが理解できる。ウェールズはヨーロッパのどの国よりも１平方キロメートルあたりの城の数が多いといわれるが，これらの城はエドワード１世以降のイングランド王がウェールズ人の反撃を防ぐために築いたものであり，イングランドとウェールズの数世紀にわたる闘争の歴史の遺産なのである。

図1-7　カナーヴォン城の内側，中央のまるい台の上で戴冠式が行なわれる

たとえば，北ウェールズの中心町であるコンウェイに立つコンウェイ城は，町を取り囲む城壁とともに，ウェールズ人の襲撃に備えて1,500人の職人を使いわずか５年で建てられた堂々とした城で，エドワード王がウェールズ征服の前線基地として使っていた。当時建てられたもうひとつの有名な城はカナーヴォン城である。案内書などにはこの城はエドワード１世がウェールズ征服を成し遂げたことを示威するために建てられたと書かれている。しかし実際には示威というイングランド側の一方的で圧政的なイメージよりは，征服されてもなお完全に屈伏したわけではなく，独自の文化を保持しようとする誇り高く頑強なウェールズ人のイメージを伝えずにはおかない。事実，ウェールズ人の誇りは，現在も続く「プリンス・オヴ・ウェールズ」という称号を生み出させることになる。エドワード１世は征服を果たしたものの，頑固なウェールズ人がイングランド出身の王に簡単に従うはずはないと思い，後にエドワード２世となる自分の子をカナーヴォン城で誕生させて，「ウェールズの地に生まれたこの子が最初に話す言葉は，英語ではなくウェールズ語」であるとウェールズ人の族長の前で宣言したといわれる。

現在イギリス王室では国王の第１王子継承者に「プリンス・オヴ・ウェールズ」という称号を与えることになっているが，この習慣の始まりは13世紀にさかのぼるのである。1969年にカナーヴォン城でこの称号を贈られたチャールズ

図1-8　ウェールズ語で書かれた世界一長い駅名

王子は、叙任式のスピーチでウェールズ語を披露している。ちなみに、パリで事故死したダイアナ妃は「プリンセス・オヴ・ウェールズ」と呼ばれていた。

　また、ウェールズ人の誇り、愛郷心、イングランド人への対抗意識などを描いたものとして、『ウェールズの山』という映画を挙げておきたい。2人のイングランド人測量士によって、ウェールズ南部にあるフュノン・ガノウは〈山〉として地図に載せるには約20フィート（約6メートル）低いといわれたために、ウェールズの村民たちが一丸となり土を積み上げて〈丘〉を〈山〉に変える話で、ウェールズ南部の伝説をもとにしている。ここでも、ウェールズ人たちはイングランド人を foreign crimer（外国人の犯罪者）と呼び、もしこれが山でないなら、われわれはイングランドの一部となってしまい、イングランド人にウェールズ魂を奪われてしまうと対抗意識をあらわにするのである。

▶ウェールズ語
▶迫害の歴史
　「プリンス・オヴ・ウェールズ」という称号の制定は、ウェールズの言語的文化を政治にうまく利用した例であるが、日常生活においてゲール語系に属するいわゆるウェールズ語が何の迫害も受けずに護られてきたと思うのはまちがいである。

　たとえばウェールズの小学校では、1870年制定の教育法によりウェールズ語の使用が禁止され、支配者の言葉である英語が強制された。「マザー・グース」の中には、「タッフィーはウェールズ人、タッフィーはどろぼう／タッフィーはうちに来て牛肉を盗んでいった」という歌がある。"Taffy"を英和辞典で引

図1-9 観光客でにぎわうエディンバラ城

くと「(軽蔑的な英俗語)ウェールズ人」となっている。また，ウェールズ人という意味の"Welsh"を動詞として使うと，「借金などを踏み倒す」「約束を破る」などという悪い意味になってしまう。こうした言語的迫害を受けながらも，ウェールズ人は長い歴史を通じて故郷の言葉に愛着を感じ続け，現在ではウェールズ語が公用語として認められ，道路標識やテレビ・ラジオ放送でも使われている。ただし，愛郷心の強い一部の人々は，BBCのローカル放送にウェールズ語の番組が少ないといって抗議することもあるようである。

3 森と湖の国，スコットランド

▶イングランドへの対抗意識　同じケルト系民族であるにもかかわらず，スコットランド人はウェールズ人とは対照的に，イングランドに対して常に対抗意識を燃やしてきた。イングランドに併合される1707年までは独立した国家として議会があり，独自の政治，法律，教育制度などをもっていたのである。ウェールズや北アイルランドとイングランドの関係が地域間の従属関係という色彩を帯びているのに対し，スコットランドとイングランドの関係はいわば独

立国どうしの敵対関係であるという点が特徴的である。そもそもウェールズを征服したエドワード王からして，スコットランドとの戦争にはついに勝つことができなかったのである。

　しかも1707年の併合はいってみれば海外投資で失敗した借金をイングランドが肩代わりするという形で成り立ったもので，実際には民衆の意志を反映したものではなかっただけに，以後今日にいたるまで独立を求める運動が他のどの地域よりも頻繁にそして強く起こっている。数々の戦争を通じて国家としての独立性を確固として維持してきたスコットランドが，上層階級の人々の無策によってあっという間にイングランドに併合されてしまったわけだから，この併合はスコットランド人にとっては屈辱以外の何物でもなかったのである。しかも併合といっても，小選挙区制を採っているイギリス議会ではわずかに45議席しか得られなかったわけだから，実際にはひとつの州になり下がったも同然であった。

　こうした歴史的背景があるために，スコットランド人の独立・分権に対する執着には並々ならぬものがあり，2014年に行われた独立を求める国民投票では，賛成約45％，反対約55％（投票率約85％）と結果的には否決されたものの，拮抗している。なお，スコットランドがイングランドからの独立を求める理由のひとつに，1970年に発見された北海油田・ガス田の開発にもとづく強い経済力という自信が根底にあることを付け加えておきたい。

▶麦とスコッチ　このような政治的背景が影響して，ラグビーやサッカーに象徴されるように文化面においてもスコットランドはイングランドとライバル意識を抱く傾向が強い。これも有名な話だが，18世紀に本格的な英語辞典を編纂したサミュエル・ジョンソン（Samuel Johnson 1709-84）はその辞典のカラス麦（oats）の項で，「イングランドでは馬が食べるものだが，スコットランドでは人間が食べるもの」と皮肉たっぷりに定義した。おもしろいのは，それに対してスコットランド人である弟子のボズウェル（James Boswell 1740-95）が，「だから，イングランドでは馬が優秀で，スコットランドでは人間が優秀なのです」と応答したというのである。人種に対するこの種の偏見は現在でも残っていて，さまざまなジョーク，アイロニー，風刺といった形で

人々の口に昇る。

図1-10　カローデンの戦いが行なわれた戦場

　ところで麦といえば，大麦を原料とするスコッチはスコットランド名産のウイスキーであるが，このスコッチの歴史にもイングランドに対するスコットランドの反抗精神が見られる。1746年のカローデンの戦いによってスコットランドの反体制勢力を完全に制圧したイングランドは，スコットランドの貧農たちの経済的な糧であったウイスキーにも重税を課すようになった。

　このため，特にハイランド地方ではスコッチの密造がさかんに行なわれるようになり，密造を取り締まる収税官の数も増えたが（国民詩人のロバート・バーンズ（Robert Burns 1759-96）も晩年は収税官になっている），密造者たちはむしろイングランドに対する対抗意識と民族的な誇りの証しとして，積極的に密造ウイスキーを作り続けたのである。密造が広まったためにアル中の激増や風俗の乱れといった問題も起きるが，スコットランド人にとってはそうした社会問題よりも，政治・経済面で従属を強いるイングランドに対して対抗意識を表し，自らのアイデンティティを主張する方がより重要なことであったのである。

▶『蛍の光』とタータン

　また，日本では別れの曲とされている『蛍の光』は，母語を愛する詩人のバーンズがこの地で作ったものである。原題の "Auld Lang Syne" はスコットランドの言葉で「なつかしい昔」という意味で，内容もスコットランドの美しい自然と人々のやさしい感情を謳ったものである。（日本語の歌詞は原文とはまったく違う。）

　北部のハイランド地方に行くと，タータン・チェック模様のキルトを着てバグパイプを吹く人々の姿を目にする。もともとタータンとはクランと呼ばれる各部族の一種の紋章のようなものであって，クランによって違った模様になっている。カローデンの戦いにおいてハイランド軍がイングランド軍に完敗したときにタータンの着用が一時禁止されるが，今では「イギリス」を誇る衣装とし

第1章　4つの文化圏

て，チャールズ皇太子が着用している姿もわれわれの目に触れるところである。

　ところで，スコットランド人のイングランド人に対するライバル意識は，持ち前の個人主義と起業家精神という民族的性質と結びつくと，さらに広い世界に彼らの目を向けさせることになる。スコットランドはヴィクトリア朝時代には人口の3分の1を海外移民で失い，現在でも在外スコットランド人の数は本国の人口の4倍にも達するといわれている。そのようなスコットランド人の行動力や冒険心は，ウォルター・スコット（Sir Walter Scott 1771-1832）の小説にも表われている。

4　みどりの島，北アイルランド

▶ケルト勢力とアングロ・ノルマン人の侵入
　ウェールズやスコットランドと同様に，基本的には北アイルランドもアングロ・ノルマン人の侵入によって，紀元前から移り住んでいたケルト民族が従属関係を強いられ，結果的に北アイルランドはイングランド国家による統合の中に入っていく。

　しかし，もともとこの地域におけるアングロ・ノルマン人の侵入は先住のケルト民族・文化を支配するほど大規模なものではなく，ともするとアングロ・ノルマン文化はケルト勢力に再び飲み込まれてしまう恐れさえあった。このためケルト系女性との結婚禁止やゲール語の禁止，果てはケルト風の服や髪型の禁止さえ定めたキルケニー法によって，アングロ・ノルマン人のケルト文化への同化を何とか防ごうとしたほどである。実際に15世紀にイングランド王の支配がおよんだのはペイル（文字通り〈囲い地〉の意味）と呼ばれるダブリン周辺の1地域にすぎなかった。

▶プロテスタントとカトリックの対立
　アイルランドがウェールズ，スコットランドと決定的に異なるのは，後の2者が大勢においてプロテスタントを受け入れていったのに対して，前者は民族の約70％がカトリックに留まったという点である。こうした宗教的背景があるために，プロテスタント人口が比較的多い北部アイルランドは結果的にイギリス本国に併合され，逆にカトリックの多いアイルランド共和国ではイギリス本国や北アイルランドに対して敵対姿勢で

臨むというやっかいな状況が生まれた。この敵対行為の極端な例がIRA（アイルランド共和国軍）によるラディカルな運動である。

とくに北アイルランドは17世紀のジェイムズ1世の時代，そしてクロムウェルの共和国時代にスコットランドを追われたスコットランド長老派教会員（プレスビテリアン）により開拓された。1688年の名誉革命では，プロテスタントであるイングランド人とスコットランド人がアルスター地域の6県に移民し，多数派を形成する。以来彼らはこの地域で，政治的，経済的，そして社会的に常にカトリック信奉者よりも優位に立つことになる。

たとえば，1846〜48年の大飢饉におけるイギリス政府の対応策の失敗は多くのアイルランド人に反英感情を植えつけることになるが，アルスター地域だけは造船業や繊維加工業によって経済的な打撃を最小限に食い止めている。アイルランド問題の一大要因である土地問題でも，この地域だけは小作農に対する保障が大きかった。歴史的に常に優位を保ってきたこうしたプロテスタント系住民にとって，イギリス本国からの分離・独立は特権的地位の喪失を意味していたのである。ともあれ，このアルスター植民以来，アイルランドの独立運動の根底には常にプロテスタント（政治的にはユニオニスト，またはロイヤリスト）とカトリック（政治的にはナショナリスト，またはリパブリカン）という対立が付きまとうことになるのである。

ただし，注意しなければならないのは，北アイルランドでも20％近くの人はカトリックであるということである。彼らは心情的にはアイルランド統一に賛成でありながら，主に経済的・実利的安定性という理由からイギリス国民に留まっている。毎年8月に行なわれるプロテスタント・フェスティヴァルではユニオン・ジャックを掲げたり，ユニオン・ジャックの模様の服を着たりする人々がいる反面，カトリック居住区ではアイルランド共和国の国旗を掲げてイースターを祝ったりする。シン・フェーン党が1917年に起こしたイースター蜂起がアイルランド共和国独立のきっかけとなったことにより，カトリック教徒にとってイースターは特別な意味をもっているのである。

北アイルランド第2の都市であるロンドンデリー（住民の3分の2がカトリック）では，人々は町の名前をデリーと呼び，決して公式名称になっている

図1-11　英語とゲール語で書かれた標識

ロンドンデリーとは呼ばない。（もともとはデリーと呼ばれていたが，17世紀初頭にロンドンからの植民者が来て開発されたことからロンドンデリーと呼ばれるようになった。）また，民謡『ロンドンデリー』は通称『ダニー・ボーイ』という曲で知られているが，もとの歌詞は恋人を戦場に送る女性の悲しみを謳ったものである。こんなところにも，「イギリス」に属する北アイルランドでありながら，本国政府に対する抗議の名残りがうかがえるのである。

▶2つのアイリッシュ

ところで，ひと口にアイリッシュといっても歴史的・民族的には大きく次の2つに分けられる。紀元前から先住していたケルト系が支配するゲーリック・アイリッシュ（一般にゲール人と呼ばれる）とアングロ・ノルマン人の侵入により確立されたアングロ・アイリッシュである。たとえば，イギリスのアイルランド制圧のきっかけとなるヘンリー8世のアイルランド政策はゲーリック・アイリッシュの徹底的な弾圧を目指して行なわれたが，このような民族性の否定はかえってゲール人の反発を招き，ゲーリック・アイリッシュとアングロ・アイリッシュ対イギリス本国という感情的な敵対意識を生じさせてしまうことになった。また，文化的にもこの2つは図式的に分けられるものではなく，ケルト的要素とアングロ的要素が影響しあっていることも多いということを付け加えておきたい。

なお，1999年にイギリス議会は北アイルランドの地方分権法案を賛成多数で可決したため，北アイルランドでは現在，司法権などを除き，教育，福祉，産業振興，環境対策などでイギリス中央政府から独立した政策決定が可能となっている。

ヴァイキング

　ヴァイキング（Viking）というと，海賊，襲撃，略奪という荒っぽいイメージがまず浮かぶ。彼らがヴァイキング・シップという船で他民族への急襲をくり返したことは事実であるが，その面ばかりを強調して考えると，彼らの本質を見失うことになるだろう。ヴァイキングの本拠地は現在のノルウェイ，デンマーク，スウェーデンのあたりであることから，その活躍の舞台をヨーロッパのみと考えるのもまちがいで，実は彼らはアイスランドやグリーンランドの植民を経て，コロンブスよりも500年近くも前に北アメリカにまで足を踏み入れている。

　北方・西方・南方・東方ルートという活動範囲の広さを眺めてさらに気づくことは，彼らの活動舞台が海路だけではなく陸路も少なからず（特に東方ルートでは多い）含まれているということである。紀元800年代にさかんにイングランド侵略を試みるヴァイキングはデンマーク出身のデーン人たちで，彼らはかなり荒っぽいやり方で先住民であるアングロ・サクソン系の小王国を侵略していったが，結果的に最後の砦であるウェセックスを侵略することはできなかった。

　ところが，ウェセックスのアルフレッド大王はデーン人を駆逐することはしないで，デーンロー（Danelaw）という地域での彼らの居住を認めたのである。考えてみれば，ゲルマン民族の一派であるアングロ・サクソン人の故郷もデンマークを含む北方地域であるのだから，デーン人とアングロ・サクソン人との共存がそれほど困難ではなかったということは容易に理解できる。と同時に，あれほど荒々しい略奪を行なったヴァイキングが自分たちの王を立てて戦わないで，先住民であるアングロ・サクソン系の王のもとに次第にその習慣を取り入れ改宗していったことは，荒々しい性質の裏にある彼らの本質とも取れる別の面をも表している。

原典をたのしむ

"Notes on the English Character" (1936)

E. M. Forster

Second Note. Just as the heart of England is the middle class, so the heart of the middle class is the public-school system. This extraordinary institution is local. It does not even exist all over the British Isles. It is unknown in Ireland, almost unknown in Scotland (countries excluded from my survey), and though it may inspire other great institutions—Aligarh, for example, and some of the schools in the United States—it remains unique, because it was created by the Anglo-Saxon middle classes, and can flourish only where they flourish. How perfectly it expresses their character —far better, for instance, than does the university, into which social and spiritual complexities have already entered. With its boarding-houses, its compulsory games, its system of prefects and fagging, its insistence on good form and on *esprit de corps*, it produces a type whose weight is out of all proportion to its numbers.

「イギリス的性質についてのノート」1936年

E. M. フォースター

第2のノート。イングランドの中心が中産階級であるように，中産階級の中心はパブリック・スクール制度である。この特別な施設はこの地域に特有のものであって，イギリス諸島の一部にしか存在しない。アイルランドでは知られていないし，スコットランドでもほとんど知られていない（これらの国は私の研究対象から除く）。パブリック・スクールは他の偉大な教育施設――たとえば，アリガーやアメリカの学校のいくつか――を啓蒙しているかもしれないが，イングランド特有の制度である。なぜなら，アングロ・サクソンの中産階級によって創設され，彼らが栄えたところでしか栄えないからである。それはアングロ・サクソンの中産階級の特徴をこの上なくよく表している――たとえば，複雑な社会的，精神的要素がすでに入りこんでいる大学などよりは，はるかによくその特徴を表している。寄宿舎，必修になっている運動競技，監督制度，礼節と団体精神の重視などによって，パブリック・スクールはその学生数の少なさを問題にしないくらいに強力なひとつのタイプを生み出しているのである。

"England at First Glance" (1947)

George Orwell

The traditional English xenophobia is stronger among the working class than the middle class. It was partly the resistance of the Trade Unions that prevented a really large influx of refugees from the fascist countries before the war, and when the German refugees were interned in 1940, it was not the working class that protested. The difference in habits, and especially in food and language, makes it very hard for English working people to get on with foreigners. Their diet differs a great deal from that of any European nation, and they are extremely conservative about it. As a rule they will refuse even to sample a foreign dish, they regard such things as garlic and olive oil with disgust, life is unlivable to them unless they have tea and puddings. And the peculiarities of the English language make it almost impossible for anyone who has left school at fourteen to learn a foreign language after he has grown up. In the French Foreign Legion, for instance, the British and American legionaries seldom rise out of the ranks, because they cannot learn French, whereas a German learns French in a few months. English working people, as a rule, think it effeminate even to pronounce a foreign word correctly. This is bound up with the fact that the upper classes learn foreign languages as a regular part of their education. Travelling abroad, speaking foreign tongues, enjoying foreign food, are vaguely felt to be upper-class habits, a species of snobbery, so that xenophobia is reinforced by class jealousy.

「はじめて見るイングランド」1947年

ジョージ・オーウェル

イギリス人の伝統的な外国人嫌いは，中産階級よりも労働者階級の間に強くある。1つには労働組合の抵抗があったおかげで，戦前にファシスト諸国から大量に亡命者が流入してくるのを防ぐことができたわけだし，1940年にドイツ人の亡命者が抑留されたときに抗議したのも労働者階級ではなかった。習慣の違い，特に食べ物と言語の違いが，イギリスの労働者たちに外国人とうまくやっていくことをむずかしくしている。イギリス人の食べ物はヨーロッパのどの国ともだいぶ違っていて，彼らは食べ物については保守的である。一般に，彼らは外国の料理を試食することさえ拒み，にんにくやオリーブ油を嫌悪すべきものとみなし，人生はお茶とプディングがなければ生きる価値がないと考える。そして英語は特殊な言語であるので，14歳で学校を卒業した者が大人になってから外国語を学ぼうとしてもほとんど不可能である。たとえば，フランスの外人部隊では，イギリス人やアメリカ人の兵士が兵卒から上に階級があがることはめったにない。なぜなら，ドイツ人は数か月でフランス語を覚えるのに対して，イギリス人やアメリカ人はフランス語が覚えられないからである。一般に，イギリスの労働者たちは外国の言葉を正しく発音することさえ女々しいことと思う。これは，上流階級が外国語を正規の教育の一部として学ぶという事実に関連している。外国旅行をしたり，外国語を話したり，外国の食事を楽しんだりすることは，上流階級の趣味，つまり一種の俗物根性のように漠然と感じられるので，外国人嫌いは階級的嫉妬のためにより強まるのである。

第2章 王室と宗教

概説　王室の宗教的変遷

▶大陸の宗教改革と
▶ヘンリー8世の宗教改革

ヨーロッパの宗教改革の発端をつくったのは，ドイツの神学者，マルティン・ルター（Martin Luther 1483-1546）である。1517年，彼はローマ・カトリック教会の免罪符（Indulgences）の販売に抗議して「95か条の意見書」を発表し，人は信仰によってのみ救われるという信仰義認と聖書主義を主張して，ローマ教皇の権威を否定した。ルターの宗教改革の精神がヨーロッパ諸国に広まるにつれて，ツヴィングリ（Zwingli 1484-1531）やカルヴァン（Calvin 1509-64）のようなプロテスタントの宗教改革者たちが出現した。イギリスにも大陸よりすこし遅れてルターやカルヴァンの思想が入ってきた。それにまた先駆的な宗教改革者ウィクリフ（John Wycliffe 1320-84）の流れを汲み，教会の世俗化や聖職者の奢侈を批判したロラード派（The Lollards）と呼ばれる人々や，人文主義者のエラスムス（Erasmus 1465?-1536）やトマス・モア（Thomas More 1478-1535）などの影響によって宗教改革の機運が高まっていた。

　ちょうどその頃，チューダー朝2代目の国王ヘンリー8世（Henry VIII 在位1509-47）は王妃キャサリン（Catherine

図2-1　第3王妃ジェイン・シーモアと結婚した当時（45歳）のヘンリー8世

of Aragon 1485-1536)との離婚問題をめぐってローマ教皇と対立し破門されると,「首長令」(Act of Supremacy 1534)を発布して,イギリスの教会をローマ・カトリック教会から分離・独立させ,イギリス国教会(Church of England)を打ちたてた。また国内の数多くの修道院を解散し,その広大な土地財産を没収することによって絶対王政の財政的な基盤を築いた。このように,イギリスの宗教改革は国王の離婚問題がきっかけとなって始まった。

図2-2　王女時代のエリザベス1世

▶ヘンリー8世の3人の子どもたちの宗教改革

次のエドワード6世(Edward VI 在位 1547-53)は,「礼拝統一法」(Act of Uniformity 1549)や「一般祈祷書」(Book of Common Prayer 1549, 52)を制定して,イギリス国教会の礼拝儀式や教義のプロテスタント化につとめ,父王ヘンリー8世の始めた宗教改革をいっそう推進した。

ところが,女王メアリ1世(Mary I 在位 1553-58)は,イギリス国教会体制を否定し,狂信的なカトリック教徒として知られるスペイン王の皇太子フェリペ(のちの国王フェリペ2世 Felipe II 1527-98)と結婚して,カトリックの復活につとめ,多数のプロテスタントを処刑した。このようなメアリ1世の反動と流血の宗教政策は国民を恐怖のどん底に陥れた。

次の女王エリザベス1世(Elizabeth I 在位1558-1603)はプロテスタントであることもあって,彼女に寄せる国民の期待は大きかった。彼女はメアリ1世のカトリック反動政策を否定して,ヘンリー8世とエドワード6世のイギリス国教会主義(Anglicanism)を継承し,「首長令」と「礼拝統一法」を復活させて,イギリス国教会を確立した。この国教会は,教義の面ではカルヴァン主義を採用し,制度の面ではカトリックに似た主教制度(Episcopacy)を残したため,以後,エリザベス1世の中道主義的な宗教政策は妥協を許さない左右両派からの激しい抵抗を受けることになった。

▶ ジェイムズ1世とチャールズ1世の専制政治　処女王エリザベス1世の死でチューダー朝が断絶すると、ジェイムズ1世（James I 在位 1603-25）が即位して、スチュアート朝を始めた。

この頃、イギリスでは商工業の発達によって有力な中産階級が成長し、議会を通じてその権利の拡大をはかっていたが、「王権神授説」（The Divine Right of Kings）の信奉者ジェイムズ1世は議会を無視して専制政治を行なったため、議会との対立を深めた。また、国王は絶対王政の基盤として主教制度を有するイギリス国教会支持の立場を打ち出し、これに批判的なピューリタンや非国教徒たちに激しい弾圧を加えた。

次のチャールズ1世（Charles I 在位 1625-49）も父王ジェイムズ1世と同じく「王権神授説」の信奉者で、専制政治を行なった。1628年チャールズ1世は、議会の提出した「権利の請願」（The Petition of Right）をやむなく承認したものの、翌年より長らく議会を開かず、国民に不法な税を課し、さらにイギリス国教を強制してスコットランドの反乱を招いた。その軍事費に窮したチャールズ1世は、1640年、11年振りに議会を召集して増税策を強行しようとしたが、ふたたび議会と激しく衝突し、内乱状態のなかで捕えられ、1649年、ロンドンのホワイトホールで処刑された。

▶ オリヴァー・クロムウェルの共和政とチャールズ2世の王政復古　ピューリタン左派のオリヴァー・クロムウェル（Oliver Cromwell 1599-1658）は議会内で独立派の指導者となった。彼は王党派を打ち破り、それから長老派を追放して、国王チャールズ1世を処刑し、共和政（Commonwealth 1649-60）を打ちたてた。こうして、イギリスの絶対王政と国教会の主教制度はひとたび廃止されることになった。これをピューリタン革命（Puritan Revolution 1642-60）という。

クロムウェルは、1653年、護国卿（Lord Protector）になって、権力を一身に集め、厳格な軍事的独裁政治を断行して国民の不満を募らせた。彼の没後、共和政は瓦解した。

1660年、ピューリタン革命後の共和政が倒れると、スチュアート朝のチャールズ2世（Charles II 在位 1660-85）が国王に即位して、王政復古（Restoration）

図2-3 オリヴァー・クロムウェルの指揮下で王家の樫の木（権威と安定の象徴）を切り倒すピューリタンたち

となった。

チャールズ2世ははじめは「クラレンドン法典」（Clarendon Code 1661-65）による国教主義を推進したが，フランスのルイ14世（Louis XIV 1638-1715）と密約を結ぶなど，カトリックの復活を企てると，議会は「審査法」（Test Act 1673）や「人身保護法」（Habeas Corpus Act 1679）を制定して国王に抵抗した。

▶ジェイムズ2世と名誉革命後のスチュアート朝　ジェイムズ2世（James II 在位 1685-88）は「信仰自由宣言」（Declaration of Indulgence 1687, 88）を発布してカトリックの復活をはかり，「審査法」を無視して専制政治を行なった。1688年，ジェイムズ2世に皇太子が生まれると，議会は国王の長女でプロテスタントのメアリと，その夫のオレンジ公ウィリアムを王位に招き，ジェイムズ2世は抗戦をあきらめてフランスに亡命した。ここに「名誉革命」（Glorious Revolution 1688-89）が成就した。

1689年2月，ウィリアム3世（William III 在位 1689-1702）とメアリ2世

第2章　王室と宗教　27

(Mary II 在位 1689-94) は共同統治者として「権利の宣言」(Declaration of Rights) を承認し，同年12月に「権利の章典」(Bill of Rights) として発布した。ここに，議会主義にもとづく立憲君主制が確立された。またウィリアム3世は宗教政策の面でもプロテスタントの自覚に立って，今後の君主はイギリス国教会の信徒に限られることを謳った「王位継承法」(Act of Settlement 1701) を制定した。

ウィリアム3世の死後，メアリ2世の妹でプロテスタントのアン (Anne 在位 1702-14) が王位に即いた。アン女王はイギリス国教会への関心の深さから貧困聖職者の救済を目的とする「アン女王基金」(Queen Anne's Bounty 1704) を創設した。また，1707年，イングランドとスコットランドが連合したことにより，アン女王は大ブリテン王国 (Great Britain) の初代君主となって，海外に植民地と領土を拡大した。しかし，相次ぐ懐妊にもかかわらず彼女の子どもたちはすべて流産か夭折したので，アン女王の死によってスチュアート朝は断絶した。

▶**ジョージ1世と ▶ハノーヴァー朝** 　スチュアート朝が絶えると，「王位継承法」の規定によって血縁のドイツのハノーヴァー選帝侯の長男がイギリスの王位に迎えられ，ジョージ1世 (George I 在位 1714-27) としてハノーヴァー朝を始めた。この王朝は，1901年にヴィクトリア女王 (Victoria 在位 1837-1901) が没して，エドワード7世 (Edward VII 在位 1901-10) が即位する際にサックス＝コーバーグ＝ゴーダ家 (The House of Saxe-Coburg-Gotha) となった。しかし，第1次世界大戦中の1917年にジョージ5世は国民感情を考慮してこの敵国ドイツ系の家名をウィンザー家 (The House of Windsor) に改めた。

1936年に発生したウォリス・シンプソン夫人との結婚をめぐるエドワード8世の退位問題 (Abdication Crisis) は，王を首長とするイギリス国教会を1時期おおきく揺るがしたが，その弟ジョージ6世 (George VI 在位 1936-52) が王位に即いて立憲君主制を立て直した。言うまでもなく，現在のエリザベス2世 (Elizabeth II 在位 1952-) はジョージ6世の長女であり，イギリスの女王のなかでヴィクトリア女王に次ぐ治世の長さを誇っている。

すでに概観したように，イギリスの王室と宗教は不可分の関係にあるといえ

ヘンリー8世と6人の王妃たち

　イギリスの国王で生涯に6人の妻をめとった国王は，ヘンリー8世をおいて他にない。彼が結婚を繰り返したのは愛のためというより，男の世継ぎを得るためであった。

　最初の王妃は兄アーサーの寡婦，キャサリン・オヴ・アラゴンである。ヘンリー8世より6歳年上の彼女は8人の子どもを生んだが，第6子のメアリ（のちのメアリ1世）以外はすべて夭折した。男の世継ぎを欲した国王は，王妃の侍女アン・ブーリンを寵愛して，キャサリンとの結婚を無効にした。キャサリンは，一生涯，離婚を認めなかった。

　1533年，黒い瞳のうら若き美人アン・ブーリンが第2の王妃になった。彼女はエリザベス（のちのエリザベス1世）を生んだものの，その後は流産と死産を繰り返し，男子を生まなかったため，アンに興味を失ったヘンリー8世は，1536年5月，彼女を姦通罪に仕立てあげて処刑した。

　その後まもなく，アン・ブーリンの侍女ジェイン・シーモアが第3の王妃になった。翌年10月12日，ジェインは待望の男子エドワード（のちのエドワード6世）を生んだ。国中がかがり火をたいて沸き返り，ヘンリー8世は嬉し泣きした。しかし，その6日後にジェインは産褥熱で死亡した。ヘンリーは，ウィンザーの墓所に彼女を葬った。6人の王妃のうちでジェインだけが，今日でも，ヘンリーと共に同じ墓に眠っている。

　ついで，1540年1月，ドイツ出身のアン・オヴ・クリーヴズが第4の王妃になったが，彼女の容貌にひどく失望したヘンリー8世は，彼女を「フランドルの雌馬」と名づけて，同衾もせずに半年後に離婚した。

　同年8月，キャサリン・ハワードが第5の王妃になったが，彼女は初老のヘンリー8世を裏切って少女時代の恋人たちと無分別な愛欲生活に耽ったため，1542年2月に姦通罪で処刑された。

　1543年，教養のある色白の美人キャサリン・パーが第6の王妃になった。彼女は晩年のヘンリー8世によく仕えるとともに，メアリ，エリザベス，エドワードの3人の異母きょうだいの良き継母でもあった。彼女の穏健なプロテスタント信仰はのちのエリザベス1世に大きな影響を与えた。

よう。また，イギリス国教会の成立過程でカトリックとプロテスタントがいかに激しい対立を繰り返してきたかがわかるであろう。

1　イギリス国教会の誕生と発展——ヘンリー8世からエドワード6世へ

▶ヘンリー8世の離婚問題とイギリス国教会の誕生

イギリスでは，バラ戦争（Wars of the Roses 1455-85）終結後，ヘンリー7世（在位 1485-1509）がチューダー朝を成立させて，中央集権化を推し進め，絶対王政の基礎を築いた。

その子ヘンリー8世は兄アーサーの寡婦キャサリン・オヴ・アラゴンと結婚し，8人の子どもをもうけたが，メアリ（のちのメアリ1世）以外はすべて夭折したので，男の世継ぎを得られなかった。その頃，王妃の侍女アン・ブーリン（Anne Boleyn 1507-36）と恋におちたヘンリーは，大法官ウルジー（Cardinal Wolsey 1473-1530）を介してローマ教皇にキャサリンとの離婚許可を求めたが，結局，政治的な理由もあって却下された。

しかし，ヘンリーは王妃との離婚を強行し，妊娠したアン・ブーリンとひそかに結婚した。これに対して教皇がヘンリーを破門すると，彼は1534年に「首長令」を発布し，国王がイギリス国教会の最高の首長であることを宣言して，ローマ・カトリック教会との関係を断ち，イギリス国教会を誕生させた。

図2-4　ヘンリー8世の第2の王妃アン・ブーリン，エリザベス1世の母

さらに，トマス・クロムウェル（Thomas Cromwell 1485-1540）を登用して修道院の堕落を口実に各地の修道院を2度にわたって解散させ，その領地と財産を没収した。トマス・モアが『ユートピア』（*Utopia* 1516）のなかで〈羊が人間を食う〉と述べて，当時の「囲い込み運動」（Enclosure）の関連で，これらの事実に言及していることはよく知られている。このようにして，ヘンリー8世はイギリス宗教改革の立て役者となった。だが，もともと教皇から「信仰の擁護者」

(Fedei Defensor) の称号を与えられていた彼にしてみれば，その宗教的信条は正統的なカトリック信仰の域を大きく踏み外すものではなかった。したがって，イギリス国教会は主教制度の例にみられるように，儀式や教義の面でカトリックの伝統を数多く残すものとなり，かならずしもプロテスタントの浸透を反映するものとはならなかったのである。

たしかにヘンリー8世はウルジー，トマス・モア，トマス・クロムウェル等のかつての寵臣ばかりでなく王妃を2人も処刑した残忍な専制君主であった。しかし，彼は文武両道に通じたルネサンス期の典型的な君主のひとりでもあった。ヘンリー8世は，若い頃から乗馬や武芸をたしなむ一方で，ラテン語，ギリシャ語，フランス語などの外国語を学び，文学や音楽を愛し，神学にも造詣が深かったのである。

▶エドワード6世と2人の護民官　ヘンリー8世が1547年に波乱万丈の生涯を終えると，第3王妃ジェイン・シーモアの子，エドワードが王位に即いた。しかし，わずか9歳で即位したエドワード6世には国家を統治する能力はなかったので，最初は伯父のサマーセット公エドワード・シーモア（Edward Seymour 1506-52）が，次にノーサンバーランド公ジョン・ダドリー（John Dudley 1502-53）がこの少年王の護民官となって，政権を握っていた。

彼らの指導のもとに，イギリス国教会の教義や礼拝様式は急速にプロテスタント化していった。1549年にはカトリックのミサの使用を禁じる「礼拝統一法」とトマス・クランマー（Thomas Cranmer 1489-1556）の編纂による初めての英語の「一般祈祷書」が制定され，さらに1553年には信仰の基準をプロテスタンティズムとする「42か条」（Forty-two Articles）が公布された。

その頃，貪欲な野心家のノーサンバーランド公はヘンリー7世の曾孫でプロテスタントのレイディ・ジェイン・グレイ（Lady Jane Grey 1537-54）を息子のギルフォードと結婚させたうえで，臨終のエドワード6世に遺言を迫って，女王の座に就けた。しかし，この無謀な王位継承劇は9日間しか続かず，ジェイン女王はカトリックのメアリ1世に取って代わられた。

2　血まみれのメアリと処女王エリザベス

▶**メアリ1世の**
▶**カトリック信仰**　1553年，異母弟エドワード6世が亡くなると，キャサリン・オヴ・アラゴンの娘，メアリが王位に即いた。少女時代の彼女は，母が離縁されたため，庶子と宣告され，不遇な日々を送った。カトリック教徒の母キャサリンに熱愛されて育ったメアリは，エドワード6世の治世下のプロテスタントの圧力にも屈することなく，イギリス国教会の礼拝をかたくなに拒んだ。そのような彼女が即位後，自分が真の宗教と見なすカトリックの復興に心血を注いだとしても驚くに足らない。

さらに，1554年メアリはカトリック国スペインの皇太子フェリペと国民感情を無視して婚約したため，ケント州でプロテスタントのトマス・ワイアットを指導者とする反乱 (Wyatt's Rebellion 1554) が起こった。結婚後，彼女は正式にローマ教皇庁と和解し，エドワード6世時代の反カトリック的な立法を廃止して，カンタベリーの大主教クランマーをはじめとする約300名に及ぶプロテスタントの聖職者や国教徒たちを異端者として火あぶりの刑に処した。そのため，彼女は，「血まみれのメアリ」(Bloody Mary) と呼ばれて，恐れられた。

▶**エリザベス1世と**
▶**イギリス国教会の成立**　1558年，アン・ブーリンの娘エリザベスが王位を継承した。当時のイギリスは，エドワード6世のプロテスタント化とメアリ1世のカトリック反動政策の後を受けて，プロテスタントとカトリック教徒が激しく対立し宗教的な混乱が続いていた。そのため，エリザベス1世は有能な寵臣ウィリアム・セシル (William Cecil 1520-98) を登用して宗教の安定をはかった。1559年に「首長令」と「礼拝統一法」を復活させ，「一般祈祷書」の使用を国民に義務づけるとともに教義の面でも「39か条」(Thirty-nine Articles 1571) を定めてイギリス国教会を確立し，絶対王政の体制を整えた。

また彼女の中道主義的な宗教政策に対して批判的なピューリタンたちを弾圧したり，カトリックの復活を策謀するバビントン陰謀事件 (Babington Conspiracy 1586) を機に長年の宿敵であったスコットランド女王メアリ・スチュ

アート (Mary Stuart 1542-87) を処刑するなど，イギリス国教会に従わない者たちを厳しく取り締まった。

▶エリザベス1世の対外政策とエリザベス朝の文学

エリザベス1世は対外的には，1588年，当時のヨーロッパに君臨していたカトリック教国スペインの無敵艦隊 (Invincible Armada) を打ち破って，海上の覇権を握り，イギリスの海外進出の基礎を築いた。

さらに，エリザベス朝の時代に劇作家シェイクスピア (William Shakespeare 1564-1616) や詩人スペンサー (Edmund Spenser 1552-99) などのめざましい活躍で，イギリスのルネサンスは最盛期を迎えた。エリザベス1世は「神仙女王」(Faerie Queen) と呼ばれて国民の敬愛を集めた。しかし，彼女は〈わたしはすでにイギリスと結婚した〉と述べて，生涯独身を貫き通したため，後世，「処女王」(Virgin Queen) と呼ばれるようになった。1603年3月24日，エリザベス1世はリッチモンド宮殿で69歳の生涯を閉じた。彼女の死をもって約120年間に及ぶチューダー朝は終わった。

3　王権神授説とピューリタン革命

▶ジェイムズ1世と『欽定訳聖書』の刊行

1603年，スコットランドのジェイムズ6世がジェイムズ1世としてイングランドの王位に即いて，スチュアート朝を始めた。以後，両国は1707年まで「同君連合」の関係となったが，依然として別個の王国であった。

即位直後，ピューリタンと呼ばれるカルヴァン主義的性格の強いプロテスタントたちがしだいに勢力を増して，イギリス国教会の改革を声高に叫び，政治への大きな発言権を求めていた。一方，カトリック教徒たちは相変わらずメアリ1世時代の旧体制への復帰を画策していた。

しかし，「王権神授説」を唱えるジェイムズ1世は，〈主教なくして国王なし〉の立場を貫き，イギリス国教会主義の徹底を打ち出して，あらゆる種類の非国教徒に弾圧を加えた。そのため，1605年，ガイ・フォークス (Guy Fawkes 1570-1606) らのカトリック教徒の不満分子たちが，火薬陰謀事件 (Gunpowder

図2-5 スチュアート朝の開祖 ジェイムズ1世

Plot）を企て，国王を暗殺しようとした。こうした宗教上の対立は，必然的に政治上の対立とも密接に結び付いて複雑な国内問題と化していった。

他方，学問好きのジェイムズ1世はふだんから知識をひけらかす癖があった。そのため，彼はしばしば〈キリスト教国における最高の利口馬鹿〉（The Wisest Fool in Christendom）と揶揄された。けれども，ハンプトン・コートで議決された『欽定訳聖書』（*The Authorized Version of the Holy Bible* 1611）の刊行は彼の宗教上の最大の功績として記憶されるべきであろう。

▶チャールズ1世と「権利の請願」

チャールズ1世は，即位直後，アンリ4世（Henri IV 1553-1610）の娘でカトリック教徒のアンリエッタ・マリア（Henrietta Maria 1609-69）と結婚した。ジェイムズ1世と同様に「王権神授説」を信奉し，議会を無視した課税や国民の不法逮捕・投獄を行なったので，「権利の請願」を提出された。彼はいちおうこれを承認したが，翌年，議会を解散すると，以後11年間も議会を開かずに専制政治を強行した。

一方，宗教政策の面でも，国王はカンタベリー大主教ロード（William Laud 1573-1645）らの助言によって国教会主義を強制したため，ピューリタンの優勢なスコットランドで反乱が起こった。その戦費調達のために，1640年4月，国王はやむなく短期議会を，同年11月，長期議会を召集したが，議会との溝は深まるばかりで，ついに，1642年，王党派と議会派の間に武力衝突が生じ，イギリスは内乱状態に陥った。

▶ピューリタン革命と共和政

この内乱の戦局は，はじめは王党派に有利に展開したが，やがて議会派内部で頭角を現したオリヴァー・クロムウェルがピューリタンの信仰に燃える鉄騎隊を率いてマーストン・ムアの戦い（Battle of Marston Moor 1644) で形勢を逆転し、ついでネイズビーの戦い（Battle of Naseby 1645）で王党派を打ち破った。しかし、内乱に勝利を収めた議会派内部において独立派と長老派との間に対立が生じた。

　クロムウェルはチャールズ１世と妥協的な長老派議員を武力でもって議会から追放して、1649年１月、国王を「国民に対する反逆者・国家の敵」として処刑し、共和政を打ち立てた。この一連の動きが、いわゆるピューリタン革命である。

　国王の処刑後、ともかくクロムウェルは新政府の中枢に座ったが、解決すべき問題は山積していた。彼は国内的には君主制や上院を廃止して民主化を進める一方、対外的にはカトリック教徒と王党派の拠点であるアイルランドを征服して、その植民地化の端緒を開き、さらに第１次英蘭戦争（The First Dutch War 1652-54）を有利に展開し、イギリスの海外における威信を高めた。

　1653年、クロムウェルは、終身の護国卿となって軍事的独裁権を握り内外の危機を乗り切ろうとしたが、1658年９月に病没した。その息子のリチャード（Richard Cromwell 1626-1712）が跡を継いだが、無力であったため、護国卿政治はあえなく崩壊した。

図2-6　斬首刑に処された国王チャールズ１世

4　王政復古から名誉革命へ

▶チャールズ２世と２大政党の誕生

共和政の崩壊後、新たに力を盛り返してきた王党派とスコットランド軍を率いるジョージ・マンク（George Monck 1608-70）が事態の収拾にあたり、1660年、大陸に亡命していたチャールズ１世の子を呼び寄せ、チャールズ２世として王位に即けて、スチュアート朝を復活

図2-7 王政復古を果たした陽気な国王 チャールズ2世

させた。これが、いわゆる王政復古である。

チャールズ2世は、「ブレダ宣言」(Declaration of Breda 1660) によって革命関係者に対する寛大な処分や信仰の自由などを議会に約束したが、即位後、「クラレンドン法典」によってピューリタンなどの非国教徒を徹底的に弾圧し、父王同様に専制政治の復活に乗り出した。議会側が国教会中心の体制を固めようとしていたとき、チャールズ2世はルイ14世との間に「ドーヴァーの密約」(Treaty of Dover 1670) を結び、イギリスにおけるカトリックの復活を企てた。

それに対して、議会側はこの宣言を撤回させ、「審査法」を制定して、カトリック教徒をはじめとする非国教徒が公職に就くことを禁じた。また、「人身保護法」を制定して、国民を不法な逮捕や投獄の恐怖から解放した。さらに、カトリック教徒の王弟、ジェイムズに対して「王位継承排除法案」(Exclusion Bill 1680) を提出した。この法案をめぐって、議会は2派に分かれ、王権擁護派のトーリー (Tory) 党と王権批判派のホイッグ (Whig) 党が生まれ、後の2大政党の基礎が築かれることになった。しかし、チャールズ2世は議会を解散したばかりでなく、治世最後の4年間まったく議会を召集しないで絶対王政の道を突き進んだために、議会との対立を深め、名誉革命の一因を作った。1685年、彼は病床でみずからのカトリック信仰を告白して他界した。

▶ジェイムズ2世とオレンジ公ウィリアム

兄チャールズ2世の跡を継いだジェイムズ2世は、ルイ14世と親密で極端なカトリック教徒であった。彼はまずプロテスタントのモンマス公の反乱 (Monmouth's Rebellion 1685) を鎮圧すると、専制政治の手段として常備軍の増大を図り、1687年とその翌年に「信仰

自由宣言」を発布してカトリック教徒を高位官職に任用するなど，カトリック復興の宗教政策を推進し，国民の間に激しい反感と恐怖を引き起こした。

さらに，1688年6月，これまで世継ぎに恵まれなかったジェイムズ2世に皇太子が誕生するに及んで，国民は将来カトリック教徒の国王がイギリスに定着することを真剣に恐れた。こうして，世論を代表するトーリー・ホイッグ両党の7人の指導的な議員たちは，オランダの総督でプロテスタントのオレンジ公ウィリアムに招請状を送った。

その招請状は，ジェイムズ2世によるカトリック支配からイギリスの国家と宗教を救い出すためにウィリアムに武力干渉を要請するものであった。これに応じる決意を固めたウィリアムは，14,000人の強力なプロテスタント十字軍を率いて，同年11月5日，イギリス南西部のトーベイ（Torbay）港より上陸し，難なくロンドンに入城した。一方，トーリー党にも見捨てられたジェイムズ2世は一戦も交えることなくフランスへ亡命した。

▶**名誉革命と権利の章典**　ジェイムズ2世の廃位後，1689年2月，プロテスタントのウィリアム3世とその妻メアリ2世は，議会の提出した「権利の宣言」に署名してから，共同統治の王位に即いた。血を流すことなくなされた，この君主の交替は，名誉革命と呼ばれ，数十年にわたる絶対王政と議会との抗争に終止符を打った。

同年12月，議会は先の「権利の宣言」を多少修正して，「権利の章典」として発布した。この法律によって，議会主義にもとづく立憲君主制の原則ができあがり，国王の権限が大幅に制約されると同時に王位継承におけるカトリック教徒排除の原則が打ち出された。議会はまた「寛容法」（Toleration Act 1689）を発して，信仰の自由を保証したが，それはあくまでイギリス国教会主導型の自由であった。したがって，カトリック教徒やその他の非国教徒たちは依然として公職の道を閉ざされ，自由に礼拝を行なうこともできなかった。彼らのなかには信仰の自由を求めて新大陸アメリカへと雄飛する者たちも少なくなかったのである。ちなみに，イギリスでカトリック教徒がほぼ全面的に解放されるためには，1829年の「カトリック教徒解放令」（Catholic Emancipation Act）の成立までまたねばならなかったのである。

図2-8 名誉革命後、共同統治者となったウィリアム3世とメアリ2世

▶ウィリアム3世の対外政策

即位後、ウィリアム3世は、オランダ総督であったこともあり、イギリスの国内問題よりも対外政策に大きな関心を払った。彼は、1690年7月のボイン川の戦い（Battle of the Boyne）でジェイムズ2世の率いるフランス・アイルランド連合軍を打ち破って、アイルランドの植民地化を推し進める一方で、ルイ14世によるヨーロッパのカトリック支配を阻止することに全力を傾けた。

たとえば、ウィリアム3世は、アウクスブルク同盟戦争（War of the League of Augsburg 1688-97）やスペイン継承戦争（War of Spanish Succession 1701-13）の際に対仏同盟のリーダーとして活躍した。ところが、1702年、彼は継承戦争のさなかにハンプトン・コートでの落馬事故がもとで急死した。一方、穏やかで控え目な性格の持ち主であったメアリ2世は、夫によく仕えると同時に慈善事業や教育問題に力を注いだために、国民的な人気が高かった。しかし、女王は世継ぎに恵まれず、ウィリアムより8年前に天然痘で他界した。

イギリス国教会の内部組織

　イギリス国教会は主教の位階制と管区制（provincial system）によって構成されている。現在，カンタベリー管区にはカンタベリー大主教（the Archbishop of Canterbury；the Primate of All England）のもとに29の主教区（diocese）があり，ヨーク管区にはヨーク大主教（the Archbishop of York；the Primate of England）のもとに14の主教区がある。大主教はいうまでもなく国教会行政上の最高責任者であり，それぞれの管区の主教会議（convocation）を主宰する。とくにカンタベリー大主教は国王や女王の戴冠式での加冠などに見られるような国家行事においても重要な役割を演じる。

　43の各主教区には主教（bishop）がおり，ときどきその下に補佐主教（assistant bishop）が置かれる場合がある。さらに，各主教区は幾つかの教区（parish）に分けられ，各教区には少なくとも1つの国教会の教会がある。司祭（priest）がその教区民（parishioner）の宗教上の指導にあたっている。司祭は主任牧師（rector）あるいは委任牧師（vicar）と呼ばれることもあるが，どちらも司祭であることに変わりはない。

　イギリス国教会の内部には「高教会」（High Church），「広教会」（Broad Church），「低教会」（Low Church）と呼ばれる3つの派がある。「高教会」派は聖職者の位階，礼拝の儀式，サクラメントを重んじる点でカトリックの立場に近く，それに対して「低教会」派は位階や儀式をさほど重視せずに福音を強調する点で非国教徒のプロテスタント諸教会の立場に近い。両派の中間的な立場で国教会の安定と活性化をはかっているのが「広教会」派である。このように，一口にイギリス国教会といっても，その内部にはさまざまな宗教的立場の信徒が存在している。しかし，歴史的におおむね中道的な立場を維持してきたイギリス国教会は，今日まで深刻な内部対立を見ることもなく存続している。また，国内だけで2,800万人余りの信徒数を誇るイギリス国教会は，世界に総数7,000万の信者をもつアングリカン・チャーチ（Anglican Church）に発展し，今日の合同教会運動（ecumenism）の発展に一役買っているのである。

イギリス国教会の総本山カンタベリー大聖堂

> 原典をたのしむ

Utopia (1516)

Thomas More

'But that's not the only thing that compels people to steal. There are other factors at work which must, I think, be peculiar to your country.'

'And what are they ?' asked the Cardinal.

'Sheep,' I told him. 'These placid creatures, which used to require so little food, have now apparently developed a raging appetite, and turned into man-eaters. Fields, houses, towns, everything goes down their throats. To put it more plainly, in those parts of the kingdom where the finest, and so the most expensive wool is produced, the nobles and gentlemen, not to mention several saintly abbots, have grown dissatisfied with the income that their predecessors got out of their estates. They're no longer content to lead lazy, comfortable lives, which do no good to society — they must actively do it harm, by enclosing all the land they can for pasture, and leaving none for cultivation. They're even tearing down houses and demolishing whole towns — except, of course, for the churches, which they preserve for use as sheepfolds. As though they didn't waste enough of your soil already on their coverts and game-preserves, these kind souls have started destroying all traces of human habitation, and turning every scrap of farmland into a wilderness.

'So what happens ? Each greedy individual preys on his native land like a malignant growth, absorbing field after field, and enclosing thousands of acres with a single fence. Result—hundreds of farmers are evicted.

『ユートピア』1516年

トマス・モア

「しかしそれだけが，人々が窃盗を働かざるを得ない唯一の原因なのではありません。あなたの国イギリスに特有な原因が他にもあると私は思うのです。」

「それはなんでしょうか」と，枢機卿はお尋ねになりました。

「それは羊です」と私は答えました。「かつては小食だった，おとなしい羊たちが，今日ではものすごい大食漢となって，人間さえも食殺してしまうらしいのです。畑も，家屋も，町も，なにもかも，羊に食いつぶされてしまうのです。もっと率直に言えば，この王国に最高級の，とても高価な羊毛がとれる地域がありますと，そこの貴族や紳士たちは申すまでもなく，聖人のような修道院長様たちまでが先祖や前任者たちの地所から

得られる収入に満足できず，また，社会のためになんの役にも立たない，悠々自適な生活を送ることにももはや満足できないのです。むしろ，彼らは牧場として土地をすっかり囲い込み，農民たちから耕作地を奪い取ることによって，積極的に社会に害悪を及ぼさずにはいられないのです。家屋さえ，町という町までも取り壊しています。もちろん教会だけは別ですが，その教会も羊小屋用として取っておこうというわけです。彼らの獲物の隠れ場や猟場のために土地をまだ潰したりないかのように，この親切な人たちはあらゆる宅地を取り壊し，あらゆる農地を荒れ地と化してしまったのです。」

「そこでどうなりましたか」

「それぞれ貪欲な人たちが悪性の腫瘍のように生まれ故郷の土地を餌食にして，畑という畑を吸収し，数千エーカーの広大な土地を１つの柵で囲い込んでしまうのです。その結果，多くの農民たちはその土地から立ち退かされてしまったのです。」

The Authorized Version of the Holy Bible (1611)

And seeing the multitudes, he went up into a mountain : and when he was set, his disciples came unto him : and he opened his mouth, and taught them, saying, Blessed are the poor in spirit : for theirs is the kingdom of heaven. Blessed are they that mourn : for they shall be comforted. Blessed are the meek : for they shall inherit the earth. Blessed are they which do hunger and thirst after righteousness : for they shall be filled. Blessed are the merciful : for they shall obtain mercy. Blessed are the pure in heart : for they shall see God. Blessed are the peacemakers : for they shall be called the children of God. Blessed are they which are persecuted for righteousness' sake : for theirs is the kingdom of heaven. Blessed are ye, when men shall revile you, and persecute you, and shall say all manner of evil against you falsely, for my sake. Rejoice, and be exceeding glad : for great is your reward in heaven : for so persecuted they the prophets which were before you.

『欽定訳聖書―山上の垂訓―』1611年

マタイによる福音書５：１-12

イエスは大勢の人を見て，山に登り，座におつきになると，弟子たちがみそばに近づいて来た。そこで，イエスは口を開き，彼らに教えて言われた。

「心の貧しい人たちは，なんと幸いなことでしょう。天国はその人たちのものだからです。」

「悲しんでいる人たちは，なんと幸いなことでしょう。神様がその人たちを慰めて下

さるからです。」

「柔和な人たちは,なんと幸いなことでしょう。神様がその人たちに地を受け継がせて下さるからです。」

「正義に飢えかわいている人たちは,なんと幸いなことでしょう。神様がその人たちの心を満たして下さるからです。」

「憐れみ深い人たちは,なんと幸いなことでしょう。神様がその人たちを憐れんで下さるからです。」

「心の清らかな人たちは,なんと幸いなことでしょう。神様がその人たちにみ姿を現わして下さるからです。」

「平和を作り出す人たちは,なんと幸いなことでしょう。神様がその人たちを神の子どもと呼んで下さるからです。」

「正義のために迫害される人たちは,なんと幸いなことでしょう。天国はその人たちのものだからです。」

「私のために,他の人たちがあなたがたをののしったり,迫害したり,また,ありもしないことを言いふらすときには,あなたがたはなんと幸いなことでしょう。喜びなさい,躍り上がって喜びなさい。あなたがたは天において大きなご褒美を頂けるのですから。あなたがたより前の預言者たちも,そのように迫害されたのです。」

The English Bill of Rights (1689)

Whereas it hath been found by experience, that it is inconsistent with the safety and welfare of this protestant kingdom, to be governed by a popish prince, or by any King or Queen marrying a papist.

The said lords spiritual and temporal, and commons, do further pray that it may be enacted, that all and every person and persons that is, are or shall be reconciled to, or shall hold communion with, the see or church of Rome, or shall profess the popish religion, or shall marry a papist, shall be excluded, and be for ever incapable to inherit, possess, or enjoy the crown and government of this realm, and Ireland, and the dominions belonging thereunto, or any part of the same, or to have, use, or exercise any regal power, authority, or jurisdiction within the same. In all and every such case or cases the people of these realms shall be, and are hereby absolved of their allegiance. The said crown and government shall from time to time descend to, and be enjoyed by such person or persons, being protestants, as should have inherited and enjoyed the same, in case the said person or persons so reconciled, holding communion, or professing, or marrying as aforesaid, were naturally dead.

「権利の章典」1689年

　また，カトリック教の君主によって，あるいはカトリック教徒と結婚している国王もしくは女王によって統治されることは，このプロテスタント王国の安全と福祉に反するということが，経験によって明らかにされたので，前記の僧俗の貴族および庶民は，さらに次のように定められるよう懇願する。

　すなわち，教皇庁またはローマ教会と融和し，あるいは融和しようとしたり，もしくは霊的交わりを有する者，カトリックの信仰を告白する者，あるいはカトリック教徒と結婚する者は，1人残らずすべて，この王国とアイルランド，ならびにその属領，またはそれらのいかなる地域に対しても，王冠と政権を継承し，占有し，享受すること，もしくはそれらのいかなる地域においてもなんらかの王権，権威，裁判権を所有し，使用し，行使することから排除され，かつ永遠にその資格がないものとする。

　そのようなときには，いかなる場合においても，これらの王国の人民は，その忠誠の義務を免除されるものとする。

　前記のように教皇庁と融和し，霊的交わりを有し，もしくはカトリックの信仰を告白し，あるいはカトリック教徒と結婚している者が死亡している場合には，前記の王冠および政権は，本来それを継承し享受すべき人で，プロテスタントの者が，世々限りなく継承し，享受すべきものとする。

君主の戴冠式が執り行なわれるウェストミンスター寺院

チューダー朝後のイギリス王家略系図

[チューダー朝]（1485－1603）

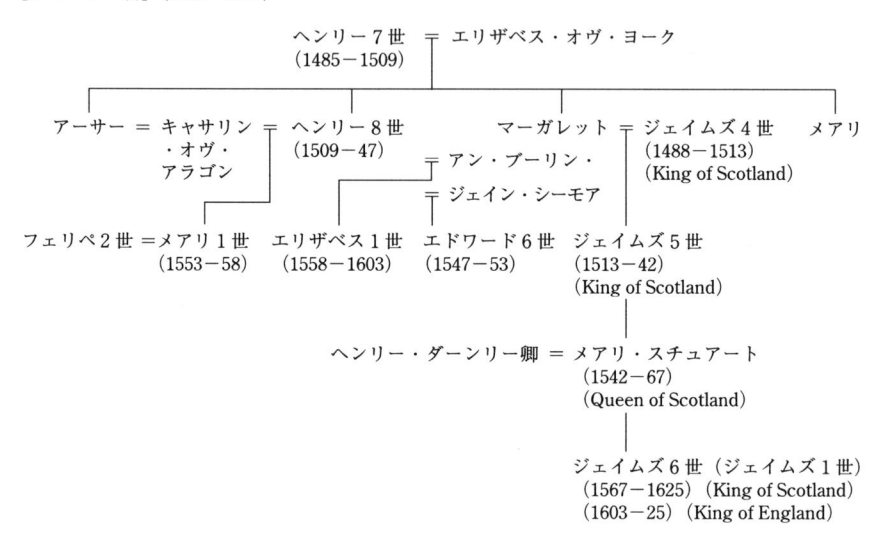

```
                    ヘンリー7世 ＝ エリザベス・オヴ・ヨーク
                    （1485－1509）
      ┌──────────────┬──────────────┬──────────────┐
   アーサー ＝ キャサリン   ヘンリー8世        マーガレット ＝ ジェイムズ4世    メアリ
            ・オヴ・     （1509－47）                    （1488－1513）
            アラゴン       ┬ アン・ブーリン                 (King of Scotland)
                          ┴ ジェイン・シーモア
      │                    │           │              │
   フェリペ2世＝メアリ1世  エリザベス1世  エドワード6世   ジェイムズ5世
           （1553－58）  （1558－1603） （1547－53）  （1513－42）
                                                     (King of Scotland)
                                                         │
                        ヘンリー・ダーンリー卿 ＝ メアリ・スチュアート
                                                （1542－67）
                                                (Queen of Scotland)
                                                         │
                              ジェイムズ6世（ジェイムズ1世）
                              （1567－1625）(King of Scotland)
                              （1603－25）(King of England)
```

[スチュアート朝]（1603－1714）

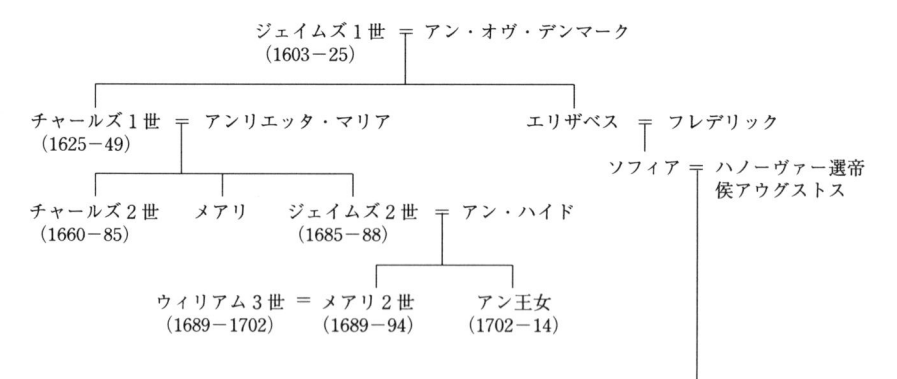

```
                    ジェイムズ1世 ＝ アン・オヴ・デンマーク
                    （1603－25）
      ┌──────────────────────────────┬──────────────┐
   チャールズ1世 ＝ アンリエッタ・マリア      エリザベス ＝ フレデリック
   （1625－49）                                        │
                                                   ソフィア ＝ ハノーヴァー選帝
                                                            侯アウグストス
      ┌──────────┬──────────┐
   チャールズ2世  メアリ   ジェイムズ2世 ＝ アン・ハイド
   （1660－85）           （1685－88）
                              │
              ウィリアム3世 ＝ メアリ2世    アン王女
              （1689－1702） （1689－94） （1702－14）
```

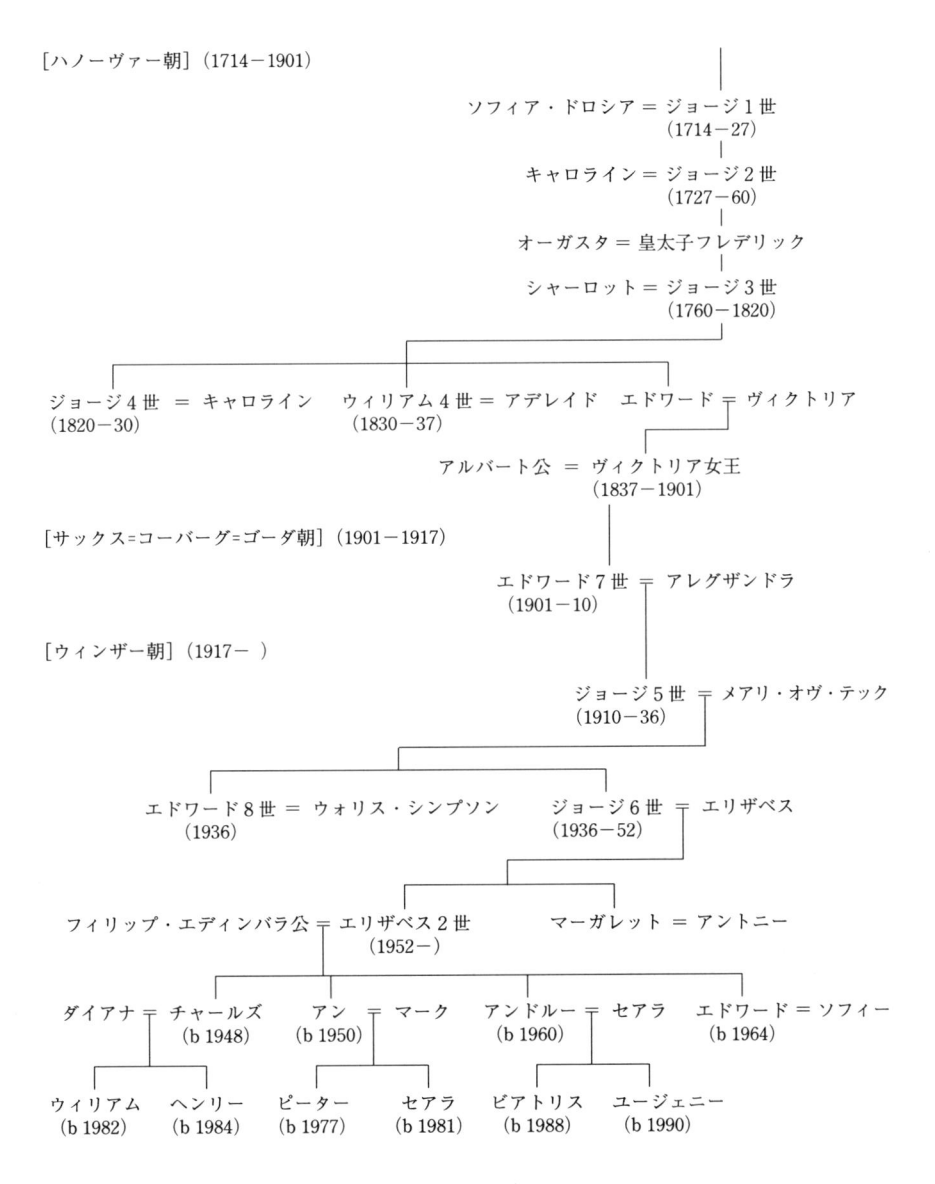

[ハノーヴァー朝]（1714−1901）

```
                            ソフィア・ドロシア ＝ ジョージ1世
                                              （1714−27）
                                  キャロライン ＝ ジョージ2世
                                              （1727−60）
                                    オーガスタ ＝ 皇太子フレデリック
                                    シャーロット ＝ ジョージ3世
                                              （1760−1820）
```

ジョージ4世 ＝ キャロライン　　ウィリアム4世 ＝ アデレイド　エドワード ＝ ヴィクトリア
（1820−30）　　　　　　　　　（1830−37）

　　　　　　　　　　　　　　　　　　　　アルバート公 ＝ ヴィクトリア女王
　　　　　　　　　　　　　　　　　　　　　　　　　　　 （1837−1901）

[サックス=コーバーグ=ゴーダ朝]（1901−1917）

　　　　　　　　　　　　　　　　　　　　　エドワード7世 ＝ アレグザンドラ
　　　　　　　　　　　　　　　　　　　　　 （1901−10）

[ウィンザー朝]（1917− ）

　　　　　　　　　　　　　　　　　　　　　　ジョージ5世 ＝ メアリ・オヴ・テック
　　　　　　　　　　　　　　　　　　　　　　 （1910−36）

エドワード8世 ＝ ウォリス・シンプソン　　ジョージ6世 ＝ エリザベス
（1936）　　　　　　　　　　　　　　　　（1936−52）

フィリップ・エディンバラ公 ＝ エリザベス2世　　　マーガレット ＝ アントニー
　　　　　　　　　　　　　　（1952−）

ダイアナ ＝ チャールズ　　アン ＝ マーク　　アンドルー ＝ セアラ　　エドワード ＝ ソフィー
　　　　　 （b 1948）　　（b 1950）　　　　（b 1960）　　　　　　　（b 1964）

ウィリアム　ヘンリー　　ピーター　セアラ　　ビアトリス　ユージェニー
（b 1982）　（b 1984）　（b 1977）（b 1981）（b 1988）　（b 1990）

＊注（　）内の数字は在位年を示す。bはborn（生年）を示す。

第2章　王室と宗教　|　*45*

ウェストミンスター寺院と戴冠式

　ウェストミンスター寺院はイギリスの王室ともっともゆかりの深い教会である。1066年のノルマン人の征服により即位したウィリアム1世以来、歴代の国王の戴冠式はウェストミンスター寺院で執り行なわれてきた。近現代においても新しい国王や女王の戴冠式は、このゴシック様式の壮麗なウェストミンスター寺院のなかで、王家のもっとも輝かしい国家行事のひとつとして挙行されてきた。ウェストミンスター寺院に参列した王室関係者はもとより、首相をはじめとする王国の主要な市民と貴族の面前で、新しい君主は聖書的な言い伝えにもとづき、香油を塗って聖別化された頭に加冠される。戴冠式はイギリスにおいてもっとも由緒ある儀式であり、君主制の厳粛さ、継続性、ならびに威厳を強調する役目をしているのである。

　ただし、リチャード3世によって王位を剥奪されたエドワード5世と、シンプソン夫人との結婚の意志を表明してみずから王位を捨てたエドワード8世の2人は、例外的にウェストミンスター寺院で戴冠式を行なわなかった君主として記憶されてもよかろう。

戴冠式で新しい君主の頭上に置かれる聖エドワード王冠

　ちなみに、君主の戴冠式に使われる王冠はもともとエドワード懺悔王に遡るが、1649年、チャールズ1世の処刑後、取り壊された。その後、1660年に新しいセント・エドワード王冠が作られ、今日まで使用されている。もちろん王冠は約440個の貴重な宝石をちりばめた金で作られており、約5ポンドの重さを誇っている。

　蛇足ながら、1981年7月29日に皇太子のチャールズと今は亡きダイアナ妃は、セントポール大聖堂で結婚式を挙げたのであったが、王室の結婚式が伝統的にウェストミンスター寺院で行なわれてきたことを考えると、2人の結婚式は少し異例なことであったかもしれない。

第3章　貴族の城館と庭園

概説　カントリー・ハウスの誕生と盛衰

▶はじめに城ありき　ノルマンの征服の年1066年からチューダー王朝が始まる1485年の間，イングランドのカントリーサイドに，外敵を防ぐために要塞化され，生活環境を無視した住居があるとすれば，それは権力を示す建物以外のなにものでもなかった。その建物の中には1階に広いホールがあった。おおぜいの人間が集まる多目的のホールである。

これに対して，生活を楽しむために建てられたカントリー・ハウスは，16世紀前半に端を発している。それまでの領主は，城か，防備が強化されたり，堀に囲まれた館に住んでいた。外敵からの襲撃をいかにして防ぐかというのが有産階級の最大の関心事であったからである。16世紀中期から100年間のカントリー・ハウスは，数少ない例外をのぞいては主として中世の伝統を受けついで建てられたものである。大きなホールが依然として中心にあって，その両側に生活空間とキッチンか使用人の部屋があった。

それが中央政府と司法制度を持つにいたってからは，自己防衛から解放されて自由な生活を享受できる屋敷が建設できるようになった。純粋に城と称されるものは1510年代で最後になるが，建物自体はどこからみても住居であって，もともと防備のために城に常備されてきた銃眼などは単なる付属品にすぎないものになった。

▶修道院とカントリー・ハウス　多くのカントリー・ハウスがヘンリー8世の時代に建築されたのは，いうまでもなくローマ・カトリックから離脱してイギリス国教会を設立した宗教改革によるものである。国や王よりも強大な力をもっていた大小の修道院を解散・解体させ，その土地と建物を没収し，貴

図3-1 ペンズ・ハースト・プレイス（ケント）の
グレート・ホール（19 m×12 m，中世の建築）

族や実力者に与えたり売却したりした結果であった。16世紀後半には華麗なエリザベス朝様式にいたる新しいルネサンス様式が現れてくる。壮大なカントリー・ハウス出現の時代であった。とくに最後の10年間にカントリー・ハウスは風景に強いインパクトを与えることになった。

▶宮廷のカントリー・ハウス訪問の意味　エリザベス1世と父親のヘンリー8世は，臣下が所有するカントリー・ハウスを好んで訪ねている。彼女が1563年にレスター伯に与えたケニルワース城は，女王が居を構えていたウォーリック城とは現代なら目と鼻の先といっていい距離だが，1575年に女王は3か月におよぶ長期滞在を記録した。2つの城の間を2, 30頭の馬が伝令に使われたという。90日間も女王をはじめ宮廷人を宴会，舞踏，仮面劇，狩り，音楽，野外劇などでもてなす側にかかった費用は庶民の想像を絶するものであっただろう。

　この城には3回，バーリー・ハウスには5度も訪れたことになっているが，

ロンドン近郊にあったサー・ウィリアム・セシルの屋敷にはじつに13回の行幸をかぞえ，そのつど3週間，1か月，6週間と長きにわたり滞在し，宮廷の代用として使用したものと推察される。すべてが館の所有主のセシル卿の費用であった。となれば少ない人数ではなかったから，卿の財布は破壊的な打撃を受けたであろう。エリザベスとヘンリー8世は，金持ちの貴族たちの懐を肥やさせないための意図的な訪問をしたのだ。臣下を宮廷に依存させる手段にしたのである。まさにイングランド版「参勤交代」であった。

▶12人の公爵誕生　1642年に始まった「ピューリタン革命」は18年間にわたって新しいカントリー・ハウスの建築と宮廷に対する歓待を停止させることになった。館は依然として防御用の建築であったから王党派の軍隊によって利用されたが，破壊，破損がはげしく，イングランド，ウェールズ，スコットランド，アイルランドの城の多くはクロムウェル（Oliver Cromwell 1599-1658）率いる議会派の軍によって破損され廃城に追いやられる。カントリー・ハウスの歴史にとって最も悲惨で不幸な時代であった。

17世紀後半はイングランドの2人の偉大な建築家，イニゴ・ジョウンズとクリストファー・レンの時代で，彼らの功績はスタンダードな「イングリッシュ・カントリー・ハウス」のイメージを今日に残していることである。

1688年から1715年の間に新たに12人の公爵が誕生している。彼らは広大な土地に壮大な館を構え，絶大な権力の目に見える象徴として近隣を睥睨した。バウトン・ハウス（ノーサンプトンシャー），チャッツワース・ハウス（ダービーシャー，なにかにつけてこのカントリー・ハウスは登場する），ブレナム・パレス（オックスフォードシャー），グリムズソープ（リンカンシャー），キンボルトン・カースル（ケンブリッジシャー），バーリー・ハウス（ケンブリッジシャー，原型はエリザベス朝のものだが，全面的に改装されたのは1681年から1700年にかけてである），ペットワース・ハウス（ウェスト・サセックス），カースル・ハワード（北ヨークシャー）が名乗りをあげた。

▶政治活動の拠点として　これら8つの館の建造者たちはそれぞれ，モンタギュー公，デヴォンシャー公，モールバラ公，ランカスター公，マンチェスター公（モンタギュー公と姻戚関係），それに5代エ

第3章　貴族の城館と庭園　｜　49

図3-2　カースル・ハワード（北ヨークシャー）

クセター伯（モンタギュー公とデヴォンシャー公と関係が深い），6代サマーセット公，3代カーライル伯である。これらのカントリー・ハウスはすべて王家を迎えて歓待している。それだけの設備が整っていた，そして整備したということだ。

　時代が深まるにつれて，富や権力をストレートに示すことよりも，「学問」とか「趣味」がカントリー・ハウスの設計に反映されるようになる。館内に大陸のグランド・ツアー（貴族の息子に対する教育の最終コース）で買い求めた絵画，彫刻などが飾りつけられた。とはいえ，オーナーの政治的権力と社会的なプレステージを考慮にいれなくなったわけでは決してない。ロンドンでの政治活動が，週末を利用してカントリー・ハウスで行なわれたことも事実である。これは次第に便利になっていった道路事情によることが大きな理由であった。

▶館の改造と改築　　1850年がすぎると，新たなカントリー・ハウスの建築や改造が増えていき，それは1870年ころ頂点に達する。文字どおりカントリー・ハウス建築の最後のひと花が咲いたということであった。1879年以後，農業の大不振が始まるとおおかたのカントリー・ハウスのオーナーを含む土地貴族やジェントリーは，所有財産の価値が年を経るごとに下降していくのを知る。1885年までには彼らが残しておいた政治権力は，急速に彼らの手元から離れていった。ヴィクトリアン・カントリー・ハウスの名だたるものの多くは，古い貴族らによる新築，改造，増築，さらには近くの土地へ移行させて建てかえたものである。

たとえば2人の公爵の城館，アニック・カースルとアランデル・カースルは19世紀後半に改造されている。ヴィクトリア朝時代の最も壮観なカントリー・ハウスといわれるイートン・ホールは，イギリスで最も富裕な貴族であるウェストミンスター公のために建築されたものだが，残念ながら見ることはできない。一般に公開されていないのである。豊富な収入源があるためおおぜいの人間を呼び寄せるステイトリー・ホーム・ビジネスに参加する必要がないのだ。

▶20世紀に向けて　20世紀に入ってまもなくの頃，新たに台頭してきた企業家たちが富の梯子の頂点を占めるようになる。彼らはカントリー・ハウスや，カントリー・ハウスの生活様式にはほとんど関心を示さなかった。しかし，銀行家のロスチャイルドやビール帝国を作りあげたギネスやクープ，バスなどは，苛酷なコマーシャル・ジャングルのなかで築いてきた財産を，憩いを求めるべく田園地帯での巨大なマンション作りに費やすのである。むろん商業・工業で成功した新企業家のなかには，地方に本拠地を構えようなどとは思わない人たちも少なくなかった。

　20世紀のカントリー・ハウスは，機能として家族の「ホーム」というよりも，政治的策謀に利用されたり，「週末」にパーティを開いたり，狩りをしたり，スポーツを楽しむ場所であったり，ロンドンの喧噪(けんそう)をさけて「真夏」を過ごす別荘のようなものになった。

　カントリー・ハウスに決定的な影響をおよぼしたのは，20世紀の2つの大戦であることは動かしがたい事実だ。家族が快適な生活をつづけ，広大な土地から利潤をうみ，1年をとおして美しい庭園とパークを維持できたのは，まぎれもなく数十人の，ときには数百人の使用人の存在があったからである。かつて地方の雇用の拠点であったカントリー・ハウスの地位は産業革命で工場にとってかわられ，圧倒的な数の人間を必要とする戦争が革命的な変化をもたらすことになった。

▶館の戦中の役割　第2次世界大戦でイギリスがドイツに負けなかった1つの理由に，カントリー・ハウスの存在があげられる，といえば少々おおげさ過ぎるかもしれない。戦争はおおぜいの不屈な人間の意志と行動力と軍事力に精密な作戦がともなわなければ勝利はおぼつかないのは当然とし

第3章　貴族の城館と庭園

て、ここではカントリー・ハウスが果たした役割に触れておこう。それは戦後のカントリー・ハウスに直接的な、破壊的なインパクトを与えることになった要因でもあった。

　当時のロンドンは連日のように、占領された対岸のフランスから飛来してくるドイツ空軍の脅威にさらされていた。戦前から予想されていたことだった。個人や団体の疎開や、古い資料や貴重品の疎開先に指定され、そして軍司令部の疎開の対象になったのが、イギリス全土の田園地帯に点在するカントリー・ハウスであった。オーナーにとっては何が疎開してくるかが大きな関心事であった。彼らがいちばん歓迎したのは、軍隊とはほとんど無縁な女学校の生徒たちであった。政府省庁、ボーイズ・スクールは歓迎されざるぎりぎりの線であった。主要なカントリー・ハウスが収容した対象の一部を列記してみよう。

　　チャッツワース・ハウス（ダービーシャー）……ペンロース・コレッジ

　　カースル・ハワード（北ヨークシャー）……スカーバラのクイーン・マーガレット・スクール

　　ロングリート（ウィルトシャー）……バースの女学校

　　ブレナム・パレス（オックスフォードシャー）……マルヴァーン・コレッジ；MI5（軍事情報部5部〈国内および英連邦を担当〉）

　　ウーバン・アビー（ベッドフォードシャー）……東ウィングと周辺の建物が情報機関、諜報部員用に。11代ベッドフォード公爵没後は、12代がナチ親派の嫌疑を受けて、全館が撤収された。

　　コンプトン・ウィンイェイツ（ノーサンプトンシャー）、モンタキュート・ハウス（サマセットシャー）、ハドン・ホール（ダービーシャー）、ビーヴァー・カースル（レスタシャー）……国有の絵画、公文書など。

▶**E. ウォーとカントリー・ハウス**　戦後のカントリー・ハウスについて語るときイヴリン・ウォー（Evelyn Waugh 1903-66）の『ブライズヘッドふたたび』（1945）は欠かせない。舞台となるバロック建築の壮大なカントリー・ハウス「ブライズヘッド・カースル」は旅団の司令部となる。序章と終章は、館も周囲の谷間も軍隊に無惨に蹂躙される描写がつづく。

　「……わたしはこの家でいちばん綺麗な部屋だと思っていたのに、それが

信号室になってもう台無しにされてしまったんですよ。残念です。……こんな悪趣味な部屋を前の連中は将校食堂に使っていたんです。……ここが少し痛んだところで惜しいことはありませんよ。……」

「どうもわかりませんね。……　こんな大きな所にただ１家族で住んでいるなんて。何のためにこういうものを建てたのですかね」

「とにかく，旅団司令部の役にたっているんだろうから」

ウォーのブライズヘッドのように最悪の運命をおわされたのは軍隊の収容施設となった館である。もともとカントリー・ハウスなどにはなんの関心もない若い兵士によって館内はもとより外部が受けた破壊はひどく，ときには銃の標的にされたり，貴重品が盗難にあったりしている。そうしたことが原因で戦後の再興が不可能となった館もある。

こうして何百というカントリー・ハウスが崩壊の道をたどっていった。このような状況をみてウォーはこの作品を書いたのだが，その杞憂を尻目に多くはめざましい復興をとげた。しかし，かつての使用人は去り，かわりに監視員と説明員とヴォランティアの人たちが訪問者の相手をするようになった。

カントリー・ハウスとレジャー

過去25年間，1978年から82年の間をのぞいてほとんど毎年，歴史的建造物に訪れた人の数と，場所の数は増えている。10万人以上の訪問者があった場所の数も同様である。イギリス観光庁によると，1996年に，歴史的名所旧跡には7,000万人，博物館，美術館，6,500万，カントリー・パーク4,400万，レジャー・パーク3,600万，動物園，サファリ・パーク1,870万，個人所有のカントリー・ハウス1,520万，ナショナル・トラスト所有の館760万，地方自治体所有の館580万，English Heritageを含む政府所有の館980万となっている。

1996年（イングランド，ウェールズ）個人の所有で上位10のカントリー・ハウスと訪問者数は以下の通り。ウォーリック・カースル（ウォーリックシャー）820,000，リーズ・カースル（ケント）598,714，ブレナム・パレス（オクスフォードシャー）419,902，チャッツワース・ハウス（ダービーシャー）404,721，ビューリー・パレス・ハウス（ハンプシャー）386,352，ヒヴァー・カースル（ケント）301,967，ハーウッド・ハウス（ウェスト・ヨークシャー254,000，カースル・ハ

ハットフィールド・ハウス(ハーフォードシャー)を取り囲むパーク

ワード(ノース・ヨークシャー)200,000,ウェストン・パーク(スタファドシャー)164,256,ボーウッド(ウィルトシャー)154,802。

パークの歴史

　カントリー・ハウスと庭園を囲んで大きく広がっている私園をパークという。park という言葉はもともと広い面積の土地のことで，普通には狩猟用の動物を保護するために囲われた森林地帯のことであった。カントリー・ハウスを囲んでいる有名なパークはこうして始まっている。

　ところが，われわれは一般に「パーク」というと「公園」を考える。たとえば，「ハイド・パーク」は340エーカー(1,360平方キロ＝周囲の長さ4,665 m)以上もあるロンドンでいちばん有名な公園である。

　王侯貴族がいにはだれも使用できなかった狩猟地であったのが，17世紀のはじめに一般に公開され，だれもが散策できるようになった。そこから日本では park が「公園」と訳されるようになった。つまり，「公園」は「パーク」という言葉がもついちばん新しい意味である。ついでに，王侯貴族の狩猟地ではなかった土地で，誰でも使用できる広い土地は，そういうわけで「パーク」とはいわない。テムズ川の対岸にハイド・パークより広い「クラッパム・コモン」という「公園」があるが，これは王侯貴族の狩猟地とは無関係でその名の示すとおり「共有地」である。パークと名がついていれば，その歴史は王侯貴族と結びついているのである。古い歴史を持たないアメリカの，たとえばニューヨークのセントラル・パークとは事情が全くことなっている。

1 カントリー・ハウスとナショナル・トラスト

▶ナショナル・トラストの誕生　文化財をはじめ自然の要所を保護するために生まれたイギリス最大の規模を誇るナショナル・トラストによるカントリー・ハウスの取得は，1991年以降皆無である。なぜだろうか。低率の税金，財産を譲りわたすのを可能にした遺産相続税が導入され，条件つき免除とメンテナンス・ファンド，そして，問題解決を必要とする人たちに，慈善のトラストの設立が可能になったことなどがその原因として考えられる。

ナショナル・トラスト（正式には，National Trust for Places of Historic Interest and Natural Beauty「歴史的史跡および自然名勝地を保存するための全国的な民間団体」という）は，建築業者と宅地造成業者から，鉄道の容赦ない拡大によって危険にさらされてきたイングランドの未開発地をまもるために，1894年に設立された。1世紀も経ずしてナショナル・トラストは私的にはイギリス最大の地主となる。またスコットランドには別のナショナル・トラストが設立された。広大な土地，美しい長い海岸線，かつては個人所有であった200以上の館と庭園をトラストが維持，管理にたずさわっている。およそ110のカントリー・ハウスを所有するトラストはそのほとんどを一般公開している。

▶カントリー・ハウス保存の貢献者たち　トラストは1907年にサマーセットの小さなカントリー・ハウスを手に入れたが，テナントとの関係もあって修復を始めたのは13年後である。1929年に同じサマーセットにあるエリザベス朝時代の壮大なカントリー・ハウスであるモンタキュート・ハウスが10世代も続いたのち，売りにだされた。しかし，買い手がつかなかったために取り壊しが検討されていたとき，旅行社のトマス・クックの孫が1931年に購入し，古い建築物を保護する協会をとおしてトラストに寄付したのである。トラストは家具や絵画を整備するのに40年の歳月を要している。

大戦後，消えゆく運命にあった数多くの壮麗なカントリー・ハウスに大衆の目をむけさせた人のなかには，作家のオズバート・シットウェル，歴史家のG.M.トレヴェリアン，週刊誌『カントリー・ライフ』の寄稿者であったクリ

図3-3　ナショナル・トラスト所有の
リトル・モートン・ホール（チェシャー）

ストファー・ハッシー，ジョン・コンフォース，それにナンシー・アスター女伯爵の旧友ロージアン侯などがいた。カントリー・ハウスの多くが瀕死の状態であること，そしてその原因が税金，とくに death duties と呼ばれる相続税に起因することを訴えた。ここにトラストの出番があるのではないかと。当時のトラストにはトラスト固有の収入は認められていなかった。

▶トラストが所有した
▶カントリー・ハウス

第２次大戦直後，トラストが所有していたカントリー・ハウスのなかで，名高いところではウォーリントン（ノーサンバーランド），ウェスト・ウィッカム・パーク（バッキンガムシャー），クリヴデン（バッキンガムシャー）などを含めて23の館を所有していた。1950年にはその数は42となるが，そのなかにはストラットフォードに近いチャールコート・パーク，ナショナル・トラスト所属の建物のなかでは最も重要なカントリー・ハウスの１つであるノール（ケント），ライム・パーク（チェシャー），アッティンガム・パーク（シュロップシャー），コーティール（コーンウォール），ターナーを多く所蔵するペットワース・ハウス（ウェスト・サセックス），風景庭園で有名なスタウアヘッド（ウィルトシャー），ロンドン近郊のハム・ハウス，オスタリー・パークなどを含んでいる。いずれも訪問の価値があるカントリー・ハウスである。

1975年までに，ナショナル・トラスト所有のカントリー・ハウスの数は90に増え，会員は46万3,000人を数えるまでになった。なかでもダービーシャーの

ハードウィック・ホールは，1948年に父親が死亡し，遺産相続税のためにデヴォンシャー公爵がやむなく手放なさざるをえなかった名館である。さまざまなカントリー・ハウスのオーナーが窮状からの脱出を考えてトラストに接触してきたが，トラストのカントリー・ハウス部門をまかされていたジェイムズ・リーズ＝ミルンには一定の基準があった。改築・増築の際に加えられた見るからにちぐはぐなごった煮の建築様式は，トラスト所有には適さないという判断である。このあたりの事情は彼の5巻の日記に記されていて，貴重な資料となっている。

　現在，ナショナル・トラストに加入するには年会費として1人27ポンド（約5,000円），同じ住所であればその他1人について19ポンド（約3,600円），家族（大人2人＋18歳未満）51ポンド（約10,000円）必要である。

2　ガーデニングと風景式庭園

▶ガーデニング熱

　カントリー・ハウスの歴史のなかで，さまざまな注目に値する傾向，要素があるにしても，第2次世界大戦終了以降の，ガーデン，パークなど風景に対する関心の高まりほど特徴的なものはほかにない。この傾向は，環境保護という性格も加わって，新しい植樹法や種子を紹介する段階に達している。とくにさまざまな層の女性の趣味・娯楽として圧倒的な支持をえてきている。ナショナル・ガーデンズ・スキームズが成功し，1997年には3,218のガーデンが公開されており，このうち初めて公開されたガーデンの数は372を数えることになった。

　小綺麗で手入れのゆきとどいた庭，その先に広がる緑のパークランド，これらイギリス・カントリー・ハウスの美的価値をいくら評価しても，評価しすぎるということはないだろう。こうした庭園を持たないものがカントリー・ハウスといえるかどうかだが，幸いなことにそのようなカントリー・ハウスは存在しない。館内の「歴史」に触れ，実感したあと，その余韻を楽しみながら広びろとした庭園を散策することで，カントリー・ハウス訪問は完結する。ゆるやかに起伏するパークランドのなかに羊の群が草を食み，広い人工の湖は空を鮮

図3-4 ペンズハースト・プレイスの庭園

やかに映しだしている。ランスロット・ブラウンやハンフリー・レプトンが理想とした風景庭園のアルカディアを人びとは満喫する。

▶風景庭園をデザインした人たち　カントリー・ハウスを訪れる人びとは，ケイパビリティ・ブラウンや後継者のハンフリー・レプトンたちが造った風景はすっかり見慣れたものになっているために，それらを「自然な」ものと考えがちである。ある場所にいく前には緻密入念な調査をするといわれた作家の司馬遼太郎も，イギリスのカントリー・ハウスを取りまく風景をもとからあった自然だと誤解した。司馬にとって不運だったのは，それについての資料は当時，日本には皆無に近かったことだ。また，モリス研究の小野二郎はひろく読まれてきた『紅茶を受け皿で』（晶文社）のなかで「風景画風造園術」に数ページを費やしているが，カントリー・ハウスとの関連についてはひとことも触れていない。カントリー・ハウスが存在しないところに風景庭園はありえないのだから，小野はその関連において書くべきだった。

しかし，大自然そのものとは別の，イギリスの風景のおおきな部分，全国に点在する1,000をこえるカントリー・ハウスを取り巻く美しい風景は，じつは人間が設計して造ったもので，もとから存在した自然ではない。生け垣もさまざまな樹木も当初から植えつけられた場所に成長しつづけ，あちこちに見られる大小の丘も尾根も窪みもそのほとんどが人間の労働のあかしなのだ。ここには混沌のなかに秩序感覚がある。

カントリー・ハウスに近づくと，というよりも，ある街道を走っていると左

図3-5 スタウアヘッド（ウィルトシャー）の風景式庭園

図3-6 ブレナム・パレス（オックスフォードシャー）の風景式庭園

右のどちらかに延々とつづく背丈ほどの，たいていの場合はれんが造りだが，塀にでくわせば，カントリー・ハウスに接近したのだとわかる。ゲート・ハウスに隣接する門を通り抜けて，館の姿が見えるはるかに前の段階から，壮大なカントリー・ハウスを取り巻く環境の只中におかれていることを実感する。これは18世紀の景観設計のための植林の結果なのだ。つまり，いく種類もの樹木と湖と川と丘のすべてが，最上の形態で見せるべくかつて計画，設計された結果なのである。

▶風景庭園の粋　　現存する「風景画風庭園」の最適の例の1つとして，ウィルトシャーの「スタウアヘッド」がある。このいかにも「自然」に見える風景は，じつは完成されるのに20年（1740〜60年）の歳月を要した「人工」の庭園だ。2つの流れがせき止められ，排水溝が造られ，水を流して湖と洞窟と人工の滝を配した。湖のまわりに長い歩道を作り，テンプルとパン

第3章　貴族の城館と庭園　59

テオンと橋が見える風景となった。湖は小高い丘陵地で囲まれ，鬱蒼とした樹木の間をぬうように走っている小道を歩くと，湖が見え隠れして刻々とその姿を変えていく。いかにもクロード（1600-82，フランスの画家，理想的風景画の代表的作家）とプーサン（1594-1665，フランスの画家，古典主義様式の確立者）の絵を思わせる風景である。この庭園を造らせたのは銀行家であったヘンリー・ホアであるが，ホアは1枚のプーサンの絵を持っていて，これは今でもスタウアヘッドの「ピクチャー・ギャラリー」にかけてある。

　造園当初は，ブナの木とカラマツ，それに低木として白い花が房状に咲く常緑のセイヨウバクチノキが植樹された。現在は19世紀に植えられた多くのアゼリアと石楠花が彩りをそえている。スタウアヘッドは毎年多くの訪問者を迎え，彼らを泊める「イン」もできた。

　庭園は造園家ウィリアム・ケント（William Kent 1685-1748）の影響が色濃く残っているが，彼のテーマのさらなる追求はランスロット・ブラウン（Lancelot Brown 1716-83）に託された。「風景は手を加えれば良くなる可能性がある（capability）」としかいわなかったことから「ケイパビリティ」の異名をとったブラウンは，他の誰よりもイングランドの風景に多くの足跡を残した人物である。彼の手になる風景庭園は200をこえ，多くのものが現存する。

　領地のなかに入るとピクチャレスクな眺めが木々の間から垣間みられるが，館の姿はすぐには現れないのが主な特徴である。この極端な例がブラウン設計による建物ではないが，ベッドフォードシャーの館ウーバン・アビーだ。私道は館の前面からかなり離れたところを走り，ゲートをぬけて館に到着するまで2キロもある。ブラウンは館のまわりの古い庭園を排除し，客間の窓の正面にパーク（私園）をもってきた。丘の上には植樹はせず，ゆるやかに起伏する放牧地のなかに木立を作ってアクセントをくわえた。湖は遠くにその存在がそれとわかる程度で，全体としての印象は，「自然」で静謐なアルカディアである。

▶ **風景庭園とジェイン・オースティン**　レプトンの経歴はブラウンのそれと似ていて，初期の風景は同じようなデザインであったが，やがて新たな展開をみせはじめ，かれ独自のスタイルに発展していく。館の前面にテラスと花壇を再度導入する。先達とおおきく異なる点は，ブラウンのは館のまわりに風景が展

開したのに対し，レプトンのは館そのものが風景の一部であった。

　レプトンが人気のあったことは，ジェイン・オースティンの『マンスフィールド・パーク館』（*Mansfield Park* 1814）（第6章）で言及されていることからも推察できる。サザートン・コート館のミスター・ラッシュワースがマンスフィールド・パークで食事をしたときのことである。彼は自分の屋敷の改築が必要だという話をきりだす。

　「屋敷をなんとかしなければならないんです，でもどうすればいいのか。手をかしてくださるかたが欲しいのですが」

　「そういう場合に，いちばんいいのは」ミス・バートラムは静かにいった，「ミスター・レプトンに依頼することだと思いますが」

　「僕もそのことを考えていました。あの人はスミスの仕事を見事にやりとげましたから，すぐにでも彼に頼んだほうがいいでしょうね……」

　戦争が終わったすぐあとに，カントリー・ハウス訪問の需要と供給がどうなるかは誰にもわからなかった。過去に一般公開してきた館のなかには，燃料と労働力の不足にもかかわらず再開にこぎつけた館もある。バーリー・ハウスは1946年のイースター・サンデーに再開し，その年に1,700人の入場者を迎えた。ノーサンプトンシャーのさる協会のヴォランティア活動のおかげだが，やがてシーズン中は定期的に週2回とびらを開いた。48年にはスタッフも16人に増えた。入場者が支払う金は給料の2％にしかならなかった。

3　使用人部屋（Below Stairs）

▶使用人の世界　　おおぜいの人間で構成されるカントリー・ハウスの使用人（servant）のなかに，階級が存在したのは，現代の企業のなかに社長から新入社員まで上下関係があるのと同様である。時代と館によっては数百人の使用人を抱えていたり数十人であったり，十数人でやりくりしていた所などその数はさまざまであった。最高位は執事（butler; steward）といい，すべての点で有能ないわば召使い頭であった。これに対して女性の使用人頭（女中頭）をハウスキーパーといい，サーヴァント・ルームで食事をするとき

図3-7 バーリー・ハウス（ケンブリッジシャー）の古いキッチン

はバトラーと向きあう位置についた。ここでは使用人のすべての名称を紹介するスペースはないが，この2人のつぎに位置するのがコック，台所とは無関係で主人の身のまわりの世話をする近侍(valet)，奥方の世話役レディーズ・メイドであるが，そのほかおおぜいの従僕やメイドがいた。1940年代でも使用人の間でのエチケットは規模の大きな館では厳格であったという。

　産業革命の時代以前では，貴族の家族が社交シーズン（ロンドン・シーズン）中に使用するロンドンの豪華な邸宅（タウンハウス）に使用人の多くが雇われていたように，地方の本宅であるカントリー・ハウスは，その地方に住む人びとにとっては雇用の中心地でもあったわけだ。だから中流の家庭の子女も多く雇われていた。館で働くこと自体が社会的にステイタスが高かったのである。

　産業革命は工場で多くの働き手を必要とした。このあたりから使用人の雇用に変化が生じてくる。その後，決定的な変化がおきたのは2つの世界大戦であった。個人の館に使用人を雇用できなくなってしまったのだが，ここでは地方の人びとが喜んでカントリー・ハウスの使用人になった時代の状況について簡単に述べてみよう。

▶使用人の階級社会　　おおぜいの男女が同じ屋根の下で働いているわけだから，ロマンスや結婚にいたる機会も少なくなかったが，週末のパーティにやってくる客とは違って，広い館とはいえ，使用人は特定の限られ

た空間に閉じこめられた状態であったし，自由な時間がなかっただけではなく，使用人の間の恋愛は使用人頭（がしら）から禁じられていたために，他の職業についているものよりは成立しにくい状況にあった。男女がなるべく別々に働くよう設計されている館もあった。バトラーやハウスキーパーは下位の使用人に厳しい態度で接した。しかしながら，若い男女が身近にいればどのような厳しい監視のもとにあっても，人間の本能を抑えつけるのは無理である。

　目鼻立ちの整っていることでその職に選ばれていたフットマン（従僕）は，メイドとの恋の戯れの機会にこと欠かなかった。そのことが，日頃からの単調で退屈な仕事の連続と，制限された日常の生活に楽しみと活気を提供したのである。彼らにとっては生きている証（あかし）といってもよかった。彼らはサーヴァンツ・ホールで，館内のチャペルでのお祈りのときに，日曜日に地域の教会にいく行列の際に，使用人どおしのダンス・パーティで，日々の仕事ですれちがうなかで，ハウスキーパーの鋭い目を逃れながら出会いのチャンスをうかがった。子どもができたらお払い箱になるのは男性ではなく女性にきまっていた。

▶家族と使用人の関係　　市民社会が成立した18世紀の代表的文芸形式は「小説」であるが，それはブルジョア社会を描くことから始まった。イギリス小説の発生の祖とみられるサミュエル・リチャードソン（Samuel Richardson 1689-1761）の『パミラ』（*Pamela* 1740）のなかでは，館の若旦那がしつこくメイドに言い寄る場面が数多くある。メイドのパミラは有頂天になって気軽に身をまかせるようなことはせず，結婚を条件としてつきあい，成功する。

　カントリー・ハウスの長い歴史のなかで，主人とメイドが実際に結婚した例がないわけではないが，たいていの場合は単なるお遊びにすぎなかった。そして使用人の間での恋愛関係は，同じ程度の身分，地位であることが多かった。

　さて，館の家族が生活する空間と，使用人のそれとでは明確な差があった。ゆったりとしてきらびやかな空間で家族が生活するためには，こうした使用人の存在なしでは考えられなかった。家族が部屋でプライヴァシーを楽しんでいても，結局はベッドをしつらえ，部屋の掃除をしたり，暖炉に石炭を運ぶのは使用人である。当然のことながらプライヴァシーにも限界があった。子どもに関していえば，世話をするのはナース（乳母），イギリスでいうナニーであり，

教育を授けるのは住みこみの女性家庭教師であるガヴァネスであった。おとなは朝になるとメイドにおこされ，着衣を手伝わせ，食事のときは終始サーヴァントがうしろにつく。こうした主従の関係から，かれらは家族のどのような内密の証拠も見つけてしまうのだ。

　家族と使用人の間には交わることのない太い線が存在していて，使用人など眼中にはないといった感覚にならならなければ，家人は彼らの前で平然とした態度をとることはできなかっただろう。使用人にお仕着せの制服を着させ，仕事の種類によっては本名ではなく，いつも一定の名前で呼んで非人格化していたわけだ。遠い昔のことではあるが。

4　ステイトリー・ホーム・ビジネス──館の一般公開へ

▶カントリー・ハウス訪問の今昔

　ナショナル・トラストの管理にゆだねたり，ある限られた形での政府の助成を受けるほかに，もはや自力では支えきれなくなったカントリー・ハウスを救う手段としてなにが残されていたのだろうか。それは一定の期間と時間を設定して館を一般に公開し，入館料を徴収することであった。これは結果的に戦後ビジネスとして成功することになるのだが，それよりずっと以前から，つまり，ヘンリー8世やエリザベス1世の時代から大きな館のなかには特定の人にではあるが公開されているものもあった。館内を案内してまわるスタッフがいて，案内し終わるとチップをもらっていた。

　その後，日記作家のジョン・イーヴリンをはじめとして，旅行記作家のセリア・ファインズやアーサー・ヤング，ジェイムズ・ボズウェル，小説家のダニエル・デフォー，ファニー・バーニーなどが次つぎとカントリー・ハウスを訪れて，持ち前の筆力でさまざまに描写していった。

　ダービーシャーの谷間に建つ豪壮なチャッツワース・ハウスや，北ヨークシャーの平原に厳然と鎮座するバロック建築の雄カースル・ハワードは，建築当初から公開されていた。現在はトラストが所有しているが，18世紀後期建築の集大成といわれるケドゥルストン・ホール（ダービーシャー）では，カーゾン卿は自分の住まいを見にきてくれる旅人を泊める「イン」を建てた。迎える

ほうも，訪ねるほうも，誰もが歓待し，されたわけでは無論ない。双方に不満のたねは尽きなかったであろうことは容易に想像がつく。ビジネス化されていなかった当時としては，訪問客が増えるにしたがって迎えるほうでは重荷になっていった。オースティンの作品にも館訪問の場面がいくつもある。

1840年頃には運賃の高いコーチ（長距離運行馬車）が，ロンドンから直接ペンズハースト・プレイス（ケント）まで3時間で客を運んだ。9年後には鉄道がダービーの町から拡張されて，チャッツワースより3マイルの村まで伸びて，ここに8万人の客がやってきた。現代のチャッツワースの「盛況ぶり」は当時から始まっていたのである。この時代，館を公開するには「ノブレス・オブリージ」の意味があって，人びとの田園への関心を持続させたいというオーナーの強い欲求があった。

これに対して現代の一般公開の目的は純粋にビジネスを目的としたものである。入場料，入館料がすべてであるといってもよい。時代を経るにしたがって建物の修理・修復は際限なく継続し，終わることがない。これに要する資金をどうやって確保するかはひとえにオーナーの手腕にかかっている。

そこで戦後の絶望的な試練を経験し，ケンブリッジシャーの壮麗な館「バーリー・ハウス」の女主人，エクセター侯爵夫人は建物を1954年一般に公開し，戦争の痛手を受けた仲間のオーナーたちにも同調するよう呼びかけた。1950年にブレナム・パレスのモールバラ公とチャッツワースのデヴォンシャー公がこれにつづく。51年から52年にかけて104のカントリー・ハウスが一般に公開された。個人所有のもの48，トラスト管理のもの34，残りはその他の機関が管理するものであった。

▶ステイトリー・ホーム・ビジネスの先駆

今日のカントリー・ハウス訪問「熱」にいたるまでにはさまざまな経過があったのだが，「ステイトリー・ホーム・ビジネス」と言われるきっかけを作った3人の貴族を紹介しておこう。

まず1949年に扉を開いたロングリート（ウィルトシャー）のバース侯爵，次いで1952年に公開に踏み切ったビューリー・パレス・ハウス（ハンプシャー）の第3代モンタギュー・オヴ・ビューリー男爵，3人目は1955年に人びとを迎え入れたウーバン・アビー（ベッドフォードシャー）のベッドフォード公爵である。

図3-8　ロングリートを訪れる人たち

　3人はそれぞれ独特のビジネス感覚でもっておおぜいの人びとを惹きつけた。ロングリートの外装はとくに歴史的に重要なものとされており，背景のパークランドも素晴らしい景観をみせている。しかし，内部のほとんどは1870年代と1880年代に凝ったイタリア様式に改築されてしまっている。ビューリーは1871年から74年にかけて設計，建築されたものだがかなり小規模な建物である。建築的価値，風景の美しさ，内蔵品の豊かさにおいては3館のうちではウーバンが突出しているが，1949年から50年にかけてかなりの部分が取り壊されている。
　これらのカントリー・ハウスが多くの人を惹きつけるのは，絵画の大作や僧院のゲートハウスやエリザベス朝の大広間などよりはむしろケイパビリティ・ブラウンやハンフリー・レプトンたちがデザインした風景庭園をバックに設置された，大人も子どもも，家族がともに楽しむことのできるさまざまな設備にほかならない。
　ビューリーには他に類例のないクラシック・カーのコレクションがある。1919年以前のヴェテランカーと1919-30年のヴィンテージカーを，さらに初期の自転車，モーターサイクル，トラック，路面電車など200台以上を本館近くにある「ナショナル・モーター・ミュージアム」に展示し，古い車愛好者を魅了し，うっとりとさせている。

映画の舞台となった館

『レジェンド・オブ・ヒーロー　ロブ・ロイ』1995, Megginch Castle, Drummond Castle (Scotland)

『モンティ・パイソン・アンド・ホーリー・グレイル』1975, Doune Castle (Scotland)

『秘密の花園』1993, Allerton Park (North Yorkshire)

『ブライズヘッド再び』Granada TV 1979-81, Castle Howard (N. Yorkshire), Tatton Park (Cheshire)

『ロビン・フッド』1991, Peckforton Castle (Lancashire)

『マクベス』1972, Bamburgh Castle (Northumberland), Lindisfarne Castle (Northumberland)

『自負と偏見』BBC 1995, Lyme Park (Cheshire), Sudbury Hall (Derbyshire), Warwick Castle

『ジェイン・エア』1995, Haddon Hall (Derbyshire)

『ラブジョイ』BBC TV 1986-94 , Belchamp Hall (Suffolk) 未公開

『日の名残り』1993, Dyrham Park (Avon), Badminton House (Avon) 現在未公開

『眺めのいい部屋』1986, Chiddingstone Castle (Kent)

『いつか晴れた日に』1995, Montacute House (Somerset), Saltram House (Devon)

『トム・ジョーンズの華麗な冒険』1963, Nettlecombe Court (Sommerset) 未公開

『ミドルマーチ』BBC 1994, Burghley House

グラムズ・カースル（スコットランド）

第3章　貴族の城館と庭園

原典をたのしむ

Pride and Prejudice (1813)

Jane Austen

　Elizabeth, as they drove along, watched for the first appearance of Pemberley Woods with some perturbation; and when at length they turned in at the lodge, her spirits were in a high flutter.

　The park was very large, and contained great variety of ground. They entered it in one of its lowest points, and drove for some time through a beautiful wood stretching over a wide extent.

　Elizabeth's mind was too full for conversation, but she saw and admired every remarkable spot and point of view. They gradually ascended for half-a-mile, and then found themselves at the top of a considerable eminence, where the wood ceased, and the eye was instantly caught by Pemberley House, situated on the opposite side of a valley, into which the road with some abruptness wound. It was a large, handsome stone building, standing well on rising ground, and backed by a ridge of high woody hills; and in front, a stream of some natural importance was swelled into greater, but without any artificial appearance. Its banks were neither formal nor falsely adorned. Elizabeth was delighted. She had never seen a place for which nature had done more, or where natural beauty had been so little counteracted by an awkward taste. They were all of them warm in their admiration; and at that moment she felt that to be mistress of Pemberley might be something!

　…

　The housekeeper came; a respectable-looking elderly woman, much less fine, and more civil, than she had any notion of finding her. They followed her into the dining-parlour. It was a large, well proportioned room, handsomely fitted up. Elizabeth, after slightly surveying it, went to a window to enjoy its prospect. The hill, crowned with wood, which they had descended, receiving increased abruptness from the distance, was a beautiful object. Every disposition of the ground was good; and she looked on the whole scene, the river, the trees scattered on its banks and the winding of the valley, as far as she could trace it, with delight. As they passed into other rooms these objects were taking different positions; but from every window there were beauties to be seen. The rooms were lofty and handsome, and their furniture suitable to the fortune of their proprietor; but Elizabeth saw, with admiration of his taste, that it was neither gaudy nor uselessly fine ; with less of splendour, and more real elegance, than the furniture of Rosings.

『高慢と偏見』1813年

ジェイン・オースティン

　エリザベスは，走る馬車のなかから，はじめてペンバリーの森を見たとき，なにかしら気持ちが揺れ動いた。馬車がとうとう門番小屋を曲がって館に向かったとき，彼女ははげしく動悸をうった。

　広大な荘園はすばらしく変化に富んだ地形をしていた。馬車はいちばん低い地点から荘園に入っていき，しばらくは広びろとつづく美しい森のあいだを抜けて走った。

　エリザベスの胸ははずんで話もできないほどだったが，素晴らしい眺望が現れるごとに賛嘆の声をあげて眺めた。一行はやがて半マイルほど坂道を登っていくと，やがてかなり高い丘の頂上につき，森はとだえて，谷の向こう側に建っているペンバリーの館が目に入ってきた。その道は急な角度のカーブでくだっていった。館は大きな美しい石造建築で，丘を登ったところに建ち，背後にはうっそうとした森があった。建物の前には自然の偉容をそなえた流れが大きく広がっていたが，人工の手が加えられた様子はなかった。両岸は形式ばったところもなく，周囲と調和しない不似合いな装飾もほどこされていなかった。エリザベスはすっかり嬉しくなった。彼女はこれまで自然がそのまま生かされ，下手な趣味で自然の美しさが壊されていない場所を見たことがなかった。3人とも心から感嘆の声をあげた。その瞬間，エリザベスは，ペンバリーの女主人になるのもまんざらではないと思った。

　……

　女中頭があらわれた。いかにも上品な様子の年輩の女性で，それほど美人ではなかったが思いのほか丁重だった。みんなは女中頭のあとについて食堂に入った。釣り合いのとれた大きな部屋で，きれいな調度品が備えつけてあった。部屋のなかをちらっと見回してから，エリザベスは外の景色を楽しもうと思って窓際にいった。さきほど下りてきた森をいだいた丘は，こうして遠くから見渡すといっそう切り立っていて，美しい眺めであった。土地の佇まいは申し分なかった。彼女は川や堤に散在する木立を，それから谷のうねりを，目のとどくかぎり全景を見て大いに楽しんだ。別の部屋に入っていくたびに，景色の配置は違って見えたが，どの窓から見ても美しさは変わらなかった。どの部屋も天井が高くて華麗で，家具調度品も所有者の富にふさわしいものだった。しかし，エリザベスは，彼の趣味につくづく感心しながらも，妙にけばけばしさもないし，無駄に上等でもなく，ロージングズ邸の家具ほど豪華ではなかったが，ここには本当の優雅さというものがあった。

The Remains of the Day (1989)

Kazuo Ishiguro

And let me now posit this: 'dignity' has to do crucially with a butler's ability not to abandon the professional being he inhabits. Lesser butlers will abandon their professional being for the private one at the least provocation. For such persons, being a butler is like playing some pantomime role; a small push, a slight stumble, and the façade will drop off to reveal the actor underneath. The great butlers are great by virtue of their ability to inhabit their professional role and inhabit it to the utmost; they will not be shaken out by external events, however surprising, alarming or vexing. They wear their professionalism as a decent gentleman will wear his suit: he will not let ruffians or circumstance tear it off him in the public gaze; he will discard it when, and only when, he will do so, and this will invariably be when he is entirely alone. It is, as I say, a matter of 'dignity'.

It is sometimes said that butlers only truly exist in England. Other countries, whatever title is actually used, have only manservants. I tend to believe this is true. Continentals are unable to be butlers because they are as a breed incapable of the emotional restraint which only the English race are capable of. Continentals—and by and large the Celts, as you will no doubt agree—are as a rule unable to control themselves in moments of strong emotion, and are thus unable to maintain a professional demeanour other than in the least challenging of situations. If I may return to my earlier metaphor—you will excuse my putting it so coarsely—they are like a man who will, at the slightest provocation, tear off his suit and his shirt and run about screaming. In a word, 'dignity' is beyond such persons. We English have an important advantage over foreigners in this respect and it is for this reason that when you think of a great butler, he is bound, almost by definition, to be an Englishman.

『日の名残り』1989年

カズオ・イシグロ

品格の有無を決定するものは，自らの職業的あり方を貫き，それに堪える能力だと言えるのではありますまいか。並の執事は，ほんの少し挑発されただけで職業的あり方を投げ捨て，個人的なあり方に逃げ込みます。そのような人にとって，執事であることはパントマイムを演じているのと変わりありません。ちょっと動揺する。ちょっとつまずく。すると，たちまちうわべがはがれ落ち，中の演技者がむき出しになるのです。偉大

な執事が偉大であるゆえんは、みずからの職業的あり方に常住し、最後の最後までそこに踏みとどまれるということでしょう。外部の出来事には——それがどれほど意外でも、恐ろしくても、腹立たしくても——動じません。偉大な執事は、紳士がスーツを着るように執事職を身にまといます。公衆の面前でそれを脱ぎ捨てるような真似は、たとえごろつき相手でも、どんな苦境に陥ったときでも、絶対にいたしません。それを脱ぐのは、みずから脱ごうと思ったとき以外にはなく、それは自分が完全に一人だけのときにかぎられます。まさに、「品格」の問題なのです。

　執事はイギリスにしかおらず、ほかの国にいるのは、名称がどうであれ単なる召使いだ、とはよく言われることです。私もそのとおりだと思います。大陸の人々が執事になれないのは、人種的に、イギリス民族ほど感情の抑制がきかないからです。大陸の諸民族——そして、ご賛同いただけると存じますが、ケルト人——は、一般に、感情が激した瞬間に自己抑制ができず、そのため、至極平穏な状況のもとでしか職業的あり方を維持できません。先ほどのたとえにもどりますと、誠に下品な表現で恐縮なのですが、少し挑発されただけでも上着もシャツも脱ぎ捨て、大声で叫びながら走り回る人のようなものです。そのような人には、「品格」は望むべくもありません。この点でイギリス人は絶対的優位に立っています。偉大な執事のイメージを思い浮かべようとするとき、その執事がどうしてもイギリス人になってしまうのは、至極当然のことだと申せましょう。

　（土屋政雄訳『日の名残り』ハヤカワＥＰＩ文庫（61～62頁）2001年　名訳なので、訳者と早川書房の御好意によりそのまま拝借した）

第 II 部
表象の身ぶり

ストラットフォード・アポン・エイヴォンのシェイクスピアの生家

第4章　われら役者は影法師

概説　中世から19世紀までの劇場と俳優

▶民衆演劇の黎明　ローマ帝国が滅亡した後，ヨーロッパには10世紀頃まで演劇活動の記録は残っていない。しかし，人々の間では，劇場ではない場所，つまり縁日のたつ市や宮廷などで，芝居らしきものの上演が続けられていたのだという。民衆の間に演劇的な活動がまったく断たれたわけではなかったのである。

　10世紀頃からは，教会が中心となって，キリスト教の礼拝の一部という形で，芝居の1場面といえそうなものが上演されるようになった。題材はイエス・キリストの生涯から採られ，救世主の生誕や受難がドラマ化された。舞台ははじめ礼拝堂内の祭壇であったが，しだいに教会の外へと鞍がえしていった。衣装も序々に華美なものとなり，人気が高まった結果，結局教会は芝居の上演から手をひくことになる。

　演劇を掌握する権限が宗教から世俗へと移ったのである。ミステリーズ（聖史劇）とよばれる芝居が地元のギルドによって上演された。「ノアの方舟」の物語であれば船大工ギルドの手で，というぐあいに，演目は自分たちの職業に関連したものが選ばれた。彼らの晴れの舞台は6月の第1週，コーパス・クリスティ（聖体祝日）の祭りで，それは数日間におよんだ。パジェント（山車の意）とよばれる移動舞台を使用したが，その下部は楽屋として用い，上を舞台とするという2重構造になっていた。地獄の入り口が片側に設けられていたり，装飾は凝りに凝ったものだったという。こうしてひとつの場面を上演しおわると，別の場所に移動して，新たに上演をかさねたのである。

　炎や煙をはじめとして，さまざまなからくりを用いたうえに，豪華な衣装や

小道具も手伝って，舞台効果はたっぷりだったらしい。内容こそキリスト教的ではあっても，喜劇的な場面や人物がたくみに配されていた。これにはヨーロッパ中をどさ回りしていたプロの芸人たちによる喜劇的な演技の影響もみられたはずである。

▶チューダー朝
▶に花開く演劇

15世紀になると，モラリティーズ（道徳劇）とよばれる芝居が生まれている。美徳や悪徳といった抽象概念が擬人化され，登場人物の役名とされた。『万人』（*Everyman* 1495頃）や『人類』（*Mankind* 1465-70頃）といった作品がその典型で，これらは固定した舞台で上演された。

チューダー朝の到来とともに薔薇戦争に終止符がうたれた。イギリスに演劇の黄金時代を生む素地が根づいたのである。万事に派手好きなヘンリー8世の宮廷では，豪勢なスペクタクルが愛好されていた。金に糸目をつけずに制作されたそれらの見世物は，しかしこれといった筋立てのないものだった。

むしろきちんとした筋をもった芝居は，大学や学校などで隆盛の機運をみせはじめていた。イートン校の校長ニコラス・ユーダル（Nicholas Udall 1505-56）がイタリア喜劇の影響をうけて書いた『レイフ・ロイスター・ドイスター』（*Ralph Roister Doister* 1553頃）は最初のイギリス産喜劇とうたわれている。またケンブリッジ大学のフェローだったウィリアム・スティーヴンソン（William Stevenson 1521-75）の『ガートンばあさんの縫い針』（*Gammer Gurton's Needle* 1560頃）はイギリス初の笑劇であるとされる。

他方，悲劇の分野では，法学院の学生2名の手になる『ゴーボダック』（*Gorboduc*）がエリザベス女王の戴冠後間もない1561年頃に御前で上演されている。この『リア王』に似た内容をもつセネカ風の悲劇は，のちのエリザベス朝演劇の特徴をはやくも示す重要作である。このころになると職業俳優が誕生し，宿屋の中庭に仮設の舞台をしたてて上演がなされている。

▶エリザベス朝の劇場

エリザベス朝演劇は世界にも類をみない演劇の黄金時代といわれている。それは，演劇が一部の階層の占有物として成立していたのではなく，社会のおよそあらゆる階級の人々が等しく芝居見物に熱中していたからなのである。

その立役者となったのが，ジェイムズ・バーベッジ（James Burbage 1530頃-

図4-1 カーテン・ロードにあるザ・シアターの跡地を示す記念の銘板

97) であった。役者としての腕はいまいちだったらしいが、本職が大工だっただけに、木造の劇場建設を思いたったのである。演劇に敵意をいだいていたピューリタンとの確執から、ザ・シティの北郊ショアディッチの地に1576年に建設されたのがザ・シアターである。この芝居小屋はイギリス初の恒久的な劇場という栄誉をになっている。これまでに劇場という建物自体が存在しなかったため、固有の劇場名をつける必要がなかった。定冠詞の＜ザ＞がつくゆえんである。この翌年、近くにカーテン・シアターがオープン。こちらは「幕」という意味ではなく（当時の劇場に幕はなかった！）、地名のカーテン・ロードからとられている。

　その後、テムズ川の南岸に場所を移して、空前の劇場建築ラッシュがおこり、1600年までには、ローズ、スワン、グローブと軒をならべるようになった。本来は熊いじめ場だったホープも1613年には劇場に転用されているほどである。さらに、ザ・シティ北郊にもフォーチュンが建てられた。

　1642年から18年にわたりピューリタンが支配した王位の空白期間には、劇場が破壊され、役者も生業を奪われることになる。が、それ以前の50年ほどの時期、つまり国王の名前でエリザベス、ジェイムズ、チャールズの3代の治世は、演劇の歴史を飾る劇作家を輩出した。なかでも最もルネサンスらしい劇作家といえば、クリストファー・マーロウ (Christopher Marlowe 1564-93) だろう。人間の無限の欲望を劇化するのに長けた、この無心論者で同性愛者の天才は、酒場でのけんかがもとで30歳を前に早世している。彼の出身地カンタベリーには、現在その名にちなんだ劇場がある。

▶ウィリアム・シェイクスピア　奇しくもマーロウと同年生まれのウィリアム・シェイクスピア (William Shakespeare 1564-1616) は、前述のバーベッジの息子リチャード (Richard Burbage 1567頃-1619) を主演俳優とする劇団ロー

ド・チェンバレンズ・メン（のちにキングズ・メンと改名）の座付き作者，役者，株主として活躍した。その彼らが1599年頃から本拠地としたのがグローブ・シアターであった。

図4-2　出身者を称えてカンタベリーに建てられたマーロウ・シアター

グローブはいわゆる円形劇場である。外観は20角形の3階建て木造建築。平土間の客は立ち見で，そこに突き出し舞台があった。舞台の天井にあたる部分と周囲のギャラリーにのみ屋根がついて，平土間の上には屋根はなかった。舞台は2階の部分も上演に利用されたうえ，1階舞台の奥まった空間にもう1つの内舞台があったという説もある。

シェイクスピアは友人でもあった劇作家ベン・ジョンソン（Ben Jonson 1572-1637）から「1代の人気作家ではなく，不滅の存在だ！」（"He was not of an age, but for all time!"）と1623年刊行の全集ファースト・フォリオに寄せた序文で賞讃されている。恋愛喜劇を得意としたシェイクスピアに対して，ジョンソンのほうは同時代のロンドン市民の愚行を糾弾する風刺喜劇にそのところをえた。キングズ・メンのライヴァルと目された劇団は，悲劇役者エドワード・アレン（Edward Alleyn 1566-1626）が主役をはったアドミラルズ・メンであった。彼はローズ，フォーチュン，ホープの3館を所有する凄腕の興行主フィリップ・ヘンズロウ（Philip Henslowe ?-1616）の義理の息子であった。

17世紀に時が移ると，子どもの劇団が人気を集めたり，劇作家同士が争いをおこすなどして，さしもの演劇界も波乱万丈だった。独身の女王もすでに晩年をむかえ，社会不安が増大した。そのような社会の移ろいが演劇にも反映されている。シェイクスピアが人間の心理の深淵をのぞきこんだ『ハムレット』（Hamlet 1600-01）にはじまる4大悲劇を書いたのもこの時期である。1607年ころにキングズ・メンはザ・シティ内に買収していたブラックフライアーズ・シアターを稼動しはじめている。この屋内の劇場はグローブのような公衆劇場に

第4章　われら役者は影法師

図 4-3 1997 年に再建された円形劇場
グローブ・シアターの極彩色の舞台

対して，私設劇場といわれている。シェイクスピア後期の芝居はこの室内劇場での上演を念頭に書かれたという。

▶宮廷仮面劇　こうした民衆のための劇場で行なわれる芝居とは風合いの異なる芝居もあった。仮面劇の流行である。1605年にイタリアから帰英した舞台美術家イニゴ・ジョウンズ（Inigo Jones 1573-1652）は，ジョンソンと協力して，宮廷向けの仮面劇というジャンルを開拓した第1人者である。イタリア流の舞台をイギリスに再現することを夢見ていたジョウンズのおかげで，イギリスの舞台美術は1つの頂点を築いたといえる。これにはスチュアート朝の2人の王妃がパトロンであったことも大きかった。

　仮面劇は本来の芝居というよりも歌手，踊り手のためのもので，しばしば王侯貴族も上演に参加して，記念日に宮廷で上演された。ジョウンズの考案した巧妙な舞台装置には莫大な経費がかけられ，その美しさを競ったのだという。この異彩を放つジャンルも，1634年にジョンソンとジョウンズが仲たがいするに及んで，衰退の一途をたどっていった。演劇学者ハートノルによると，ジョンソンに「大工や背景画家と腕を競う気のない」ことが原因となったらしい。仮面劇の最後の上演は1640年だった。

▶王政復古とともにおきた一大変化　チャールズ2世の復位とともに，演劇の禁令は解かれたが，上演を許可する国王の勅許（ロイヤル・パテントないしはチャーター）は，2つの劇団に与えられたのみであった。桂冠詩人ウィリア

図4-4 『オベロンの仮面劇』のためのイニゴ・ジョウンズの舞台装置

ム・ダヴェナント（William Davenant 1606-68）の率いるデューク・オヴ・ヨークズ・メンと，劇作家トマス・キリグルー（Thomas Killigrew 1612-83）の率いるキングズ・カンパニーだ。

　ダヴェナントはシェイクスピアの私生児だとの噂もあった作家で，内乱の前はジョンソン流の仮面劇の作者として鳴らしていた。1660年にテニス・コートを改装してリンカンズ・イン・フィールズ・シアターをつくったが，これはプロセニアム・アーチ（舞台前面の額縁のこと）をもつイギリス最初の劇場となった。キリグルーは1663年にシアター・ロイヤルを開設するが，これが今日のドゥルリー・レインの最初の姿である。この両者はのちに合併することになるが，王政復古期はこのように2劇団の独占状態であった。

　この時期の演劇の特徴といえば，はじめて女優が舞台に立ったことであろう。史上初の女優という栄誉は『オセロー』（Othello）でデスデモーナ役を演じたマーガレット・ヒューズ（Margaret Hughes ?-1719）のものだが，国王チャールズ2世の愛妾となったネル・グウィン（Nell Gwyn 1650-87）がとくに名高い。ほかにも，喜劇・悲劇の双方でいわゆる名女優と謳われる役者が生まれている。劇場の構造では，プロセニアム・アーチのさらに手前にある前舞台が演技空間

として活用された。これは照明が舞台ではなく，もっぱら客席のほうを照らすためのものだったという苦しい事情もあったのである。

▶18世紀にかけて　この時代のイギリスの劇団ということで忘れてならないのは，ヨーロッパ各地で巡業を行なった役者たちのことである。イギリス人の役者たちは1580年頃から大陸にはひんぱんに出かけていた。1つにはペストによる劇場閉鎖を逃れる算段でもあった。彼らはとくにオランダ，ドイツで好評を博し，そのままかの地に滞在し，しだいにドイツの演劇界に同化をはたしていったのである。

18世紀になっておきた演劇界の大事件というと，1737年，時の宰相ロバート・ウォルポールの時代に宮内長官の名のもとに発効された検閲法（ライセンシング・アクト）だろう。これはヘンリー・フィールディング（Henry Fielding 1707-54）らの芝居が時の政府への風刺や批判に満ちていたことが直接の原因だった。これにより正劇を上演できる許可をえられたのは，コヴェント・ガーデンとドゥルリー・レインの2軒だけ（のちにヘイマーケット・シアターが夏季限定という条件でくわわる）という事態になった。この独占状態はえんえんと1843年までつづいた。生活のための働き場を失ったフィールディングが小説書きに転じ，この世紀を代表する小説家となったのは周知のとおりである。

ところで18世紀の劇場は，かならずしも観客にとって居心地のよい設計ではなかったようだ。客が狭い出口に殺到した状態を想像すれば，事故や火事がおきたときの悲惨さはうかがいしれようというものだ。舞台前面には興奮した客が登ってこないように〈忍び返し〉がつけられていたくらいなのである。

▶19世紀は名優の世紀　18世紀を代表する名優デイヴィッド・ギャリック（David Garrick 1717-79）以来，イギリスの演劇界はいくたの名優を輩出した。ティドワースによれば「18世紀にはイギリス人は劇場を見に大陸に行き，外国人は演技を見にイギリスにやってきた。」といわれるほどだが，そうした名優の伝統は19世紀まで衰えを知らなかった。

役者一族のケンブル家には屈指の悲劇女優セアラ・シドンズ（Sarah Siddons 1755-1831）と弟のフィリップ・ケンブル（John Philip Kemble 1757-1823）。破滅型の天才エドマンド・キーン（Edmund Kean 1787-1833）と息子のチャールズ

イギリス流クラシック音楽への招待

　イギリスの音楽で今日でも耳にできる最も古いものは，ソールズベリー聖歌であろう。12世紀にさかのぼる典礼音楽とされ，クリスマスの時期に夜を徹して歌われたものである。

　イギリス固有の音楽はチューダー朝に一気に隆盛期を迎えた。3大作曲家といえるのは，ヘンリー8世からエリザベス女王まで仕えた王室礼拝堂付きの作曲家トマス・タリス（Thomas Tallis 1505頃-85）。その弟子だが，教会音楽ばかりでなく，ヴァージナル（ハープシコードの前身）の曲なども書いたウィリアム・バード（William Byrd 1543-1623），リュート歌曲の「あふれよ，わが涙」（"Lachrymae"）で名高いジョン・ダウランド（John Dowland 1562-1626）であろう。

　王政復古期に活躍したヘンリー・パーセル（Henry Purcell 1659-95）は36歳で夭折したが，膨大な作品を残し，今日でも愛好されている。18世紀には，ヘンデル（G. F. Handel 1685-1759）がロンドンを本拠地としたため，イギリス人には大いに親しまれている。同じ頃に，やはりドイツ出身のペープシュ（J. C. Pepusch 1667-1752）が＜バラッド・オペラ＞なるジャンルを手がけ大流行をなすが，その傑作は現在も劇団のレパートリーに入っている『乞食オペラ』（*The Beggar's Opera* 1728）である。イギリス人の愛唱曲「ルール・ブリタニア」（"Rule Britania" 1740）を作ったのはトマス・アーン（Thomas Arne 1710-88）である。

　しばらく大作曲家不作の時代が続いたが，20世紀になると，状況は一変。「威風堂々」行進曲などの国民的な作曲家エドワード・エルガー（Edward Elgar 1857-1934），9曲の交響曲をのこし，その民謡調の親しみやすい作風が光るヴォーン＝ウィリアムズ（Ralph Vaughan Williams 1872-1958），劇的な直観が16篇のオペラにところをえたベンジャミン・ブリテン（Benjamin Britten 1913-76）らを輩出。一方で，現役に目をやると，チェロとオーケストラのための『奇跡のヴェール』（*The Protecting Veil* 1987）が大ヒットしたジョン・タヴナー（John Tavener 1944-2013）をはじめ多士済済，たのもしいかぎりである。

　現在ロンドンだけでも腕利きのプロの大オーケストラがロンドン交響楽団をはじめ5つ。ほかに合唱団や室内オケに古樂合奏団などが多数存在している。バービカン・ホールやロイヤル・フェスティヴァル・ホールといったクラシック専門のコンサート・ホールのほかに，ブルックナーがオルガンを弾き，ヴェルディやワーグナーが指揮棒をふったという，6,000人を収容可能なロイヤル・アルバート・ホールや，セント・ポール大聖堂のような教会施設でも音楽会は開かれている。いまやロンドンはヨーロッパでも有数の音楽都市といえるのかもしれない。

(Charles Kean 1811-68)。畢生(ひっせい)の道化役者グリマルディ（Joseph Grimaldi 1778-1837）。改作版シェイクスピアの上演が常識だった時代にオリジナル台本を使ったマクリーディ（William Macready 1793-1873）。役者としてはじめてナイト爵をたまわったアーヴィング（Henry Irving 1838-1905）。シェイクスピア劇の巡業公演を精力的にこなしたことで名高いベンソン（Frank Benson 1858-1939）。

　これら名優の世紀として19世紀の演劇を総括することもできよう。彼らはしばしば劇場の支配人も兼ね，いわゆるアクター・マネージャー（主演俳優兼劇場支配人）制度の流行をみた。この役者中心の時代は，一面からみれば，優秀な劇作家が不在の時代であったともいえる。

　また，劇場建設の歴史は，火事との戦いの歴史でもあった。ケンブル体制下のコヴェント・ガーデンも，1808年に火事で焼失。その建て替え資金の捻出に新劇場が値上げをしたところ，観客が「旧い値段にもどせ」と口々に叫んで暴動が起きたのがその有名な例である。

▶スペクタクルとメロドラマの時代　検閲法の網の目をくぐりぬける便法として，5幕からなる正劇とは種類が異なるという意味で，3幕構成の音楽劇であれば上演が許可されていた。その人気に対抗するべく，勅許劇場のコヴェント・ガーデンやドゥルリー・レインでは出しものがいきおいスペクタクル化していった。海戦，火事，地震，船の沈没などの舞台効果が歓迎されたが，発射された大砲で観客が死亡したこともあったという。本物の馬や象までかりだされて舞台をにぎわしたのである。

　メロドラマ全盛の演劇界だが，現在でもクリスマスの定番である歌あり踊りありのおとぎ芝居パントマイムの流行が始まったのもこのころである。

　劇場にガスによる照明が導入されたのは，1810年代からである。雰囲気こそろうそくに劣らないとはいえ，換気は悪いは，火災の危険はあるはで評判はよくなかった。天井桟敷に座る観客はガスのせいで気分が悪くなったという。今日でもドゥルリー・レインのボックス席内のシャンデリアには，よくみると天井部分にガスの換気用の穴が開いているのがわかる。もっともこの場合の照明というのも，観客席全体を照らしていたもので，観客席を暗くする習慣が普通になるのは，くだって1860年代以降の話だったのである。

1 シアター・ロイヤル・ドゥルリー・レイン

▶通りの由来　ドゥルリー・レイン。南の端はストランドのオールドウィッチ・シアターに発し，北を見るとテレコム・タワーが遠くにみえる。通りの標識には「シアターランド」とそえ書きがしてある。古くからの大通りで，もとはヴィア・ド・オールドウィッチとよばれていた。

現在の名称は，エリザベス1世の治世にここに屋敷を建てたサー・トマス・ドゥルリーの名前に由来する。詩人のジョン・ダン（John Donne 1572-1631）はアン・モアとの秘密結婚後，この館内に住んでいたことがある。16, 17世紀には上流の人士の集まる通りだった。演劇史上最初期の女優ネル・グウィンもここに住んでいた。それが18世紀になると酔っ払いが往来し，けんかの絶えない騒々しい土地柄に堕してしまった。画家ホガースに娼婦の徘徊するこの通りの絵がある。19世紀にはロンドンでも最悪のスラム街と化したが，世紀末に500万ポンドをかけたキングズウェイとオールドウィッチ周辺の都市開発計画が実行に移されて，問題の解消に役立ったのだという。

シアター・ロイヤル・ドゥルリー・レインの正面入口は実はキャサリン・ストリートに面していて，ドゥルリー・レイン側は劇場の背面にあたる。わきの楽屋口からこの通りに回りこんだところには，化粧用品などの舞台関係の商店ブローディ・アンド・ミドルトンが1840年の創業以来，今日まで元気に商いをつづけている。

図4-5　ブローディ・アンド・ミドルトン商会

▶生ける伝説　シアター・ロイヤル・ドゥルリー・レインは，350年にもわたって同じ敷地で現役をはっている劇場という意味では，まさに世界最古の由緒ある名跡といえる。

第4章　われら役者は影法師

図4-6　1階席からロイヤル・ボックスを見あげて

初代の劇場は，王政復古とともに建てられた。国王の近侍だったトマス・キリグルーに劇団結成のチャーターが認められたのは，1662年4月25日のことである。彼はさっそく土地を取得し，2,400ポンドという価格で劇場を建設した。建物は現代のドゥルリー・レインの舞台ほどの大きさというから，今の感覚でいえばむしろ小劇場クラスであろうか。

翌年ボーモント（Francis Beaumont 1584頃-1616）とフレッチャー（John Fletcher 1579-1625）の芝居でこけら落としがなされ，ジョンソンの芝居などがレパートリーに入っていた。劇団はキングズ・カンパニー・オヴ・プレイヤーズを名乗り，王の臣下であることをしめすお仕着せを着用することが許可された。1665年に女優ネル・グウィンがデビューしたのはこの劇場だった。1672年1月の火事で焼失したため，初代の劇場は思いのほか短命におわってしまったが，ちょうど現在の舞台の階下にあたる部分に，1663年当時の劇場の壁が残存しており，一般の観客でも見学できる。

キリグルーが4,000ポンドをつぎこんで建築家サー・クリストファー・レンに再建させた2代目の劇場は，1674年3月26日にオープンをむかえた。演目はまたしてもボーモントとフレッチャーの芝居でチャールズ2世の天覧公演であった。

▶黄金時代の予感　117年におよぶ2代目の歴史では，ベタートン（Thomas Betterton 1635頃-1710）をはじめとして当代最高といわれる役者が次々と舞台に立ち，名声を欲しいままにした。なかには役者を搾取したかどで悪評ふんぷんたるクリストファー・リッチ（Christopher Rich ?-1714）のような人物を劇場支配人にいただいていた時期もあった。

1747年から76年までが，名優ギャリックの天下で，ドゥルリー・レインとしても絶頂を極めた時期である。王侯貴族の列席が多かった反面で，観客の暴動

図4-7　ベリー・セント・エドマンズのシアター・ロイヤル

に手を焼くこともあったらしい。イギリス国歌がはじめて歌われたのが1745年のことだったという。ギャリックはみずからの引退公演の収入を，怪我をしたり病気になったりした役者のための基金に寄付したが，これは現在までもドゥルリー・レイン基金として保存されている。

　ギャリックの跡をおそったのが，劇作家のシェリダン（R. B. Sheridan 1751-1816）である。この奇矯な天才の名作『悪口学校』（*The School for Scandal*）は1777年にここで初演されている。1794年から今日まで200年も続く劇場名物がある。「バドリー・ケーキ」といって，毎年1月6日の十二夜の祝いに役者たちにケーキや酒がふるまわれるのである。これは『悪口学校』にも出演した役者ロバート・バドリー（Robert Baddeley 1733-94）の残した100ポンドが元手になっている。2代目の劇場は手狭になったことを理由に建てかえが決まり，1791年にとりこわされた。

▶3代目，そして4代目へ

　さて1794年3月12日にオープンした3代目の劇場は，収容人数が3,600名をこえるという威容を誇る建物だった。ちょうど劇の上演が禁じられているレント（四旬節）の期間にあたったために，ヘンデルの宗教音楽のコンサートでこけら落としがなされた。最初の芝居の公演はケンブルとシドンズ夫人という名コンビによる翌月の『マクベス』（*Macbeth*）だった。世界で最初の〈防火幕〉が設置され，耐火構造を謳い

図4-8 正面左側にある支配人ハリスの胸像

文句にしていたにもかかわらず，1809年2月24日，火の手があがった。劇場が焼けおちる現場にかけつけた支配人のシェリダンは，動揺をかくして近所の酒場へとおもむき，「自宅の炉辺でワインを飲んではいけないかね」とつぶやいたと伝えられている。

基金集めに奔走した醸造業者サミュエル・ホイットブレッド（現在もこの名前のビール会社があり，著名な文学賞の運営にも関わっている）とロマン派詩人バイロンの努力で，40万ポンドをかけて4代目の建物が建てられることになった。4層の観客席に2,283名の収容人員を誇り，1812年10月10日『ハムレット』の公演でオープン。ただしこのときに完成したのは建物だけで，現在の立派な玄関の列柱は1820年に，建物脇の柱廊は1831年につけたされたものだ。

今日，摂政時代（1811-20）に建てられた劇場で現存するのは，ほかにサフォークのベリー・セント・エドマンズにあるシアター・ロイヤルだけである。

▶名優の出演に沸く舞台　ドゥルリー・レインの丸天井のついた玄関入口には，四隅にシェイクスピア，ギャリックらの4体の立像がならぶ。ここでジョージ3世が放埓な王子を殴りつけるという事件がおこったところから，客席へと通じる2つの通路を「国王側」と「王子側」と分けたのが今日までも残っている。

1814年にシャイロックを演じて衝撃的なデビューを飾ったキーンをはじめ，マクリーディ，フェルプス（Samuel Phelps 1804-78），アーヴィングと名優の名演にことかかない。「ドゥルリオレイナス」とあだ名された名物支配人オーガスタス・ハリス（Augustus H. G. Harris 1852-96）のような歴代経営者の辣腕によるところも大きかった。ハリスの胸像は現在も劇場正面に向かって左側に鎮座している。

1916年，シェイクスピア生誕300年祭には，『ジュリアス・シーザー』に主演

したベンソンが終演後に控えの間でジョージ5世からじきじきにナイト爵を授かっている。本来の儀式に用いるはずの剣には，芝居の小道具の剣が使用されたという。

19世紀の後半には，メロドラマとパントマイムが多かったが，20世紀に目を転じると，1921-22年の改装後はとくにミュージカルが盛んに上演されるようになった。第2次大戦後の上演記録を見ても，『マイ・フェア・レディ』（*My Fair Lady* 1958），『コーラス・ライン』（*A Chorus Line* 1976），『ミス・サイゴン』（*Miss Saigon* 1989）などの大作ミュージカルのロングランが続いているのである。

2　ウェスト・エンドの誘惑

▶劇場の街　　ウェスト・エンドはニューヨークのブロードウェイとならび称される商業演劇街である。地名のいわれは，ロンドンの旧市街ザ・シティからみた場合，〈西のはずれ〉に位置するところからきている。前項のドゥルリー・レイン以来劇場が乱立し，劇場街の代名詞となった。地下鉄ピカディリー・ラインの駅名でいうと，ピカディリー・サーカス，レスター・スクエア，コヴェント・ガーデンという3駅の周辺にあたる。ピカディリー・サーカスから北東にのびるシャフツベリー・アヴェニューには，リリック，クィーンズ，ギールグッド（96年に旧名グローブから改名）などとくに劇場が密集して

図4-9　劇場街シャフツベリー・アヴェニュー

いるために，シャフツベリー・アヴェニューの名前がウェスト・エンドと同義語として用いられる場合もあるほどだ。その数たるや30軒になんなんとする劇場がある。ウェスト・エンド・シネマという言い方もあるくらいで，映画館も同様にこの地域に集中している。

ドゥルリー・レインの例からもわかるように，改築・改装を施されたり，あるいは名称の変更をこうむったり，という劇場の数がかなり多い。しかし，ウェスト・エンドの劇場の半数以上が1889年から1909年の間の建設といわれる。劇場の規模はそれこそ千差万別で，観客の収容人数が2,300人をこえるコリシアムのような大劇場から，340名というアーツのようなこじんまりした劇場までさまざまである。

▶レパートリーの特色　　上演演目を選択するポリシーに関しては，劇場によってまちまちである。なかにはある種の出しものに特化した劇場もある。たとえば，勅許劇場として旧い歴史のあるコヴェント・ガーデンは今日ではロイヤル・オペラ・ハウスの名のもと，オペラとバレエを専門に上演している。同じくコリシアムもイングリッシュ・ナショナル・オペラが本拠地とするオペラ劇場である。このオペラ団は英語による上演を旨としていて，その略称 ENO にも "Everyone Needs Opera" の意味がこめられているという。

昔日には，サヴォイ・シアターがギルバートとサリヴァンの喜歌劇をもっぱら上演したため，彼らの喜歌劇はサヴォイ・オペラの愛称で親しまれたほどである。現在でも，ほとんどミュージカル専用といった印象の劇場は，『キャッツ』（*Cats* 1981）で有名なニュー・ロンドン・シアターはじめ数多い。また，副業に精をだしすぎた結果，ダンス・ホールやディスコなどに模様がえしてしまった劇場も，アストリア・シアターほか相当数ある。

興行形態としては，ウェスト・エンドの外部の劇場で当たりをとった演目を，ウェスト・エンドにもってきて上演することが多いのがひときわだっている。このような移転公演は，〈セカンド・ラン〉といわれたり，〈トランスファー〉ともいわれている。これには，イギリス演劇史の栄光をになってきたのが，どちらかといえばウェスト・エンド以外の劇場であった，という皮肉な事情がみてとれよう。

▶ウェスト・エンドの内と外

図4-10　ENOの本拠地コリシアム・シアター

たとえばザ・シティ内にバービカン・センターという本拠地をもつロイヤル・シェイクスピア・カンパニー，テムズ川南岸にある文字どおりサウス・バンク・センターとよばれる芸術関連施設にあるロイヤル・ナショナル・シアター，同じく南岸はウォータルー駅近くのオールド・ヴィック，西方のスローン・スクエアにあるロイヤル・コート・シアターなどなど，今世紀のイギリスの演劇界をリードしてきた大事件は，むしろこれらウェスト・エンドの外部の劇場からもたらされたといっていい。

さらに今日では，フリンジ・シアターの名で総称される40軒ほどの中小劇場群から，たとえばヤング・ヴィックやアルメイダといった有力な劇場が育ってきている。

ウェスト・エンドといえばロングラン興行が有名だが，なかでも世界演劇の歴史上最長不倒記録がある。1952年11月25日に幕を開けたアガサ・クリスティ原作のスリラー『ねずみとり』（*The Mousetrap*）は，当初アンバサダーズ・シアターで，74年に隣のセント・マーティンズ・シアターに移って，今日まで休まず上演が続けられている。途中，随時演出家やキャストは変更されてきたが，日曜をのぞく毎晩および平日のマチネ公演を継続している。現在，なんと最後の審判の日までの予約を受付中である。このような探偵ものは，英語で"whodunit"とよばれるが，意外な真犯人のトリックがわかってしまうとおもしろくない。そこで毎回カーテン・コールの際に俳優の1人が「今日からみなさんはわたしたちの共犯者です。ぜひ犯人の名前をばらさないようにしてください」と客席に呼びかけるのがならわしとなっている。

このようなロングランが話題を集めるなかで，ウェスト・エンドでは演劇史上最短のショートラン（？）も記録されている。1930年3月11日，ダッチェ

第4章　われら役者は影法師　89

図4-11　史上最長のロングラン『ねずみとり』を上演するセント・マーティンズ・シアター

ス・シアター。ドゥルリー・レイン・シアターのななめ前にあるこの劇場で，あるレヴュー公演の初日のこと，レベルの低さにあきれた客が幕の降りる前にみな帰ってしまったのだそうだ。公演は1日ももたなかったのである。

▶エピソードの落穂拾い　話は1895年にさかのぼるが，ギャリック・シアターで『悪名高きエブスミス夫人』（*The Notorius Mrs Ebbsmith* 1895）というアーサー・ピネロの喜劇を上演していたときの出来事。題名と同じ名前の女性がほど近いテムズ川で水死しているのが発見された。手にはギャリック・シアターの半券がにぎりしめられていたという。かわいそうに，自分がからかいの種にされた，と思いこんだ絶望のはての自殺だったらしい。

　1950年代といえば，まだ検閲がきびしく，同性愛やヌードは舞台上ではご法度だった。が，クラブ会員制を名のり，上演を行なっていたコメディ・シアターのようなつわものもあった。

　前衛劇の古典ベケットの『ゴドーを待ちながら』（*Waiting for Godot* 1955）を上演していたクライテリオン・シアターでの話。上演の途中で遅刻して入ってきた老紳士にむかって，「やっとゴドーがきた！」と桟敷から声がかかったという。

　ウェスト・エンドの由緒正しい劇場には，かならずといっていいほど幽霊が住みついている。とくに著名な例をあげておこう。ギャリック・シアターでは役者をはげまして肩をたたく幽霊がでるのだという。『ピーター・パン』（*Peter Pan* 1904）を初演したことで知られるデューク・オヴ・ヨークズ・シアターでは，毎晩10時になるときまって扉の閉まる音が聞こえるという。また，1920年代の支配人ヴァイオレット・メルノットとみられる黒衣の女性が歩きまわるの

図4-12　18世紀の名優の名にちなむ
ギャリック・シアター

が目撃されている。劇場の幽霊について調べてみると，なぜか元支配人の霊であるといったケースが多い。これはやはり支配人たるもの，自分の劇場に対して，死後も変わらぬ責任感をいだいている証なのであろう。

　最後にドゥルリー・レインの善良なる幽霊の話を1つ。17世紀風の灰色の服を着こんだ若い男の幽霊が，アッパー・サークル（3階席）で，これまでに何度も目撃されている。ただしこの霊に関しては，公演初日に現れた場合，芝居のほうも大入りまちがいなしとの吉兆だ，と関係者は信じこんでいるのである。

3　名優はいかに鍛えられたか——アンソニー・ホプキンズの演技の秘密

▶新米俳優の苦闘　1937年12月31日，ウェールズのポート・トルボット近郊マーガムにて，フィリップ・アンソニー・ホプキンズ（Philip Anthony Hopkins）誕生。家族や友人の間ではきまってトニーとよばれるため，のちに本名をそのまま芸名とした。

　若き日の彼は，エネルギーの塊というか，かんしゃくもちのボクサーのような印象を人に与えたという。これはどこかウェールズ人気質の一面をうかがわせるものだ。はやくから映画スターを夢みていたものまねの得意な若者は，カーディフ・コレッジ・オヴ・ミュージック・アンド・ドラマで2年学んでから，58年から2年の兵役をこなし，いよいよロンドンの名門演劇学校，ロイヤ

第4章　われら役者は影法師　*91*

ル・アカデミー・オヴ・ドラマティック・アート（RADA）に進み，63年に卒業した．パブに入りびたり，深夜になってから台詞をおさらいするという多感な演劇青年の日常だった．

　次々とオーディションを受けては，地方劇団のツアーに端役で参加するという典型的な修行時代を経て，65年は運命が開けた年になった．ナショナル・シアターのオーディションで，生涯の師というべき名優ローレンス・オリヴィエ（Laurence Olivier 1907-89）の面接を受けることになった．このとき彼は偉大な名優の前で，オセローの台詞をしゃべるのだが，オセローといえばオリヴィエの十八番．とはいえホプキンズにできるシェイクスピアは実はそれしかなかったのだ．結果は，みごと合格．ナショナル・シアターの役者としてのキャリアがはじまった．

▶成功への階段　　小さな役をもらって『オセロー』のツアーに出た彼は，あるとき出はなにうっかりイアーゴーの台詞を口にしてしまう．舞台そでに控えていたイアーゴー役の役者は「そのままぼくの役を演ってくれないか」といったという．巡業中ののどかな失敗のエピソードである．

　オリヴィエら大物のアンダースタディ（代役のこと）をつとめるうちに，ついにチャンスがめぐってきた．67年，ナショナル公演ストリンドベリの『死の舞踏』（*The Dance of Death*）で，倒れたオリヴィエに代わり急きょ出演することになる．「客はオリヴィエを見にきている」と思い一瞬のパニックに陥るのだが，開演5分後にはもう自分の力を出しきっていた．オリヴィエはこのときのことを回想記のなかで，「まるでねずみをくわえた猫のような」演技だった，とやんちゃな愛弟子を評価している．

　イギリスの俳優修行に欠かせないチェーホフも，67年に『三人姉妹』（*The Three Sisters*）のアンドレイ役を演じた．そして同年，シェイクスピアの『お気に召すまま』（*As You Like It*）でなんとオードリー役を演じている．女性の役である．ポーランドの批評家ヤン・コットに影響をうけた全員男性によるキャストだったのである．スティル写真を見ただけでも笑える姿だが，劇評をみてもキャストのなかで一番めだっていたようだ．チェーホフ，シェイクスピアといった役者の基本ができていることに注目である．

▶焼きつくす演技の炎　ホプキンズはキャリアの最初のころから映画出演が多い。68年の『冬のライオン』(*The Lion in Winter*) では，しかし，監督とうまくいかなかった。これは，のちのち彼につきまとうことになる演出家との確執の最初の例だった。ついでにいえば，落馬して大怪我をしたことから，大の馬嫌いになるのもこの撮影中のこと。しかし，すてる神あればひろう神あり。主演したアメリカの名優キャサリン・ヘップバーンから，カメラを前にした演技について暖かい助言をうけている。

図4-13　全員男性キャストによるナショナル・シアター公演で女装の演技

このころすでに，深酒と私生活の乱れは度をこしていた。演技で爆発する炎の情熱とひきかえに，彼は自分のエゴを押さえられなかったのだろう。その意味でも同郷の天才俳優リチャード・バートン (Richard Burton 1925-84) と比較されていい。実際，ハリウッドで成功したバートンは若きホプキンズのアイドルだったのだが……。けんかのあげくに，役をプイと降りてしまうようなことも少なからずあった。そんなときでもホプキンズを見すてずに，なだめ役にまわってくれたのが師のオリヴィエだった。

71年には，『建築家とアッシリア皇帝』(*The Architect and the Emperor of Assyria*)，『コリオレイナス』(*Coriolanus*)，『やさしさで殺された女』(*A Woman Killed with Kindness*) という，傾向のまったく違う大作の舞台に出演している。ちなみにシェイクスピア劇では，ホプキンズは『じゃじゃ馬ならし』(*The Taming of the Shrew* 72)，『マクベス』(*Macbeth* 72)，『テンペスト』(*The Tempest* 79)，『リア王』(*King Lear* 86)，『アントニーとクレオパトラ』(*Antony and Cleopatra* 87) に主演している。映画『ハムレット』(69) では，ニコル・ウィリアムソンのタイトル・ロールを相手にクローディアスに扮しており，このころの若々しい情熱的な演技がかいまみられる。ほかに，BBCテレビ版での

第4章　われら役者は影法師 | 93

図 4-14 師匠ローレンス・オリヴィエに
声をかけられて

『オセロー』(81)，映画『タイタス』(*Titus* 99) の主役がある。

▶いい役とのめぐりあい　『マクベス』の主役などはまさに彼のはまり役だと思うが，やはり演出家とそりが合わず，中途降板している。別の仕事が入ってひげを剃ったことが原因で，演出家ともめたのだという。もっとも，国王殺しの場面で劇場の外を走る救急車のサイレンの音が聞こえてきて，客席が大笑いになったというから，舞台の出来も低調だったのだろう。

　73年の舞台『エクウス』(*Equus*) は彼の代表作の1つだ。馬の目をつぶすという異常な犯行におよんだ少年の治療に苦悩する精神科医の役だ。78年に，リチャード・アッテンボロー監督が撮った映画『マジック』(*Magic*) も腹話術師の悲劇を描いて，小味ながらホプキンズの良さを引き出している。この監督(以前は舞台の名優だった)はホプキンズをとても買っていて，のちに名画『ガンジー』の主演にもホプキンズを要請したらしい。いくらなんでも体格のいいホプキンズに痩せたガンジーはないだろうと思うが，そのくらい彼の演技力を信頼していたということだ。また，実際そういう演出家とは彼はうまくいく。

　『エクウス』も『マジック』も人間のこころにひそむ魔物を描いて秀逸な台本だが，そのような内面的な役柄をホプキンズは得意とする。80年にデイヴィッド・リンチ監督のもとで主演した映画『エレファント・マン』(*The Elephant Man*) もよかった。象皮病という重い障害をもち見世物にされていた

若者をサーカスから助けだす医者の役。ただしまたしても監督とは合わなかった。はじめて病気の若者と対面する場面の撮影現場。「これは今からエレファント・マンをみて，驚くシーンだ。おれの想像力にまかせてくれ。」と口うるさい監督を制止して，一発撮りを決めたという。演じた役のリストをながめると，医者の役が多いのが目をひくが，それは彼にどことなく危険な感じの知性がそなわっているからだろう。

▶入魂の演技力　　ホプキンズの役作りは，人間に対する観察力に負うところが大きい。『掩蔽壕』（えんぺいごう）（*The Bunker* 80）というヒトラーの最期を描いたテレビドラマで，彼はナチスの総統に扮している。毎朝のように自宅で，素裸のまま鏡の前に立ち，ヒトラーの演説を録音したテープにあわせて，台詞のリズムや身体の動作を研究していたという。その鬼気迫る稽古姿には，家人もびっくりしたそうだ。

実在のモデルが存在しない役柄の場合，それでは役作りはどうしたのだろうか。映画『不満の大合唱』（*A Chorus of Disapproval* 89）では，ウェールズ人の素人演出家という喜劇的な役を演じている。その際，彼は亡き父親をイメージして，発声はおろか，衣装から所作まで，なにもかも父親のものまねをしたのである。

さて，歳をかさねるにつれ，アルコール中毒も克服，人格的にも丸くなったが，同時にその演技はますます深みを示すようになった。リア王のように内面の演技で勝負をかける役も，また『プラウダ』（*Pravda* 85）でのように外向的な役柄も，ともにこなしきる円熟をみせた。しかし，大胆にみえる風貌とは裏腹に，劇評を異常に気にするといったナーヴァスな側面もあったらしい。オリヴィエのような名優でも，酷評を浴びることがあったと知って，ホッとするといったきわめて人間的な部分もあるようだ。

そのような彼の舞台での最高傑作はおそらくはナショナルでの『アントニーとクレオパトラ』ではなかろうか。軍人にして恋人という，相容れない相克をかかえた主役は，彼に理想的な役どころである。とはいえ，芝居勘のよいホプキンズにして，稽古中なかなか台詞が入らず悩んだというエピソードからは，芝居という麻薬に身を捧げた者の業の深さを感じざるをえない。

▶狂気の殺人鬼を演じる

90年代をむかえると，ハリウッドの映画界でもほとんどスター級の扱いをうけるようになるのだが，そのきっかけとなったのは，『羊たちの沈黙』（The Silence of the Lambs 91）でのアカデミー主演男優賞受賞である。もっともホプキンズ自身は同時期にオファーのあった別の映画のほうにむしろ食指をそそられていたらしい。『羊』のほうは，脚本をみただけで乗り気になれなかったし，夫人も出演には反対したという。しかし，『エレファント・マン』をみてホプキンズを気に入っていた監督のジョナサン・デミは，彼をくどきおとすのに成功した。映画会社の上司が「あの役はイングランド人にはむりだ」と言ったそうだから（もちろん彼はウェールズ人），そのころはまだ，アメリカでの彼の知名度はさほどでもなかったのだろう。しかし，賭けはみごとデミの勝ちだった。

ホプキンズは殺人鬼レクター博士の声を，例によってものまねで造型している。『2001年宇宙の旅』に出てくるコンピューターの音声である。抑揚のない冷静すぎる発声。じつに彼の役者としての魅力の大半は，その声にこそある。

ジョディ・フォスター演じるFBI捜査官との初対面の場面。彼は監督のデミに向かって逆に指示を出している。廊下を歩くフォスターの視線でカメラを動かしてほしい。自分は牢獄の中で立って，彼女の到来を待っているから，と。監督はたずねた——なぜ博士には彼女の来訪がわかっていたのか。ホプキンズの答えは，博士は全知全能の存在だから，捜査官が近づくのを感じとっているのだ，というものだった。役柄の本質を一気にとらえてしまう名優の直観が発揮された好例だろう。

▶世界的なスターへ

その後の映画での活躍は日本のファンにも親しいことと思う。ただ残念なことには，映画出演が増えるにつれ，舞台での活躍の幅が狭められてしまった。郷里の英雄リチャード・バートンがそうだったし，師匠のオリヴィエにしてもかなり多くの平凡な映画に出演している。イギリスを代表する舞台俳優から，世界の映画スターへと脱皮してしまった姿を，複雑な気持ちでながめている芝居ファンも案外多いのではないか。

歌舞伎でいえば「ハラ」のある役者といえよう。まるで台詞が今生まれてきたかのように語られる口跡のよさ。頭に手をやったりする多少の演技のマナリ

図 4 - 15　ウェールズ大学の名誉博士号授与式で
チャールズ皇太子と

ズムですら魅力の一部と感じさせてしまうその存在感。

　最後に名誉について。オスカー受賞については述べたが，それに先立つ88年に彼はウェールズ大学から名誉博士号を授与されている。「WH スミス大学卒」（WH スミスは有名な書店のチェーン）を自称する彼にすれば，望外の名誉であろう。93年には，ナイト爵をエリザベス女王より授与されている。

　（この項を執筆するにあたり，クェンティン・フォーク著『アンソニー・ホプキンズ——正統的伝記』（ヴァージン・ブックス，1992）に多くの情報を負っている。）

活況を誇るイギリス産のミュージカル

　イギリスのミュージカルの源流をたどると，ジェイムズ朝の宮廷仮面劇であるとか，1642年以来ピューリタンによって演劇の上演を禁じられていた時期に制作されたウィリアム・ダヴェナントの音楽付きの芝居『ロードス島の包囲』（*The Siege of Rhodes* 1656）にまでさかのぼることになろう。

　しかし現代風のミュージカルといえば，19世紀のオペレッタあたりから発展してきたものと考えるのが普通で，さらに限定すれば1950年代から60年代にかけてアメリカで花開いた芸術とみるべきだろう。もっともイギリスにおいても，ディケンズの原作を生かした『オリヴァー！』（*Oliver!* 1963）やロック・ミュージカルの『ロッキー・ホラー・ショー』（*Rocky Horror Show* 1973）といった傑作が生まれてはいる。

　ただしミュージカルがブロードウェイの占有物でなく，ロンドンが一方のメッカ

第 4 章　われら役者は影法師　97

となりえたのには、作曲家アンドルー・ロイド・ウェバー（Andrew Lloyd Webber 1948- ）の功績が大きいことは否定できないだろう。最初に耳目を集めたのはイエスの生涯を描いた『ジーザズ・クライスト・スーパースター』（*Jesus Christ Superstar* 1970）か。彼にはほかにも聖書に取材した『ヨセフと不思議なテクニカラーのドリームコート』（*Joseph and the Amazing Technicolor Dreamcoat* 改定版 1991）という作品もある。

ウェバーの快進撃はとどまることを知らなかった。アルゼンチンの大統領夫人になった女性の1代記『エヴィータ』（*Evita* 1978）、永遠の生命をもとめて猫たちが歌と踊りの競演をくりひろげる『キャッツ』（1981）、機関車に扮した登場人物がローラースケートで走りまわる『スターライト・エクスプレス』（*Starlight Express* 1984）、フランスの小説にもとづいた幻想的な愛の物語『オペラ座の怪人』（*The Phantom of the Opera* 1986）がつづいた。

『キャッツ』でウェバーと協力したやり手のプロデューサーがキャメロン・マキントッシュ（Cameron Mackintosh 1946- ）である。彼はその後もロイヤル・シェイクスピア・カンパニーと組んで『レ・ミゼラブル』（*Les Miserables* 1985）というスマッシュ・ヒットを飛ばす。そして『蝶々夫人』をネタにした『ミス・サイゴン』（1989）で、ドゥルリー・レインにおける最長ロングラン記録を打ち立てたのである。（以上カッコ内の数字はロンドン初演年。）

原典をたのしむ

The Tempest (1611)

William Shakespeare

These our actors
(As I foretold you) were all spirits, and
Are melted into air, into thin air,
And like the baseless fabric of this vision,
The cloud-capp'd tow'rs, the gorgeous palaces,
The solemn temples, the great globe itself,
Yea, all which it inherit, shall dissolve,
And like this insubstantial pageant faded
Leave not a rack behind. We are such stuff

> As dreams are made on ; and our little life
> Is rounded with a sleep.

『テンペスト』1611年

ウィリアム・シェイクスピア

いまの役者たちはな，
前にも言ったとおり，すべて妖精なのだ。
空気のなかへ，淡い空気のなかへと溶けていった。
この基礎をもたない幻の構造物と同様に
天をも摩する高い塔も，豪華をきわめた宮殿も，
荘厳な寺院も，大きな地球そのものも，
そう，ここにあるすべてのものが，溶け失せてしまう，
いま消えていった実体のない幻影と同じように
跡形もなく消え去るのだ。わたしたちは
夢と同じ材料で作られている。
短い一生，仕上げは眠りがしてくれる。

"Foreword" to *the Great Theatres of London* (1987)

Anthony Hopkins

Architecture and Drama are brother arts, but like many siblings they don't always get along. The perfect performance, if there is such a thing, is the communion of actors, audience and the building itself. The acoustics, the sightlines, the comfort of the seats, the atmosphere of the auditorium, the service at the bars and the size of the dressing rooms all contribute to the success or failure of a production. Sometimes there is too great a contrast between the glamour and luxury of the front of house and the cramped squalor back stage. But, for an actor, there is nothing to equal playing before a laughing, weeping, snoring, coughing, shocked or enraptured audience in a space created for the purpose.

After years in the USA, I returned to find the architectural face of London changing rapidly, in some cases for the better. However, it is pleasing to see that the great London theatres, part of the glory of the city, remain virtually untouched by 'progress'. Fortunately, most of them are protected from the clutches of property developers. One doesn't have to believe in ghosts to feel a frisson when one enters these ornate and showy playhouses of yesteryear, the architectural equivalents of how we imagine the flamboyant actor-managers like Tree and Irving to have been.

「ロンドンの劇場に寄せて」1987年

アンソニー・ホプキンズ

　建築と演劇は芸術の分野では兄弟の間柄といえる。が，多くの兄弟がそうであるように，かならずしも仲がよいというわけではない。完璧な芝居の上演というものがあるとしたら，それは役者と観客と建物自体と，この3者の親しい交わりから生まれてくるものであろう。音響効果，舞台の見え方，客席の居心地，場内の雰囲気，バーでの飲食物のサービス，楽屋のサイズ，これらすべてが公演の成否の鍵をにぎっているのだ。ときに舞台の表側の豪華絢爛さとくらべて，舞台裏の窮屈でみすぼらしい感じとの間にはあまりに大きな落差がある。とはいっても，役者であれば，演劇鑑賞という目的のための専用の空間で，笑ったり，泣いたり，いびきをかいたり，咳をしたり，目をむいたり，夢中になったりしてくれる，そんなお客を前に演じることに勝る喜びはほかにはないのである。

　アメリカでしばらく暮らしてのち，イギリスに帰ってきてみると，ロンドンの建築が急速に変化を，ある場合にはよい方向に変化をしていることに気がつくことがある。けれども，この都市の栄光の一部をになっている偉大な劇場の数々が「進歩」からは事実上とりのこされていることに，わたしは嬉しさを禁じえない。幸いなことに，大部分の劇場は土地の開発者の魔手から保護されている。なにも劇場の幽霊の存在を信じていなくても，むかしの劇場の仰々しいほどに派手な建物に一歩足を踏み入れさえすれば，それだけで胸がワクワクしてくるはずである。劇場を見るだけでトゥリーやアーヴィングといった華麗な俳優兼劇場支配人の時代に思いをはせることが可能なのである。

第5章 拡がる地平

概説　2つの革命

▶農業革命　　産業革命について考える際に忘れてならないのは，これに先立つ「囲い込み（エンクロージャー）」と農業革命であろう。

　13世紀から進行していた「囲い込み」は15～16世紀に最初の頂点に達していたが，18世紀半ばには議員立法によって合法的に行なわれたため，それまでの征服や強奪，政治的取引とは異なり，その過程は公的な性格をもつようになった。その結果，19世紀初頭にかけて耕地の拡張と少数者への所有権の集中が顕著となってゆくとともに，土地の改良や農業生産技術の改善・革新も加わって18世紀には農業生産の効率性が上がり，生産高は飛躍的に増大していったのである。

　このような農業革命は，農村部から共有地（コモン）を奪うことによって開放耕区村落を消滅させ，小自作農の大部分から土地を買収したり彼らを追放しただけでなく，土地所有者や借地人の階層化と土地を所有しない者の増加や離農という現象を生み出すこととなったのである。農村部において都市部の産業資本主義と市場の支配にも相当する農村資本主義ともいうべき体制がすでに形成されていたのである。その結果，土地をもたない人々のほとんどは農村を追われ，やむなく産業社会の賃金労働者として都市に大量に流入し，かなり以前から顕著であった工業労働者階級の増大に拍車をかけることとなったのである。

　この時期の都市の人口増加を見ればこのことは一目瞭然であろう。たとえば，1700年のロンドンは人口50万人を越えるヨーロッパ最大の都市であったが，18世紀の間に2倍の100万に近づいていた。また，2,500人以上の人間が集中的に居住する地域を都市とみなすなら，1700年にはロンドンを含めて68であったが，

1750年には104，1801年には188となり，全人口の30％が都市に集中したのである。しかし，この現象は総人口の増加との関連において考えなければならない。18世紀の著しい人口の増加の背景には社会のさまざまの分野——たとえば医学や衛生面——における近代化が大きく影響しているのは確かであろう。その結果，出生率と死亡率が大きく変化したのである。また，この現象には18世紀に農業生産の著しい増大を可能にした農業革命が密接に関連しているのも明らかである。

▶産業革命　18世紀後半から1830～40年代にかけてのイギリスの国民経済の成長にもとづく工業化の過程を産業革命と呼ぶのが通説である。だが，革命という言葉が与える激変というイメージとは異なり，この変化は当時の人々の目に見えるかたちで進展していったわけではない。現在われわれが目の当たりにしている急速な技術革新とは異なり，当時の人々にとっては自分たちがいま産業革命の工業化のまっただなかにいるのだと実感できるような変化ではなかったということである。

　しかし，この時期に工業化に向かって加速してゆくための地固めとなるような技術革新が鉄工業や綿工業などにおいて見られたこと，多様な分野におけるこのような技術革新が結びついて新たな技術革新を生み出してゆくといった状況が生まれていたのである。たとえば，ジェイムズ・ワット（James Watt 1736-1819）の蒸気機関にしても，経験知にもとづいたさまざまの技術革新との関連のなかから生み出され，実用化されるようになったのであるが，これが本格的に利用されるようになるのは19世紀も半ばをまたねばならなかった。

　また，18世紀後半にはそれまでにはなかった新しい産業形態である工場制が生まれてはいたものの，19世紀に入ってもまだほとんどは徒弟制にもとづく職人労働や家内労働が中心であった。当時の人々が，自分たちの生活様式，労働と生産の形態の変化に気づき，まったく新しい産業社会の秩序が形成されていると認識するようになったのは1830～40年頃になってである。

　そして，数十年をかけて進展してきた産業革命の成果を一堂に展示し，世界に向けて産業大国ぶりを誇示したのは1851年にロンドンで開催された第1回万国博覧会であった。その会場となったハイド・パークにはガラスと鉄だけで造

図5-1 水晶宮の内部

られた巨大な水晶宮(クリスタルパレス)が燦然と輝いていた。ガラスと鉄の大量生産を可能にした技術，そしてそこに展示された機器類は産業革命の誇るべき成果であった。

▶産業革命の担い手たち　ここで注目すべきは，産業革命を推進する原動力である技術革新を担い，名を成した者たちのほとんどは科学の専門家たちではなく，職人たちだったことであろう。産業革命当時のイングランドにはオックスフォードとケンブリッジの両大学しかなく，そこではジェントルマン階級の子弟の教育が主要な目的であったため，教養としての古典学（ギリシャ語とラテン語）がカリキュラムの中心であり，ケンブリッジではこれに数学が加えられていたが，現代のわれわれが考えるような科学教育は行なわれてはいなかったのである。

このことは，「科学者」(scientist) という語を『補遺版オックスフォード英語辞典』(*A Supplement to the Oxford English Dictionary*) で調べてみると，初出は1834年であり，この事実は「科学者」という存在が社会的に認知されていなかったことのあかしであるとともに，この言葉と存在が人口に膾炙(かいしゃ)するには19世紀も末をまたねばならなかったことを示している。

技術革新の担い手となった職人たちが系統的な科学教育を受けていなかったことはいうまでもない。あえて言うならば，彼らの職場自体が学校であり，職

第5章　拡がる地平　103

人としての仕事や工夫，そして先輩や同僚たちからのアドヴァイスなどが教育だったのである。いわば，修行や機器類の改良や応用などの過程から得られた，経験にもとづく知恵と知識が技術革新を可能にしたのだった。

　たとえば，水力紡績機を発明したリチャード・アークライト（Richard Arkwright 1732-92）は鬘職人，ブラマー錠の発明者ジョウゼフ・ブラマー（Joseph Bramah 1749-1814）は指物師，道路舗装技術を考案したスコットランドのトマス・テルフォード（Thomas Telford 1757-1834）は石工，蒸気機関車の発明者ジョージ・スティーヴンソン（George Stevenson 1781-1848）は炭鉱の機関工から身を立てた人たちの例である。しかし，彼らの偉業は突如として成しとげられたわけではなく，先行する無名の無数の人たちのさまざまな創意工夫があったのは明らかだろう。

　また，水晶宮を設計したジョウゼフ・パクストン（Joseph Paxton 1801-65）はもともとは造園技師であった。実は，この驚くべき建築物を生み出したのは18世紀に最盛期を迎えた庭園文化だったのである。ヨーロッパの島国に南の植民地から持ち込まれた植物を越冬させて生育させるには，コンサーヴァトリー（conservatory）もしくはグリーンハウス（green house）と称される温室が不可欠であり，最初は上流階級の庭園に建てられ，やがて経済力をもった中産階級の間に広まっていった。

　つまり，庭園文化が生んだ温室を巨大化させた建築物が水晶宮だったのだが，この設計と建築に関わったのが造園師であったという事実は，産業革命の主たる担い手が正規の科学教育を受けた者たちではなく，経験から技術と知識を身につけた人たちだったことを象徴的に物語っている。

▶産業革命の結果　産業技術の発達と革新によって社会状況は徐々に変化していったが，自分たちを取り巻く環境が明らかに変わったと人々が自覚し，認識できるようになったのは，やっと19世紀半ば近くになってからであったということはすでに述べたとおりである。現代のように加速度的に技術革新が進んでゆく時代とは比べものにはならないだろうが，変化がはっきりと眼に見えた時代の人々にとっては，生活手段の大きな進歩は目を見はるものであったろう。

それまでの交通と輸送の手段であった運河の船や馬車が鉄道に代わると，運ばれる物資の量は増大し輸送の時間は短縮されて，人間や物の流れが大きく変化したばかりか，それに伴って人間生活を取り巻くあらゆる状況にも変化は及んでいったのである。たとえば，それまではおおまかにしか意識されていなかった「時間」に対する概念が，鉄道の発達とともに細分化されて意識されるようになったばかりか，新しい「時間」に対する感覚は生活の隅々にまで忍び込んできて，人間は「時間」にとらわれ，縛られてゆくことになるのである。このことについては後で詳しく述べてゆこう。

　産業革命による工業化は，技術革新だけにとどまらず，経済革命や社会革命でもあり，さらには鉄道網の発達が通勤時間を短縮することによって職住分離という新しい労働と生活の形態を生み出したり，階級の違いを問わず旅行文化（ツーリズム）を流行させたりというように，生活革命そのものでもあったと言えるだろう。また，中産階級という新しい階級の誕生，都市化とそれに伴う人口の集中，犯罪の増加，衛生問題，食糧問題，階級間の貧富の格差等々，産業革命は広範な領域にわたって大きな変化をもたらすとともに，人間生活のあらゆる局面にも変化と革新を引き起こしながら，光と闇の交錯する時代を現出させていったのである。

　18世紀後半から19世紀前半の国内における以上のような変化と発展の背後には海外における植民地の拡大があった。国内の発展を支えてきたものは，実は植民地からの豊富な天然資源と原材料であり，それを製品化する過程においてさまざまな発明品や技術革新が生まれたと言ってもよかろう。そして，生産された綿製品や鉄製品等は商業と貿易の商品として莫大な富をもたらし，イギリスを世界一の工業国家・商業国家へと押し上げることとなったのである。

1　鉄道の誕生

▶馬車・船から鉄道へ

　世界で初めて鉄道が走ったのは1830年9月15日のことである。それはリヴァプールとマンチェスター間を結ぶリヴァプール・アンド・マンチェスター鉄道（以後，L. M. R. と略す）であった。

図5-2　リヴァプール・アンド・マンチェスター
鉄道のポスター

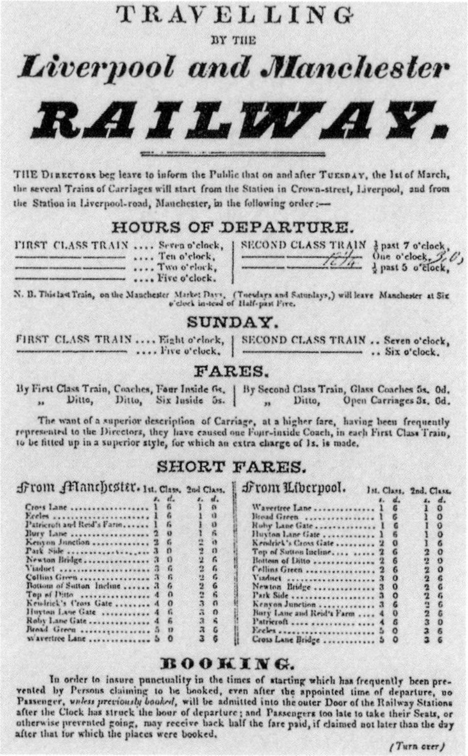

TRAVELLING

BY THE

Liverpool and Manchester

RAILWAY.

THE DIRECTORS beg leave to inform the Public that on and after TUESDAY, the 1st of March, the several Trains of Carriages will start from the Station in Crown-street, Liverpool, and from the Station in Liverpool-road, Manchester, in the following order:—

HOURS OF DEPARTURE.

FIRST CLASS TRAIN	.... Seven o'clock,	SECOND CLASS TRAIN	½ past 7 o'clock,
————	.... Ten o'clock,	————	One o'clock,
————	.... Two o'clock,	————	½ past 5 o'clock,
————	.... Five o'clock.		

N. B. This last Train, on the Manchester Market Days, (Tuesdays and Saturdays,) will leave Manchester at Six o'clock instead of Half-past Five.

SUNDAY.

FIRST CLASS TRAIN	.... Eight o'clock,	SECOND CLASS TRAIN	.. Seven o'clock,
————	.... Five o'clock.	————	.. Six o'clock.

FARES.

By First Class Train, Coaches, Four Inside 6s.	By Second Class Train, Glass Coaches 5s. 0d.
,, Ditto, Ditto, Six Inside 5s.	,, Ditto, Open Carriages 3s. 0d.

The want of a superior description of Carriage, at a higher fare, having been frequently represented to the Directors, they have caused one Four-inside Coach, in each First Class Train, to be fitted up in a superior style, for which an extra charge of 1s. is made.

SHORT FARES.

From Manchester.	1st. Class. s.	d.	2nd Class. s.	d.
Cross Lane	1	6	1	0
Eccles	1	6	1	0
Patricroft and Reid's Farm	1	6	1	0
Bury Lane	2	0	1	6
Kenyon Junction	2	6	2	0
Park Side	3	0	2	0
Newton Bridge	3	0	2	6
Viaduct	3	6	2	6
Collins Green	3	6	2	6
Bottom of Sutton Incline	3	6	2	6
Top of Ditto	4	0	2	6
Kendrick's Cross Gate	4	0	3	0
Huyton Lane Gate	4	6	3	0
Roby Lane Gate	4	6	3	6
Broad Green	5	0	3	6
Wavertree Lane	5	0	3	6

From Liverpool.	1st. Class. s.	d.	2nd. Class. s.	d.
Wavertree Lane	1	6	1	0
Broad Green	1	6	1	0
Roby Lane Gate	1	6	1	0
Huyton Lane Gate	1	6	1	0
Kendrick's Cross Gate	2	0	1	6
Top of Sutton Incline	2	6	2	0
Bottom of Ditto	2	6	2	0
Collins Green	2	6	2	0
Viaduct	3	0	2	6
Newton Bridge	3	0	2	6
Park Side	3	0	2	6
Kenyon Junction	3	6	2	6
Bury Lane and Reid's Farm	4	0	2	6
Patricroft	4	6	3	0
Eccles	5	0	3	6
Cross Lane Bridge	5	0	3	6

BOOKING.

In order to insure punctuality in the times of starting which has frequently been prevented by Persons claiming to be booked, even after the appointed time of departure, no Passenger, *unless previously booked*, will be admitted into the outer Door of the Railway Stations after the Clock has struck the hour of departure; and Passengers too late to take their Seats, or otherwise prevented going, may receive back half the fare paid, if claimed not later than the day after that for which the places were booked.

(Turn over)

それまでの主要な輸送手段は乗合馬車と船であり，前者は舗装された道路（テルフォードによる考案）を走る急行郵便馬車（メイルコーチ）で，人間も運んでいた。また後者は，18世紀後半から19世紀初めにかけて盛んに建設された運河を利用するものであった。しかし，この道路も運河も地主の広大な領地を通行する有料の通路であったため，通行量が増えれば増えるほど彼らの収入は増大していった。

運河の開通によって，たとえば海から運河を通って荷物が直接，マンチェスターなどの大都市に入ってくるため，海外からの原料，市民の生活必需品，出来上がった製品の搬入や輸送の時間は短縮され，コストも下がるというメリットを生み出すことになったのである。L. M. R. 以前の1825年にも列車が走って

いたという事実はあるが，客を運ぶことが本来の目的ではなく，蒸気機関車がまた時には馬がレールの上の貨車を引くもので，有料道路や運河同様に通行料金を徴収するのが主たる目的であったため，蒸気機関だけの力で人や物を馬や船よりも大量かつ迅速に運ぶことを目的として設立された鉄道会社とは異なるものだった。

　したがって，L. M. R. は世界初の鉄道会社であるばかりか，大土地所有者という封建勢力と経済力に頼って新しい産業社会を担う新興市民階級の政治的・経済的対立との拮抗，そして土地所有者の敗北を象徴するものでもあったのである。

▶鉄道の影響力　　鉄道の発達と鉄道網の広がりが工業や産業に及ぼした影響力には計り知れないものがあるのはもちろんのことだが，新しいこの交通・輸送手段が迅速かつ安全であることが認識されると，運賃の高さにもかかわらず，利用者は増加していった。

　やがて成長産業として鉄道建設ブームが起こり，馬車と運河の時代はまたたく間に過ぎ去ってゆく運命にあった。1840年代に入ると鉄道の優位は揺るぎないものとなり，ロンドンから各地に向けて線路が延びてゆき，旅の当然の手段となった。乗る車両の等級こそ違え，身分のいかんを問わずに人間を運ぶ列車は，当時のイギリスにあっては封建制の崩壊と民主化を象徴するものでもあった。このことを物語る出来事が1841年とその翌年に起こっている。

　1841年7月5日の朝，レスター駅を数百人の団体客が列車でラフバラー駅を目指して出発した。これは，トマス・クック（Thomas Cook 1808-92）がラフバラーで開かれる労働者を対象にした禁酒運動の大会に参加するために，団体割引料金で特別列車を仕立てるよう鉄道会社に交渉して実現したもので，団体旅行（パッケージツアー）の始まりであった。この日帰り旅行に始まり，労働者にアルコールに代わる健全な娯楽を提供しようという禁酒運動を目的とした団体旅行は評判となって回数を重ね，やがては国内の遠方の地へと何日もかけて出かける団体旅行を計画していずれも好評を博すようになった。ここに近代ツーリズムの誕生を見ることができるのである。

　以後，1851年にロンドンで開催された第1回の万国博覧会では往復の運賃，

図5-3 イギリスの鉄道網（1840, 1845, 1852年）

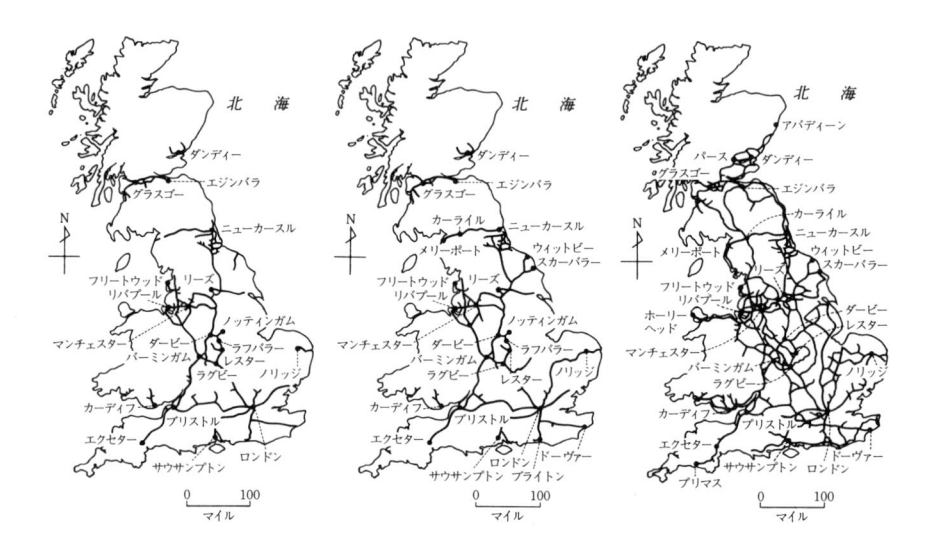

宿泊費，食費，入場料込みの見学ツアーを組んで，全国から多数の入場者を集めた。さらには，海外に眼を向けてパリ万国博覧会，エジプト，インドへの旅行を成功させ，今日の旅行代理店の礎を築くことになったのである。

　もう1つの出来事は，1842年6月13日，ウインザー城に滞在していたヴィクトリア女王が夫のアルバート殿下とともに，最寄りの駅からロンドンのパディントン駅まで特別列車に初めて乗車したことである。それまでは馬車での旅が慣わしであった王室が列車を使ったことは，鉄道が交通手段として勝利を完全なものにしたことのあかしであった。産業革命によってもたらされた鉄道が，時代の寵児として認知されたのである。

2　鉄道の社会学

▶リゾートの誕生　鉄道が建設される以前の18世紀，イギリスの温泉地は貴族やジェントリーなど上流階級が無為に時間を過ごしながら自らの豪華さを誇る，占有のリゾート地であった。スカボロー，チェルトナム，

バースなどの温泉地は，病の治療や上流階級の考えられるかぎりの気晴らし——コンサート，夜会，舞踏会，アヴァンチュールなど——を提供する場として栄えていた。しかし，鉄道による旅があらゆる階層に浸透していった19世紀も半ばになると，これらの温泉地には産業革命の過程で経済的な力を得た，いわば成り上がり者たちが訪れるようになり，ペンションやレストランが建設され，ますます商業化していった。こうした商業化と低俗化を嫌った上流階級は，海辺の空気や海水が健康に良いという当時の医学者たちの学説にしたがって海辺の町へとリゾートの場所を移していったのである。

リゾート地のこうした流行や変遷には，上流階級のみならず王室も深く関わっていたことはいうまでもない。たとえば，ジョージ3世（George III 1738-1820）はドーセットのウェイマスやライム・リージスなど海辺のリゾート地の後援者であり，その息子である摂政の宮はブライトンに奇妙な建築物（パヴィリオン）を造ってこの町の海水浴場，夏場の逗留地としての名声を高めたのも事実である。しかし，温泉地に代わる上流階級のリゾート地としての海辺の町にも新興中流階級が押し寄せて来るのは，彼らの経済力と余暇，鉄道旅行の大衆化という状況を考えるとき，避けられないことであった。

さらには，近隣の都市の労働者までもが休日には海辺の町を訪れるようになる。海辺の空気や海水が健康に良いということになれば，大気の汚染された都市の不健全な労働条件のもとで労働を強いられている労働者たちにとって，海辺に出かけ澄んだ空気を吸いこむことは，彼らの疲れきった心身を癒すせめてもの方策でありレジャーでもあった。海辺は富める者たちだけのリゾートやレジャーの場としてでなく，あらゆる階層の人々が集う場として発展していったのである。鉄道は，ツーリズムという文化を生み出したばかりか，それに伴ってレジャー産業，観光産業をも創り出し，繁栄させることになったのである。

▶出版への影響　鉄道の旅が当たり前になった19世紀半ば頃，出版業界にも変化の兆しが現われ始めた。この頃には，たとえばミューディ（Charles Edward Mudie 1818-90）が典型例だが，全国で貸本業が確立していた。W. H. スミス（W. H. Smith 1825-91）という書店経営者が1848年11月にロンドンのターミナル駅の1つであるユーストン駅に本の売場を設けたところ客から

好評を得たので，全国の主要駅に手を広げ，十数年後には鉄道の主要な駅での書籍販売と書籍貸出業をほぼ独占してしまった。スミスはこの貸本業のシステムを鉄道の駅に導入したのである。乗車駅でデポジットを支払って本を借り，下車駅で本を返すと借り賃を差し引いた金額が返ってくるというやり方で，利用客は増えていった。

　この頃までは，小説はたいてい3巻本という貸本業者に都合の良い形で出版されるのが通常であったが，旅行者が携帯するのに便利なように小型の鉄道文庫として刊行し，スミス自らも出版業に乗り出して，人気のある本は「黄表紙本」という名前で駅の本の屋台に並べて安い値段で貸し出したのである。現在のペーパー・バックス，文庫本の始まりである。

　こうした客車内での読書が普及するにしたがって，本の内容にも変化が生じてきた。鉄道旅行の時間つぶしの読書であるから本の内容が重い，深刻なものはだんだんと避けられるようになり，センセーショナルなものや謎解きのような軽いものへと変わっていったのである。

　ところで，鉄道が旅を容易なものにした1つの要因が時間の短縮にあり，また鉄道の旅の時間をより短く感じるために読書という手段が考えられたのならば，産業化された時代には時間の短縮と正確さが求められたのだといえよう。この時代の要請は，列車の時刻表はもちろんのこと，全国標準時の制定をももたらすこととなったのである。

　ブリテン島は南北に細長く東西は短いとはいえ，時差があるのは当然で，鉄道網が全国に張り巡らされてゆくにつれローカルな時間での列車の運行は事故につながる恐れがあり，全国標準時にのっとった運行が求められたのである。しかし，全国標準時が制定されるということは時間が中央の権力によって一手に支配されることを意味すると同時に，人々は時間によって拘束され支配されることを意味する。事実，1894年に起こったアナキストによるグリニッジ天文台爆破事件は，時間が個々の人間から奪われて権力に支配されたこと，つまり確立した近代という時代が生み出した支配と管理のシステムへの攻撃にほかならなかったのである。

3　旅とイデオロギー

▶旅の大衆化　　現代のわれわれにとっては，旅とは物見遊山または単純な余暇の楽しみ方の1つであると考えるのが通常であろう。しかし，旅も根底においてはその文化を生み出した時代のイデオロギーとは無縁ではありえない。

　15世紀末に始まり，18世紀に全盛期を迎えた貴族の子弟たちによる大陸旅行（グランド・ツアー）は政治や社会，そして学芸などの点において大きく遅れをとっていたばかりかスペインやフランスなどの列強のはざまで悪戦苦闘を強いられていた島国が，それらをヨーロッパ諸国から学び，追いつくためのものであった。最初の頃はパリやボローニャなどの学問の中心地を家庭教師とともに訪ねるのが慣わしであったが，18世紀前半にはそれまでのヨーロッパ経済の中心であったオランダに代わってイギリスは世界経済の中心地へと変身をとげ，学ぶ立場から学ばれる立場へと変身するのである。

　この頃になると，フランスに対抗してイギリスはギリシャ・ローマの古典文化の継承者たらんとした。その結果，上流階級ばかりか経済力をつけた新興ブ

南太平洋への航海

　1768年から71年にかけてキャプテン・クックの率いる帆船エンデヴァー号は，ホーン岬をまわり，タヒチ，ニュージーランド，オーストラリア東岸へと探検の航海を続け，最後にジャワを経て喜望峰に到り，アフリカ西岸を北上して長い旅を終えた。さらに，1772年から75年にかけてレゾリューション号とアドヴェンチュア号の2隻で再び太平洋に出かけた。さらに1776年，レゾリューション号，ディスカヴァリー号で航海に出るが，彼は79年にハワイで現地民に殺された。

　当時まで太平洋は未知の，空白の世界であった。世界の空白を埋めて地図化してゆくことと博物学的な探究，これらは植民地を拡大する帝国主義の幕開けを告げる，きわめて政治的意味合いをもつものであるとともに，思想的には理性と科学，啓蒙主義哲学の時代を象徴する事件であった。

ルジョワジーもこぞってイタリアやギリシャを訪れるようになった。このように見てくれば，グランド・ツアーはヨーロッパ諸国との関係における文化的・経済的・宗教的・政治的イデオロギーと無縁のものではないことが明らかだろう。

またトマス・クックが始めた団体旅行は，バプティスト派の熱心な禁酒運動家であった彼が，労働者たちの飲酒癖を止めさせようとする宗教的なイデオロギーに支えられたものであり，これは節制と勤勉を美徳とする産業社会のイデオロギーと重なり合うものでもあった。また，鉄道というそれまでの馬車よりも安全かつ短い時間で人間を輸送する交通機関を利用するということ，つまり時間を金で買うということ自体が，また大勢の乗客を安い料金で運ぶこと，すなわち製品のコストを大量生産によって下げる産業社会をイメージさせる方法自体にこの時代のイデオロギー的要素が色濃く反映されている。

▶旅と植民地主義　グランド・ツアーに始まり，キャプテン・クック（Captain James Cook 1728-79）の南太平洋の探検の旅，トマス・クックによる国内外への団体旅行，グランド・ツアーの国内版とでも言うべきピクチャレスク・トラヴェルなど，さまざまな旅のほかに植民地政策による海外への旅を忘れてはならない。海外への拡大主義から帝国主義へと向かう過程で世界各地へと旅立った無数の者たちの旅と彼らの書き残したあまたの旅行記(トラヴェル・ライティング)や旅行文学のディスコースを貫いているものは，植民地主義と帝国主義のイデオロギーにほかならない。

15世紀以来，スペイン，オランダ，ポルトガル，フランス，イギリス等々のヨーロッパの諸国は先を争って航海に出て，次々と新大陸や航路を発見しながら天然資源と植民地の獲得を競い合っていた。イギリスの産業革命と経済の発展は，植民地から入ってくる資源によるところ大であった。

その過程で，ヨーロッパ諸国ではヨーロッパ中心主義，白人優位主義，ステロタイプ化されたオリエンタリズム等が醸成され，植民地政策と帝国主義が正当化されてゆくのである。なかでもイギリスは，1805年にはトラファルガーの海戦でネルソン提督（Horatio Nelson 1758-1805）率いるイギリス軍がスペイン・フランス連合艦隊を破り，1815年にはウェリントン将軍（Duke of Wellington 1769-1852）がナポレオン率いるフランス軍を撃退することによって，ヨー

図5-4 イザベラ・バード　　　図5-5 メアリアン・ノース

ロッパのなかで絶対的な地歩を固め，陽の沈まぬ，7つの海を支配する大英帝国を築いてゆく。こうした植民地化と帝国主義化への欲望が植民地や世界への旅をさらに駆り立て，旅行記や旅行文学によって帝国を中心とするイデオロギーはますます強化されていったのである。

▶旅する女性たち　世界中に張りめぐらされた植民地のネットワークによって安全を保障されながら，各地を旅した女性たちがいたことは注目に値する。その代表的な人物として，イザベラ・バード（Isabella Bird 1831-1904）と画家のメアリアン・ノース（Marianne North 1830-90）の2人をあげておこう。

前者は，現在ではごく普通のリゾート地や観光地であるが当時は男性でもほとんど足を踏み入れることのなかった奥地へと旅した類まれな女性であった。彼女は，カナダ，北アメリカに始まり，オーストラリア，ニュージーランド，ハワイ，ロッキー山脈，ヒマラヤ，インド，チベット，中東，日本，朝鮮，中国，タンジール，モロッコ……というように，まさに世界中を旅し，数多くの優れた旅行記を著した女性であった。たとえば，『朝鮮奥地紀行』（*Korea and Her Neighbours* 1897）末尾の「朝鮮に寄せる最後の言葉」（'Last Words on Korea'）か

第5章　拡がる地平　113

図5-6 メアリアン・ノースの植物画

らの一節は，彼女がどれほど現地の住民にとけ込んで，この国の実像をリアルに捉えていたかを物語っている。

　また，メアリアン・ノースは画家としてカナダ，アメリカ，ジャマイカ，ブラジル，日本，シンガポール，ボルネオ，セイロン，インド，オーストラリア，ニュージーランド，南アフリカ，チリなど，ほとんど世界中を旅して色彩豊かな数多くの植物画を残した。彼女の絵画は，風景を背景として生きている植物を描いているという点において，19世紀に最盛期を迎えた博物学の標本画とは大きく異なっている。彼女の832点にのぼる絵を収蔵したメアリアン・ノース・ギャラリーがキュー植物園（正式名 the Royal Botanic Gardens, Kew）に建設されたのも，植民地主義と帝国主義に支えられた世界の旅と博物学・植物学が交差する場がこの王立の植物園であったからにほかならない。

　この2人に共通するものは，産業化社会の職住分離という生活形態における

女性の立場とヴィクトリア朝期の女性に課せられた理想像——家庭の天使——とは無縁の存在であったことだろう。当時のイギリス社会で限られた役割しか与えられていなかった女性が，自らの可能性に挑戦し，見事に才能を開花させたことは，世紀末に現われた「新しい女たち」によるフェミニズム運動に大きな影響を与えたことはいうまでもない。

4　植民地主義と博物館

▶博物学の流行　18世紀末から19世紀にかけてはイギリス国内はもちろん，植民地においても博物館が次々と建設されていった。その背景には，18世紀から盛んになった地質学や博物学(ナチュラルヒストリー)による研究成果と発見があったことをまずあげなければならないが，「ピクチャレスク」という美意識をもたらしたグランド・ツアー以降のエキゾティックなものへの憧れと植民地主義が大きく作用しているのはいうまでもない。

大英博物館（the British Museum）は1753年に議会制定法でつくられていた。その博物学部門はサー・ハンス・スローン（Sir Hans Sloane 1660-1753）が遺贈したコレクションをもとにしたものだが，博物館は紆余曲折を経ながらもコレクションの充実とカタログ化を進めてゆき，ヴィクトリア朝博物学の最盛期を特徴づけた科学の活力と民衆の好奇心とが交差する場となったのである。人々の眼を引いたものは，古代の地層から発掘された動物の化石はもちろんのこと，見知らぬ遠い国から運ばれてきた動物や昆虫，植物などの珍しい標本，文化遺産などであった。

たとえば，18世紀にキャプテン・クックの第1回目の航海に同行したジェントルマン，ジョウゼフ・バンクス（Joseph Banks 1743-1820）が持ち帰った博物学のコレクションをはじめ，19世紀初頭にエルギン7代伯爵（7th Earl of Elgin 1766-1841）が19世紀初頭にアテネのアクロポリスにあったものを買い取ってイギリスに持ち帰ったとされる（ギリシャ人は，盗んだものだ，と言うが）エルギン大理石（Elgin marbles）やエジプトのピラミッドからの王のミイラや墓，さらにはインドの神殿や世界各地の民族学的資料など，略奪同様の手口で手に

入れたものであったことは確かである。だが，問題とすべきは略奪という行為そのものではなく，その背後にあった知の体系と政治的イデオロギーであろう。

▶植民地主義と展示物

振り返ってみれば，18世紀のキャプテン・クックによる南太平洋の航海は，ヨーロッパ文明が生み出しつつあった近代的知のパラダイムが変化するまさにその時期に行なわれたものであった。ヨーロッパが世界を地理学と博物学という言語と図（地図と植物図）によって認識する，つまり知によって世界を所有することに取りかかり始めた時期であった。武器を用いることによってではなく，ヨーロッパの近代的な知の遠近法によって世界を秩序づけて所有する知的装置としての役割を担ったのがエンデヴァー号だったのである。となれば，博物学的な標本にとどまらず，さまざまな文化遺産を略奪同然に本国に持ち帰り，ヨーロッパ（イギリス）中心主義の知の体系にしたがって分類・カタログ化し，展示する博物館とは支配する世界の縮図にほかならない。近代的知のパラダイムにおいて行なわれたがために，この略奪行為には，ポストコロニアルの視点を欠落させてしまえば，後ろめたさや罪の意識が希薄か皆無であるため，これらの文化遺産が自然による風化を免れているのは博物館に収蔵しているからだ，という倒錯した言説が現在でも流布され続けているのである。

博物学の流行は異国の動植物を対象にする博物学者だけにとどまらず，博物学ブームの到来した19世紀イギリスでは，社会のあらゆる階層の者が植物の採集とコレクションに熱中した。国をあげてのこの熱狂の背後には，知的な階層の者にとっては博物学的知によって世界を認識するという，また正規の教育を受けていない者たちにとっては標本の採集と研究を通じて自己啓発と勤勉実直を善しとする生き方を実現するという，この時代の植民地主義と帝国主義を支えるイデオロギーが大きく作用していたのである。

大英博物館ばかりでなく，ヴィクトリア・アンド・アルバート博物館（Victoria and Albert Museum）をはじめとするイギリス国内のほとんどの博物館や美術館，またヨーロッパの列強国の主要な博物館は，かつて宗主国として植民地に君臨した栄華の名残りをとどめる，時間と空間を圧縮して閉じこめた場所だといえよう。したがって，博物館とは18世紀以降の博物学の隆盛と地質学

をはじめとする科学の進歩，そして拡大主義による植民地主義が帝国主義に変わってゆく時期にヨーロッパ（イギリス）が確立した近代的な知の体系を植民地から収集した文化遺産を通して誇示する場でもあったのである。

ピクチャレスク

イギリスでは，18世紀も後半に入る頃から「ピクチャレスク」（picturesque）という用語が広く使われはじめた。この「絵になるような」あるいは「絵のように美しい」という逆立ちした用語は，ロンドンの牧師ウィリアム・ギルピン（William Gilpin 1724-1804）がワイ河流域や湖水地方を歩いた旅行記によるものであるとされる。この新しい美意識は，グランド・ツアーでイギリス人が見たアルプスの崇高美に充ちたイタリアから国内に眼を転じたときに発見されたものであり，起伏に富んだ田園風景や廃墟となった修道院跡，森に囲まれた湖や寒村などの風景を指す。

「ピクチャレスク」という美意識は，この時代の風景論やピクチャレスク・トラヴェルに関するガイドブックにとどまらず，文化のさまざまな領域に浸透し，造園やファッションにまでその影響は及んだ。

原典をたのしむ

Korea and Her Neighbours (1897)

Isabella Bird

Korea is not *Necessarily* a poor country. Her resources are undeveloped, not exhausted. Her capacities for successful agriculture are scarcely exploited. Her climate is superb, her rainfall abundant, and her soil productive. Her hills and valleys contain coal, iron, copper, lead, and gold. The fisheries along her coast-line of 1,740 miles might be a source of untold wealth. She is inhabited by a hardy and hospitable race, and she has no beggar class.

On the other hand, the energies of her people lie dormant. The upper classes, paralyzed by the most absurd of social obligations, spend ther lives in inactivity. To the middle class no careers are open; there are no skilled occupations to which they can turn their energies. The lower classes work no harder than is necessary to keep the wolf from the door, for very sufficient reasons. Even in Seoul, the largest mercantile establishments have hardly risen to the level of shops. Everything in Korea has been on a low, poor, mean level.

『朝鮮奥地紀行』1897年

イザベラ・バード

　朝鮮はかならずしも貧しい国ではない。この国の資源はまだ未開発であり，使い尽くされてはいない。農業が成功する可能性は十分ある。気候はすばらしいし，雨は豊富だし，土地は肥えている。山や谷には，石炭，鉄鋼，銅，鉛そして金がある。長さ1,740マイルに延びる沿岸線からの漁獲量は莫大な富の源になるかもしれない。この国には苦難に耐えることのできる，親切な人々が暮らしている。したがって，乞食という階層はないのである。

　一方で，国民のエネルギーは眠ったままである。もっともばかげた社会的義務によって麻痺してしまっている上流階級は，無益に人生を浪費している。中流階級には出世する機会が開かれていない。彼らのエネルギーを向ける，熟練を要する職業がないのだ。下層階級の人々は，いやというほどの理由から，飢えをしのいでゆくだけで精一杯なのである。ソウルにおいてさえ，最大の商人といっても商店をもつ程度なのである。朝鮮では，何もかもが低い，貧しい，みじめなレヴェルにある。

第 6 章　はばたくメディア

概説　ジャーナリズムと出版の進展

▶印刷物の普及

人間の歴史は，情報授受という営為が口承あるいは写本という形によって長らく続けられてきたことを示しているが，イギリスでは15世紀末になって，ウィリアム・カクストン（William Caxton 1422?-91）により，出版物の伝播のうえで画期的な手段となった印刷機が初めて利用されて以来，活字文化が大きな役割を担うようになってきた。

奇しくも印刷機（物）の出現とその普及は，中世からチューダー王朝が栄えるルネサンスの時代に入り宗教改革を経て，対外的にはスペインの無敵艦隊を打ち破ったイギリスが名実共にヨーロッパの一等国の仲間入りをしようとする時期に重なる。印刷文化の時代は人々の知識量を増大させるのみならず，伝達される範囲が飛躍的に広がることを意味する。いわば知識の共有化が印刷術の導入によって，初めて可能になったといえる。

さらに人々の知識欲は17世紀に入ってからそれまでになく高まっていく。1620年代初頭には海外情報を自国に流す目的（外国の新聞がニュース源）で，イギリスにおける最初の新聞の1つといわれる『コラント』（Coranto, or Current of News）が発行された。一時，星室庁裁判所（Court of the Star Chamber）によって，海外情報の伝達が禁止されたものの，1641年にそうした統

図 6-1　ウィリアム・カクストン

制機関が廃止された後，ピューリタン革命，共和政，王政復古といった変転を経て，これまでにない量のニュース，論争的なパンフレットが世に氾濫する。

▶文書合戦の時代　18世紀は，前世紀後半の名誉革命を経て民主体制の基礎が築かれ，対外戦争や一時的な旧体制の残党による反乱があったものの，ほぼ国内的には安定した期間が続く時代だった。この頃は政治の運営をめぐってトーリー，ホイッグ両党による争いが熾烈を極めた。もはやピューリタン革命期のような血なまぐさい争いはない代わりに，文書パンフレット合戦が盛んになる。いわば剣や銃ではなく，ペンによって生れ出るものが国と社会のありようを大きく変えようとしていたのである。

　17世紀以後の出版検閲の歴史を改めて振り返ってみると，何度かの曲折を経て，特に1662年に成立していた「出版認可法」が95年に廃止されてからは，出版が一気に活況を呈したことも注目に値する。ちなみに，最初の日刊新聞『デイリー・クーラント』（*The Daily Courant*）が出たのは1702年のことである。

　文書合戦時代にはダニエル・デフォー（Daniel Defoe 1660?-1731）やジョナサン・スウィフト（Jonathan Swift 1667-1745）らの文学史上に名高い立役者たちが活躍する。彼らは各々，『レヴュー』（*The Review* 1704-13），『イグザミナー』（*The Examiner* 1710-11）などの定期刊行物に健筆を振った。一方その頃，スティール（Richard Steele 1672-1729）が『タトラー』（*The Tatler* 1709-11）を創刊し，続いてアディソン（Joseph Addison 1672-1719）と共同で『スペクテイター』（*The Spectator* 1711-12，その後一時復刊）を発刊して，単なるニュースの解説報道記事ではなく，よほど文学的香りの高いエッセイ風の文章を載せることで新しい形のエッセイ・ジャーナリズムを確立した。

　そこで重要なことは，色とりどりの定期刊行物の存在が17世紀からロンドンを中心に隆盛を極めていたコーヒー・ハウスと密接な関わりがあったことだ。すなわち，そうした場所にさまざまな職業，階層の人たちが集まり，常備された『タトラー』ほかの印刷物を読み耽ることが普通だったからである。ジャーナリズムはそこで新たな「高級な」読者を獲得することになる。

　アン女王が亡くなり，大土地所有階級に支持基盤があったトーリー党に代わり，ホイッグ党のウォルポールの長期政権下で国内の安定が保たれていくなか

で，中産階級が経済的に大きな力をつけていくようになるにつれ，きわめて不完全ながら教育の普及，識字率の向上と相俟って，人々の文字文化への関心が急速に強まっていく。こうした背景があって近代小説の発生，展開が可能になるのである。また近代的な意味での版権の概念がある程度確立し，それが尊重される時代となってくる。

その後のジャーナリズムの新しい媒体として注目すべきは，出版者エドワード・ケイブ（Edward Cave 1691-1754）が創刊した『ジェントルマンズ・マガジン』（*The Gentleman's Magazine* 1731-1914）であろう。イギリス最初の総合雑誌＝マガジンとして名高い同誌は，最初は他誌のニュース記事，エッセイなどの再録抄録や議会報告を売り物にしていたが，ほどなく独自の多彩な記事が多くを占めるようになり，読者の人気を得るようになった。

▶ジョンソンの時代　世紀後半に文壇の大御所となるジョンソン博士（Samuel Johnson 1709-84）も若い頃執筆者の1人として，この雑誌に加わった。彼はその後，別の雑誌創刊に携わり，ジャーナリスト的気質をも存分に発揮した。ちなみに，ジョンソンが住んでいたロンドンのフリート・ストリートはイギリスの新聞界を意味する言葉としても使われてきた。

ジョンソンは文学者に対するパトロンの影響の衰退をまざまざと見せつける出来事に関わった文人としても名高い。パトロンを媒介にして少数の上流階級の読者を相手にする時代から，大部数出版を前提に出版者（社）を通して不特定多数の読者を相手にするという出版文化の上で注目すべき大きな変化がこの時代に起きつつあった。

また中産階級に読書の習慣が普及したこともあり，「ジョンソンの時代」より少し前，とりわけイギリス近代最初の小説と言われるリチャードソン（Samuel Richardson 1689-1761）の『パミラ』（*Pamela* 1740）の画期的な成功は，女性読者とともに新しい読者層の読書欲をさらに高める形となっていた。

だがこの時代，小説本の値段がまだかなりの高額で，庶民層には手の届かないものだったが，その代わり，貸本屋がこの世紀を通じて人気を呼び，わずかの年会費で小説を読めるようになったことが，読書層の広がりを一層助長させたと思われる。なお，19世紀に貸本文化はミューディ（Charles Edward Mudie

図6-2 19世紀初頭のウィンチェスターのある家族のアルバムから発見された絵

1818-90)によって全盛期を迎える。

18世紀半ばには，スモレット（Tobias Smollett 1721-71）の『サー・ローンスロット・グリーヴズの生涯と冒険』(*The Life and Adventures of Sir Launcelot Greaves* 1760-61)が自身の雑誌『ブリティッシュ・マガジン』(*The British Magazine*)に2年間にわたって連載され，本格的な新作小説の新しい出版形態として注目された。これは雑誌連載の形ではないものの，ある意味でその後のディケンズ（Charles Dickens 1812-70）による分冊による新作小説の発表方式に先駆けるものとなるのだった。

▶**19世紀** 　18世紀末から19世紀にかけての西ヨーロッパでは思潮の流れが大きく変わろうとする時期だったが，国内では産業革命の進行によって生産の機械化，合理化が図られ，地方と都市の人口の移動がかつてない激しさをみる。これらに連動して，郵便馬車や鉄道の発達による伝達手段の整備が進み，時代の動きにより敏感に反応する季刊誌，月刊誌，週刊誌，日刊紙といった印刷物がロンドンのみならず，イングランド各地やエディンバラなどで続々と創刊される。

　出版マーケットが名実共に商業的価値をもつものとして，作家と出版者の双方から認知されたのである。実際，18世紀末頃までには旧来のパトロンに依存した出版システムはもはや完全な遺物となり，作家が1つの職業として成り立つことが明確になり，作家，出版者，一般読者という近代的な出版形態がすでに確立されていたといってよい。最初のベストセラー作家だと称されるスコット（Walter Scott 1771-1832）の存在がこうした時代を象徴している。

　ヴィクトリア女王の長い治世は大植民地国としてのイギリスの絶頂期であった。そして19世紀を通じて何度か行なわれた選挙法改正により，有権者の拡大

が図られ，教育環境が徐々に整えられるにつれて，印刷出版文化の大衆化が見られるようになる。世紀後半には，長年続いた課税の廃止（印紙税1855年及び新聞用紙税1861年）の効果もあり，いっそう多くの新聞が刊行され，発行部数も飛躍的な伸びをみせた。こうした印刷物による情報の広範な伝播は海外植民地における英語文化圏の拡大時期と一致する面がある。その点で，今日のインターネットの主要言語が英語になっている状況を予見しているかのようだ。

▶20世紀　20世紀の前半，学校教育の拡大により，読者層が格段に広がったことに対応するように，出版の大衆化がさらに顕著になる。自国の古典や外国作品の翻訳出版の低価格化に成功したエヴリマンズ・ライブラリーの創刊（1906年）やドイツのレクラム文庫にならったイギリスにおけるペーパーバックの草分け的なペンギン文庫の設立（1935年）がそうした傾向を反映している。

一方限定された読者層向けながら，1902年に創刊された『タイムズ・リテラリー・サプルメント』（*The Times Literary Supplement* 略称 *TLS*）が紆余曲折を経た後，次第に世界的な名声を上げ，いくつかの書評紙とともに今日にいたるまで出版ジャーナリズムのありかたに一石を投じ続けている。

ジャーナリスト・デフォーと『ペスト』（*A Journal of the Plague Year* 1722）

1720年代当初，イギリスに史上何度目かのペストの脅威が迫ったことがあった。デフォーはこの時，ジャーナリスト的立場から「ペスト対策」という警醒のパンフレットを出すばかりか，その後でより本格的な構想をもった『ペスト』という「回想録」を発表する。後者は1665年のロンドンにおけるペスト禍の純然たる記録ではなく，綿密な調査と取材に基づきながらも，作者の想像力が重要な役割を果たしているフィクションなのであった。探訪記者，時事パンフレット作者，また『レヴュー』などの定期刊行物の編集者として，すなわち，人間の具体的な生活形態に関わる広範囲な分野に論陣を張るジャーナリストとして，イギリス・ジャーナリズム発展の上で先駆的な役割を果たしたデフォーは『ペスト』のような虚構の回想録によってイギリス小説の形成への橋渡しをしたと言えるだろう。そこに現実と虚構の世界の狭間に生きたデフォーのまさに面目躍如とした観がある。

第6章　はばたくメディア

2度にわたる世界大戦を経験したイギリスは20世紀における科学技術革新の波にのって，映画，ラジオ，テレビなどの新しいメディアを発達させた。特に速報性や迫真性といった点で，放送メディア（1920年代にBBCが発足）は伝統的な印刷ジャーナリズムにない特色を持っているが，今日対象へのより深い考察が可能なメデイアとして，後者は依然として優位にあるように見える。だが紙に書かれたものではなく，電子テクストとして「本」が作られ，書物の流通形態も「仮想」書店の登場によって変化を余儀なくされている時代にあって，カクストン以来の印刷文化の方向が大いに議論されるところにきている。

1　文学的ジャーナリズムとコーヒー・ハウス

▶新しいジャーナリズムの誕生　18世紀に入り，論争的パンフレットやニュース記事を載せた各種の新聞雑誌が世間を賑わせるようになっていく時，イギリスのジャーナリズムの発展において画期的な定期刊行物が出た。それは，スティールとアディソンというこの時代を代表する知識人，文学者，そして世間通である人物たちによって刊行された。それらが『タトラー』と『スペクテイター』である。

　前者は，1709年にすでに劇作家として名声のあったスティールが編集人になって，週3回発行の出版物として創刊された。発行の意図は，ニュース報道を流すということよりも，当代イギリスの風俗や道徳を諷刺，批評するといったところにあり，そのウィットに富んだ文章が当時の中産階層の人たち，女性の読者層も含めて広くアピールしていった。ここではアイザック・ビッカースタッフという名の人物（スウィフトの諷刺作品で有名になった「人物」）が主筆という形式をとり，スティールとアディソンの他にスウィフトも執筆に加わった。

　『タトラー』の終刊後は，その流れを汲む『スペクテイター』というエッセイ風日刊紙がスティールとアディソンによって創刊された。これは，表題に用いられているスペクテイター氏がその名のとおり，世の風習，風俗，文芸一般を観察批判，諷刺していく設定になっている。17世紀のジャーナリズムが政論ジャーナリズムの色彩がきわめて強かったのに，ここでは政治といった大きな

問題は避けられ，当代の道徳，風俗のありようがとりわけ中産階級のより身近な問題としてとりあげられた。

なかでも作中のクラブに出入りする人物たちの言動性格が愉快で，たとえばサー・ロジャー・ド・カヴァリーという地方紳士の性格スケッチが個性ある表現として評判を呼び，少し後に盛んになる近代小説の勃興に少なからぬ寄与をもたらした。『タトラー』の開いた文学的ジャーナリズムの方向をさらに洗練させた

図6-3 コーヒー・ハウスに群れ集う人々

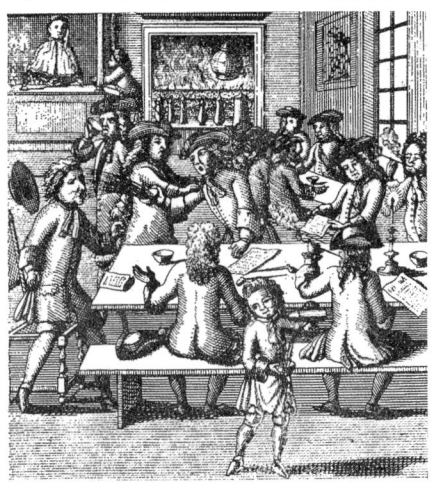

こうしたいわゆる新しいエッセイ紙の誕生はまた女性を含めた新しい読者層の獲得といった意味をもつ。

▶コーヒー・ハウスの役割　実はこうした定期刊行物はコーヒー・ハウスという場所で多くの読者を獲得することになった。コーヒーはいうまでもなく外国産の飲料で，輸入されて間もなくイギリス中で流行りだし，それを安価に提供するコーヒー・ハウスが17世紀中頃にオックスフォードで最初に開店して以来，王政復古後，ロンドンを中心にまたたく間に激増した。

隆盛期には2,000軒とも3,000軒ともいわれていたコーヒー・ハウスは，1杯1ペニーのコーヒー代を払い「あらゆる階層の人たちがあらゆる種類の話題について論じあい，語りあった情報交換センターのことであり，暇つぶしの場のことであり，反政府陰謀の震源地であり，商取引や株の取引所であり，はたまた新思想の醸成の場でもあった。」(『生活の世界歴史 ⑩　産業革命と民衆』) 出版活動への統制と同様に，こうした集会がもたらされるコーヒー・ハウスに神経を尖らせた政府は一時規制の網をかぶせようとしたが，成功しなかった。

こうしてコーヒー・ハウスには，あらゆる階層と職業の人間が集まった。執筆者にとっても各種のコーヒー・ハウスは絶好のニュース源であった。だが，たとえばウィル店には文人たちが，グリーシャン店には学者が，ジョナサン店

第6章　はばたくメディア　125

には株式仲買人などが，多く立ち寄るという具合に，次第にコーヒー・ハウスは専門的なあるいは同じ興味を共有する人たちのたまり場のようなところになった。このような変化によって，コーヒー・ハウスの機能の一部は後に，より閉鎖的なクラブへと受け継がれる。

　前述のように，そうした場に置かれる何種類もの新聞，雑誌が訪れる客たちの目当てであることが多く，そこで『タトラー』『スペクテイター』などが客によって回し読みされることもあったわけだ。アディソンは『スペクテイター』1号につき3,000部が配布され，各コーヒー・ハウスで1部につき20人の客に読まれる計算だと，総数では60,000人がロンドンなどでの1日の読者数ということになると同紙上で述べている（ちなみに18世紀初頭のロンドンの人口は50万とも60万以上ともいわれているが，実際のところはわからない）。正確な統計はないものの，各種コミュニケーションの場としてのコーヒー・ハウスは確かにこうした形で近代ジャーナリズムの発展に関わり，とりわけ経済力をつけた幅広い中産階層読者の知的欲求に応える上で一役買うことになったのである。

2　近代的出版形態と活字文化

▶パトロン制の終焉　　ジョンソン博士の前半生の労作，『英語辞典』（*A Dictionary of the English Language*）をめぐる逸話はつとに世に知られているが，近代の出版事情の変革期を象徴する出来事なので，改めて紹介しておく。

　ジョンソンは1747年に本格的な英語辞書の編纂を意図して，ある貴族に出版援助の依頼を行う。その相手が第4代チェスターフィールド伯（4th Earl of Chesterfield 1694-1773）で，息子に処世訓を書き綴った書簡集の著者として後世に名高いが，ジョンソンとの関係では伯爵にとってきわめて不本意な逸話が残されることになる。貧しいジョンソンはその頃すでに文学的野心にあふれ，『ジェントルマンズ・マガジン』への寄稿者及び編集者，そして詩人などとして精力的に活躍していたが，大規模な辞書の編纂には多大の資金的援助が必要

であった。ところが，チェスターフィールド伯は彼の希望を無視した態度をとり，やがてその7年後にジョンソンがようやくの思いでほぼ独力で完成させかけた時に，初めて援助の手をさしのべる（辞書をある紙面で賞賛する）。これに対して，ジョンソンは有名な拒絶の手紙を書き送ることになる。

図6-4　ジョンソン博士の肖像画

　実はジョンソンがこの時に決然と伯爵の遅すぎた申し出を拒絶できたのは，彼に独立独歩的性格が備わっていただけではなく，援助を拒否されてから辞書の完成までのほぼ7年間がパトロン制度と出版・文筆業の転換期であった事情のためだといわれている。

「それは，換言すれば，文学者庇護の習慣が衰退し，代わって文学における需要と供給に新たな形式が明白な形で現れてきたことである。文学の世界が，従来のパトロンと文学者の関係から，文学者と出版者との関係に移行したことにより，新たな形式のもとで再生する必要に迫られることになったのである。それは著作物が商品価値をもち，著作の報酬が従属的な関係から生じるのではなく，需要と供給の原理に沿って対等な関係から産み出されるのを作家が認識したことである。」（『十八世紀イギリス出版文化史』訳者「はしがき」）

　ちなみに，すでに世紀の前半にはポープ（Alexander Pope 1688-1744）がホメロスの『イリアス』（1715-20年）といった古典の翻訳により，それまでどの作家も得たことがないほどの報酬を出版者から得ていた。だが，たとえ最初の職業作家の1人としての栄誉が与えられるにせよ，その時点ではあくまでポープのような存在は例外であったろうと考えられる。

　18世紀の後半から築かれる作家の独立がさらに推進されていくのは，近代的な版権，著作権意識が作家と出版業者双方に植えつけられたことが大きい。16世紀に結成されたロンドン印刷出版業組合（Stationers' Company＝書籍商，出

第6章　はばたくメディア　｜　127

図6-5 ホームページ上にあるキングの電子本の表紙

版者, 印刷業者, 製本業者からなる同業組合, ちなみに書籍商と出版者は18世紀にはほぼ同義語であった）による出版物の独占統制の時代が長かったが, 1695年に出版検閲令が廃止され, さらに1710年のアン女王令によって版権の期限は有限であることが決められた。それまで組合は著作の永代所有権を主張していたのである。やがて18世紀後半の版権をめぐる係争の結果, 改めて永代版権の考えが否定されて現代の商業出版形態の原型が定まったといえよう。

▶出版形態の未来

さてそうして構築された近代の出版ジャーナリズム・システムは今まではいわば紙を使って発信する印刷文化と同義語であったが, 最近そうした既成概念を打ち壊すような出来事が新聞紙上で報じられた。流行作家スティーヴン・キングの新作短編（「66頁立て」2ドル50セント）が初めから電子テクストとして読者に直接配信されたという。2000年3月14日に発売後, すでに50万以上の読者を獲得したそうだ（『朝日新聞』2000/4/17）。

さらに, 電子本の開発を進めるマイクロソフト社は「2009年には電子本の売れ行きが紙の本をしのぐようになり, 2020年にはウェブスター辞典の『本』の第1の定義が『スクリーンで読む物』に変わる」（同紙より）との予測をたてているそうである。事実, 内外の日刊新聞の主要記事がインターネットの利用で, 簡単に個人のコンピューターに取り込める時代になっていることと, アマゾン・コムのようなネット上の仮想書店が売上を伸ばし, 既成の書店の存在を脅かすだろうとの報道もある現状を考え合わせると, 今後, 17, 18世紀以来の版権の問題を含めた活字文化をめぐる出版環境がイギリスのみならず, 世界的な規模で加速度的な変化を余儀なくされるだろう。

ちなみに, 近代的な出版文化への推移を象徴する出来事がジョンソンの「辞

書」と関係していたように，すでに利用されている電子テキストの代表格が *OED* 他の辞典類であることが何やら暗示的な符号ではないだろうか。

3　高級紙と大衆紙

▶高級紙と大衆紙の比較　　日本でもタブロイドの形で売られている夕刊紙や，スポーツ紙・芸能誌などでセンセーショナルな内容の記事と大型の写真を載せた紙面をたびたび目にすることができるが，イギリスでこれをさらに徹底させた形にして多くの読者を得ているのが大衆紙いわゆるタブロイド（Tabloids）といわれるものだ。『サン』（*The Sun* 1964年刊），『デイリー・ミラー』（*The Daily Mirror* 1903年刊）などがこれにあたる。前者は405万部，後者でも247万部（1996年）というように圧倒的な発行部数を誇っている。

　それに対して，伝統と格式を誇るとされている高級紙（Quality papers または Broadsheets）といわれるものである。1785年以来の老舗を誇る『タイムズ』（*The Times*）は1814年に初めて機械印刷を導入したことで新聞の歴史の上でも特筆されている。その他『ガーディアン』（*The Guardian* 1821年刊），『インディペンデント』（*The Independent* 1986年刊），『オブザーヴァー』（*The Observer* 1791年刊の日曜紙），『デイリー・テレグラフ』（*The Daily Telegraph* 1855年刊）などがある。部数を見ると，『タイムズ』が68万部，『ガーディアン』が40万部，『インディペンデント』28万部，一番多い『デイリー・テレグラフ』でさえ104万部ということになると，イギリスのタブロイドのみならず，日本の全国紙と比較しても桁違いの少なさということになる。もちろん，日英の人口差も考慮すべきなのであろうが。

　高級紙が伝統的に文字主体の記事構成となっていて，国内のみならず世界の重要ニュースにも大きな比重を与えている。印刷文字情報への信頼がまだ前提にあるメディアでは，報道伝達及びその解説が多角的であり，読者はそれによって，ただ起きたことを受身的に知るのではなく，報道記事の背後にある問題を自ら考えていくことになる。一方，大衆紙の誌面構成は写真が大きく前面に出ており，内容もいわゆる有名人の消息を追ったものに関心が向けられる。

図6-6 『ガーディアン・ウィークリー』
　　　新旧の紙面

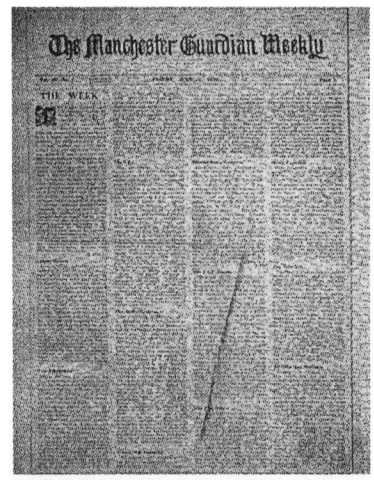

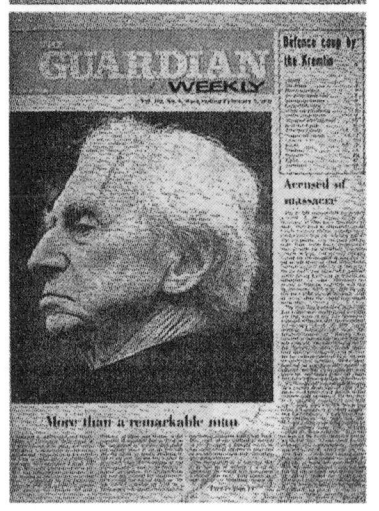

数年前までのダイアナ妃を標的とした報道が過熱気味だったことは記憶に新しい。

　明らかなスタイルの違いからいうと，前者の記事は語彙数が豊富であるのに対して，後者は陳腐な決り文句，限定された語彙数，センセーショナルな書き方，口語，俗語，流行語などの積極的な使用，視覚的な要素が特に重視されていて，しばしば記事が大きなスペースを占めている写真の説明になってしまっていることもある。ある意味で，文字情報への信頼が相対的に薄く，読者の刹那的欲求に応え，そうした欲求を刺激する傾向が強い。

　『タイムズ』をはじめとして現在の新聞の主要なものの幾つかは，他の産業と同様に多国籍企業の支配下にある。そのためか，今の新聞は徹底した商業主義が原則で，各新聞社（グループ）は高級紙，大衆紙ともに少しでも販売部数を上げるべくしのぎをけずっており，『タイムズ』でさえ近年はカラー写真を１面に掲げ，タブロイドと表面上は時には似通った誌面に見えることもある。

　政治的な傾向を言えば，『タイムズ』が保守寄り，『ガーディアン』が左派，『インディペンデント』が中道左派，また『サン』が右派，『デイリー・ミラー』が左派中間派といった区分けが一応慣習的にできるであろうが，各新聞はまたそういう枠に

130　第Ⅱ部　表象の身ぶり

とらわれずに出来るだけ多くの読書層を取り込もうとしているようにもみえる。そこに，現代的な中立型の新聞の特色を見るか，商業主義の影響が顕著に表われているとみなすのかは意見の分かれるところだろう。

▶『ガーディアン』の週刊版　最後に形はタブロイドでありながら，高級紙である『ガーディアン・ウィークリー』（The Guardian Weekly）を紹介しよう。『ウィークリー』は1999年に創刊80周年を迎えた（1999年7月1・7日号，2002年1月現在，日本からの標準年間購読料79ポンド。当初は今の紙名に「マンチェスター」がついていた）。イギリス内外の最新ニュースを国内の文化・スポーツ情報とともにダイジェストしていて，現在では『ワシントン・ポスト』と『ル・モンド』との提携により，より客観性と多角的視点を導入しようとしている。

本体の『ガーディアン』は，1821年に当時の新興産業都市として栄えていたマンチェスターで生まれ，1959年まで『マンチェスター・ガーディアン』と称していた。同紙はボア戦争などに批判的な立場から論陣を張った編集長スコット（C. P. Scott）の時代に全国紙としての地位を確立していたが，彼は第1次大戦後の世論を沸かせていたアイルランド自治問題と敗戦国ドイツへの取り組みについてリベラルな立場からの考察をアメリカなど国外に発信しようとする意図で週刊版を創刊したという。単に海外在住のイギリス人に向けて発行されたものというよりも，いわば諸外国における積極的な世論形成をめざしていたところが興味深い。

4　オーウェルとプロパガンダ

▶放送メディアの威力　電波メディアがジャーナリズムの一翼を確実に担うようになるにつれ，速報性と臨場感にあふれた報道は，既成の印刷ジャーナリズムによるものとは到底比較にならないほどの威力を見せつける。実際，第2次大戦中のBBCによるイギリス国民への情報伝達，チャーチルら指導者による激励の例はいうまでもない。

また逆に当時のドイツがそうであったように，権力者の一方的な宣伝道具と

図6-7　P. G. ウドハウス

して重宝されることにおいて，これくらい力強く大衆の扇動に容易なものはないだろう。音と映像はそれだけ，視聴者の知性よりも感情に訴え得る要素が強いからだ。功罪を含めコミュニケーションの大衆化において，放送ジャーナリズムが果たした役割は計り知れない。

▶**オーウェルの著名作家擁護論**　ジョージ・オーウェル（George Orwell 1903-50）の「P. G. ウドハウス弁護」（'In Defense of P. G. Wodehouse' 1945）を読むと，しかしラジオによる別のより巧妙なプロパガンダの方法もあることを知らされる。

当時英米を中心に盛名を馳せていたウドハウス（P. G. Wodehouse 1881-1975）は第2次大戦初期（1940年），フランスの別荘においてドイツ軍によって拘禁されてしまう。ドイツ側は，翌年この高名な「ユーモア」作家を情報宣伝戦に巧妙に利用することを思いつく。ウドハウスはラジオのマイクロフォンの前で拘引中の生活を語ったなかで不用意としか思えぬ発言により，ナチス協力者ではないかという疑いをうけ，イギリス国民の憤激を買ってしまう。特に第1回放送でのアメリカCBS放送網の代表とのインタビューでの「イギリスが勝とうが負けようが」という部分がよけい非難を招いたというのである。結局作家はその後4回ほどナチスのラジオ放送に出演した。

この時ウドハウス自身，放送で述べる事はあくまでも「非政治的な」ものであるということを信じて疑わなかったらしい。オーウェルによると，本人は利敵行為になることなど露知らずにこのインタビューにのぞんだという。実はウドハウスは，ドイツ側に政治的には無知な人間であることをひと目で見抜かれていて，そこをうまく利用されたのだ。

　早速，『デイリー・ミラー』のコラムニストが BBC の国内向け放送で「彼は祖国を売った」とまで言い切る激越なニュース解説を流したこともあり，世論は沸騰した。多くの図書館から一斉にウドハウスの本が引っ込められ，さらに BBC は彼の抒情詩の放送を中止してしまう。それから数年たっても「反逆者」ウドハウスへの非難の声が止まないことに，オーウェルのこの長老作家弁護の筆が向けられる。

　政治的に無知なだけの老作家を——それに行為そのものは無害なものといえる——これ以上鞭打つような真似は止めるべきであり，それよりは意識的に利敵行為を働いた者たちをこそ罰すべきなのだ，というのである。

　イギリスを当面の敵とみなすドイツ側にすれば，目前にせまるソ連軍への侵

センセーショナリズムとジャーナリズム

　ヴィクトリア朝のイギリスほど，殺人事件への人々の関心が強かった時代はなかったようだ（R. D. オールティック）。国内各地で引き起こされる殺人のニュースが，階層を問わず，各地で歓迎されたという。そこに，以前行われていた公開処刑に多くの大衆が見物におしかけた状況に共通する人間の心理が垣間見えよう。一見堅固に見えるこの時代の道徳思想の底には，このような人間の欲望が息づいていたということかもしれない。

　「瓦版」スタイルのものから今日まで続いている「まともな」新聞にいたるまで，ジャーナリズムはその時代の大衆の欲望を満たすのみか，さらにそれをそそる媒体として，殺人のニュース源にとびついたらしいのだ。商業主義は容易にセンセーショナリズムと結びつくものだが，時代が下るにつれ，そうした傾向は形を変えてさらに顕著になり，印刷媒体のみならず，放送媒体も含む現代のジャーナリズムの大きな問題として残されている。

第 6 章　はばたくメディア

攻に備えて，アメリカの参戦を遅らせたい意図があり，アメリカでとりわけ根強い人気を誇り，しかも作中でしばしばイギリス上流階級を諷刺しているように見えたこの作家をマイクの前に立たせ「自由に」話させることでナチス・ドイツの温情を見せつける好機だと考えたのだ。オーウェルは，そうした世界状勢をウドハウスの作家としての古さと絡めて冷静に分析している。彼の作品は主としてエドワード朝的世界の住人の話で，作中人物同様，作家自身も遺物的存在であり，全体主義や社会主義の意味など少しも分かっていなかった。

　一方イギリス人はすでに本土空襲を経験し，ようやく彼らの士気が高まりつつあるこの時期にこうした「スキャンダル」が起きたのだった。当時のイギリスの「有能な」ジャーナリストたちが一般民衆の「愛国心と左翼的心情」を煽る上で，世界的に有名で裕福ながらも真の資産階級の人間ではない一介の文士ウドハウスという存在は理想的なそして安全な生贄となったようだ。すなわち英独双方の宣伝戦の犠牲者でもあるということなのである。

　ひたすら情緒を排し知的で冷徹な考察にみちたオーウェルの分析は，議論が一方に傾いて世論が集団ヒステリー状態になってしまう戦時のような非常事態にこそ真実を見通す的確な目を持ち合わせる必要性を示唆している。卓越したメディア論にもなっている本エッセイの題材は，政治には本来無関心だったウドハウスがはからずもラジオというマスメディアに関わることにより最も政治的な存在になってしまったという逆説を述べる上で，「政治的な文章を芸術に高めること」を常に目ざしていたオーウェルには最もふさわしいものであろう。

原典をたのしむ

The Spectator (No 1. Thursday, March 1, 1711)

Joseph Addison

　I have passed my latter Years in this City, where I am frequently seen in most Publick Places, tho' there are not above half a dozen of my select Friends that know me; of whom my next Paper shall give a more particular Account. There is no place of general Resort, wherein I do not often make my appearance; sometimes I am seen thrusting my Head into a Round of Politicians at *Will's*, and listening with great Attention to the Narratives that are made in those little Circular Audiences. ... I appear on *Sunday* nights at St. *James's* Coffee-House, and sometimes join the little Committee of Politicks in the Inner Room, as one who comes there to hear and improve. ... I have been taken for a Merchant upon the *Exchange* for above these ten Years, and sometimes pass for a *Jew* in the Assembly of Stock-Jobbers at *Jonathan's*. ...

...In short, I have acted in all the Parts of my Life as a Looker-on, which is the Character I intend to preserve in this Paper.

『スペクテイター』第1号，1711年3月1日木曜日

ジョウゼフ・アディソン

　この町［ロンドン］でここのところずっと暮らしており，たいていの公共の場所にはたびたび顔を出している。もっとも，そこで見知っている1流の友人は5，6人程度だが，この人たちについては，次号でもっと詳しく報告するつもりだ。ともかく私が姿を現わさない場所などほとんどないといってよい。時にはウィル店に行って，政治家諸氏の集まりに頭を突っ込み，小さな円形をつくって交わされている話に注意深く耳を傾ける。……日曜の夜には，セント・ジェイムズ・コーヒー・ハウスに姿を現わし，教養を高めにそこに来たかのようなそぶりをして，奥の部屋でわずかな人たちが集まってやりとりしている政治談義に加わることもある。……ここ10年以上，取引所では商人だと思われてきたので，ジョナサン店での株式仲介人の集まりではユダヤ人としても通るほどだ。……要するに，私はこれまで自分の人生で関わるありとあらゆるところで傍観者としてふるまってきた。まさにそれこそが本紙で私が是非留めようとする性格なのである。

To the Right Honourable the Earl of Chesterfield (February 7, 1755)

Sam Johnson

　Seven years, my Lord, have now past, since I waited in your outward rooms, or was repulsed from your door; during which time I have been pushing on my work through difficulties, of which it is useless to complain, and have brought it, at last, to the verge of publications, without one act of assistance, one word of encouragement, or one smile of favour. Such treatment I did not expect, for I never had a Patron before. ...

　Is not a Patron, my Lord, one who looks with unconcern on a man struggling for life in the water, and, when he has reached ground, encumbers him with help?

「チェスターフィールド伯爵閣下」1755年2月7日

サム・ジョンソン

　閣下の玄関先に伺候いたしましたおり，と申しますより，玄関払いの憂き目をみました時から7年が経過いたしました。この間，〔辞書の〕仕事に邁進してまいりましたが，その困難のほどを今さら不平を述べても詮無きことと存じます。そしてやっと，出版目前までこぎつけた次第です。これまで，一片の援助も，一言の励ましも，ご愛顧の微笑みも頂いたことはありません。私としてはそういう扱いなど一度として期待はしておりませんでした。なぜかと申しまして，私には庇護者がいたためしなぞなかったからでございます。……

　庇護者というのは，人が水の中でもがき苦しむ時にそ知らぬ顔で傍観し，何とか岸に辿り着いた時になって，かえって邪魔になるくらいの援助を与える方のことではございませんでしょうかねぇ。

第Ⅲ部
生き方をもとめて

ガウンを着用したケンブリッジ大学の学生と教員

第7章　子どもへのまなざし

概説　〈子ども〉の文化史

▶〈子ども〉とは何か　〈子ども〉が〈子ども〉でなかったとき，いったい〈子ども〉とは何だったのか。——この問いは，一見とても奇妙な謎かけのように聞こえるかもしれないが，とても真面目な問いかけなのである。他にも，〈子ども〉という言葉同様，われわれが現在何の意識もしないで使っている〈おとな〉という言葉もまだなかった頃，いったい〈おとな〉とは何だったのか，と問うこともできる。

　こうした普段は考えてもみない問いが可能になるのは，〈子ども〉という言葉，そして〈子ども〉という観念を文化的な歴史の流れの中に探っていったときなのである。〈子ども〉という言葉が生まれる前，この名もなき存在はどのように見られていたのか，そしてこの言葉が定着し始めたということはどのようなことが時代の深層で起こっていたのか，また，こうした新たな意識の覚醒や発達あるいはねじれとともに，〈子ども〉のイメージがどう変遷していったのか，そのことを考えることもひいては現代を捉え直す基礎的な認識の枠組みを提供することになるだろう。

▶〈子ども〉へのまなざし　フィリップ・アリエスの『〈子供〉の誕生』（1960年）によると，中世のヨーロッパにあっては，〈子ども〉はいつとはなく〈おとな〉の仕事や遊びの世界を共にする徒弟制度の中に入って行き，生活に必要な知識を自然と学び取っていたという。つまり，ある意味で，〈子ども〉であったにもかかわらず，小さな〈おとな〉として認識されていたというわけである。

　しかし，当時は一般的に〈子ども〉が死んでも代わりの〈子ども〉が生まれ

てくるからというのであまり親密な関心を寄せられることもない，名もない状態から抜け出ていなかった。また昔は，今で言うところの〈子ども〉と青年とを区別するような言葉もなく，かなり曖昧なままだったようである。

　では，いったいいつ頃〈子ども〉という存在が関心を引き始め，観念としての〈子ども〉が生まれ，子ども時代と呼ばれる時期が誕生したかというと，どうやらそれは13世紀のことになるらしい。そして15～16世紀にかけてその関心が高まり，やがてさまざまな文化活動の中に表現されるのが17世紀である。たとえば，家族の肖像画において，〈子ども〉を中心とする構図が出てきたり，服装でも〈おとな〉の服装とは異なる子ども時代特有の服装が現われ，〈おとな〉との区別がはっきり意識されてくるのがこの時代なのである。

　キース・ライトソンの『イギリス社会史1580-1680』（1982年）によると，17世紀の家庭では〈子ども〉は楽しく慰めとなる存在として意識されたものの，効果的な避妊方法がなかったため，何人の〈子ども〉を持てば安定した家族生活をできるかといったことまでは計画できなかった。〈子ども〉たちはたくさん生まれてくるのだが，同時にこの時代は生き残る〈子ども〉の数が問題になった。

　前工業化時代のイングランドを例に取ると，死亡総数の34.4％は10歳以下，80歳以上は6.7％だったという。これを現代のイギリスと比較すると，10歳以下の死亡率は2.4％でしかなく，80歳以上のそれは48.4％になっている。当時の〈子ども〉の現実が，かなり悲惨だったことが数字の上からもあきらかに分かる。

▶〈おとな〉の誕生　17世紀のイギリスでは，家族内でも社会的にもはっきりと〈子ども〉が〈子ども〉として意識されていたのだが，改めて意識された〈子ども〉とは，いったいどんな存在として考えられていたのであろうか。

　子ども期をあまり重要ではない過渡期として無視したり蔑視したりする傾向のあったことに関して，そうした見方が「恐らく古典主義の精神と理性的なものへの固執の結果とも考えられる」とアリエスは言うのだが，これはどういうことかというと，〈子ども〉の誕生という視点だけではなく，〈おとな〉の誕生という観点からも〈子ども〉の問題を見ることが重要だということだ。つまり，

〈子ども〉が発見されたときに，同時にあるいは先行した形で，〈おとな〉という観念がある程度できあがりつつあったのではないかと考えられる。そしてその〈おとな〉の観念が古典主義や理性主義の考え方に多くを負っているのではないかと思われるというわけである。

このことで興味深いのは，〈おとな〉という言葉 "adult" を『オックスフォード英語辞典』（*OED*）で調べてみると，最初に英語として入ってくるのはフランス語の翻訳からで，16世紀に見られるのだが，そのときこの言葉はほとんど世間で通用していない。ところが，これが17世紀の半ばになると，ごく一般に用いられるようになっているのである。これこそ，まさに〈おとな〉の観念が生まれてきた証拠である。ただし，問題は，その〈おとな〉のイメージのネガティヴな形で〈子ども〉の観念が押しつけられることになったのではないか，ということである。

▶興味深い仮説　岸田秀の「子どもとは何か」（1982年）によれば，当時のヨーロッパ人は，〈子ども〉のほかに，「文明人ではないところの未開人，正常者ではないところの異常者（変質者，神経症者，精神病者など）など」を発見し，「子どもをおとなに「発達」させるために教育制度をつくり，未開人を「文明化」するために植民地をつくり，異常者を「治療」して正常者にしようとした。その試みがうまくゆかないと，殺して滅ぼしてしまったり（「未開」民族などを），施設（監獄，精神病院など）に収容したりした」といって，「それぞれ文明人，正常者のネガであった」と指摘する。

さらに，〈おとな〉という〈近代理性人〉の出所を探って，「近代理性人は，中世において唯一絶対神に支えられていた調和的宇宙の秩序が崩れ，この秩序のなかでの安定した場所を失い，紐が切れてバラバラに神との関係においてそれぞれの自分を築いた。いいかえれば，それぞれ自分のうちに神をもった。このうちなる神が理性であり，したがって，理性は神と同じように普遍妥当な絶対的なものであった」といい，「そこで，近代理性人は，自分と同じような理性をもっておらず，参加させれば社会の秩序を乱しかねない者として，子ども，異常者を発見し，教育や治療によって彼らを理性人に変えるまで社会から排除し，隔離したのである」と関係付けている。

こうした見方は，あくまで輪郭素描に留まるが，『万物の偉大なる所有者』(1556年) やいわゆる〈存在の大いなる連鎖〉の宇宙観における最高理性としての神の位置付けなどとともに，理性の時代と呼ばれた18世紀という時代を考えるとき，M. フーコー的な視点を取り込んだ興味深い仮説の１つに数えていいだろう。

▶〈子ども〉向けの出版物　こうして〈おとな〉の認識とともに〈子ども〉の発見が行なわれ，18世紀における〈子ども〉に対する関心の増大に繋がって行く。その流れの中で注目したいのが，おとぎ話のような〈子ども〉向けの出版物の登場である。従来，産業革命の夜明けを迎えるまで〈子ども〉向けの出版物というものは，初歩の読み方指南用の本以外にはほとんど目立たない状況にあった。上に述べたように，中世から後期ルネサンスにいたるまでの〈子ども〉とは，未開地のようなもの，あるいは一種ミニチュア版の〈おとな〉であり，現代のわれわれが見ているような〈子ども〉としては見られていなかった。古典文学でも〈子ども〉を人間的な状態とは見ていなかったといえるのだが，それが18世紀末に大きな転換を迎えたのである。

　『文筆業の文化史』(1928年) を書いた A. S. コリンズによると，1780年代に〈子ども〉たちが読んだ本とは，バラッドやロマンスやおとぎ話を扱ったチャップ・ブックと呼ばれる安価な小型本で，このころから児童文学と呼べるものが急速に発達し始める。そうした中で興味深いのは，〈子ども〉という存在が社会の意識の前面に出てきており，読者としての〈子ども〉と〈女性〉の存在が大きくなってきたことである。また，児童文学の書き手に当時急増していた女性作家が多くいたことも付記しておきたい。

▶〈子ども〉の描かれ方　ところで，道徳的教化よりも楽しむための児童書の流行を作った出版者の１人に，ジョン・ニューベリー (John Newberry 1713-67) がいる。1744年，セント・ポール大聖堂の境内に世界で初めて児童書の書店兼出版社「バイブル・アンド・サン」を開き，「少年少女向けライブラリー」と名乗った。当時の人気作家だったオリヴァー・ゴールドスミスやジョンソン博士などもここからいくつか出版している。

　有名なものとしては，ゴールドスミスの筆になると思われる『でかした靴ふ

第7章　子どもへのまなざし

パンチとジュディ人形劇（Punch-and-Judy Show）

パンチとジュディ（クルクシャンク画）

3角帽を被り，大きなかぎ鼻，しゃくれあご，背中にとがったこぶを持つ小男パンチは，もともとは17世紀にイタリアで生まれた繰り人形劇に出てくる滑稽なキャラクターであったが，17世紀中葉までにフランスのものなどと混交し，やがてイギリスの昔からある道化の系譜と繋がってできたものと考えられている。夫婦喧嘩のあげく，自分の妻ジュディを死ぬまで打ちのめしたり，赤ん坊を窓から放り出したり，他にも教区吏を，警官を，医者を殴りとばし，自らの死刑執行人を絞首刑にしたかと思えば，悪魔とも対決して勝ちを収めるなど，とんでもなく乱暴野蛮で残忍きわまりない主人公だが，どういうわけか権威に対しては屈することがない。

イギリスには1660年の王政復古後に到来し，正式にはパンチネッロ（Punchinello）と呼ばれていたがすぐさまパンチ（Punch）と短くなり，1662年のサミュエル・ピープスの日記にも言及されている。18世紀には，従来の棒を使って操る形式が廃れ，新たに手袋感覚とでも言うべき指人形形式で演じられて大成功を納めた。

有名な風刺漫画雑誌の『パンチ』（1841-1992年）の誌名は，この大衆に心理的カタルシスを与えるヒーローの名前から取られたといわれている。ここでも初老の小粋なミスター・パンチは，政治的な権威に対して極めて痛烈な風刺を放ち続けた。そのパンチの効いた漫画は，いまでは重要な文化的資料として，ヴィクトリア朝研究には欠かせないものとなっている。

『パンチ』の表紙絵

図7-1 「ジャックとジル」の唄

たつ』(1765年)、そして伝承童謡集『マザー・グースのメロディー、あるいはゆりかごのためのソネット』(1760-65年) もニューベリーのところから出ていて、それにはとても珍妙な注釈 (これまたどうもゴールドスミスが書き込んだものと思われている) がついている。しかし、そのノンセンスめいたコメントは、〈子ども〉向けというより、教訓めかした〈おとな〉の世界へのパロディになっているようにも考えられる。だがそれはさておき、他の伝承童謡集らとともに、この少々変わり種の (わずか50篇あまりしか収録されていない) ナーサリー・ライム (子ども部屋の歌) 集は、これ以降大いにイギリス人の文学的感性を培って行くことになる。

こうして児童文学的な土壌が出てきたことから、〈子ども〉の描かれ方にさまざまな社会的まなざしが投影されるようになり、それが象徴的な意味合いを生み出すようになる。そして、そこには〈子ども〉を見る時代のまなざしに対する作家たちのさまざまな反応が、やがていろいろな〈子ども〉のイメージの変遷として現われてくるようになるのである。

1　救貧院・子どもの労働

▶救貧院　昔の子どもたちはどんなふうに暮らしていたのだろうか。かなり古い時代のことは資料が乏しくて分からないが、どうやら16世紀までのイギリスの子どもたちは割合早いうちにおとなの世界に出され、徒弟制度的な年季奉公生活を送り、おとなの仕事を見よう見まねで覚えては仕事をこなし

図7-2 ロンドンの救貧院の内部

ていったと思われる。貴族や上流階級の家庭に生まれた子どもたちは別として，ほとんどの子どもたちは社会に出て働き，わずかな報酬を家の財政に回しながら短い一生を送っていたのである。

　貧富の差が激しくなり，貧困にあえぐ人々の数が増したため，エリザベス女王時代の1601年に救貧法（The Poor Law）が制定された。これは貧しい人々に対する責任を教区に持たせたもので，教区はそうした貧民を扶養するために税金を導入し，のちに1834年の救貧法改正案を受けて救貧院と呼ばれる貧民収容施設（workhouse）などを建てて就業斡旋を図った。

　だが，これがうまく行かず，ブリタニカ百科事典によれば，18世紀には（たとえば，貧困者や犯罪者，老人や孤児，はたまた虚弱であったり健康であったり，あるいは尋常でないなど）さまざまなタイプの貧民をゴミ同然に捨てる場所となり下がり，やがて矯正院と変わらぬ施設となってしまったという。ハッチンスン百科事典によると，1815年頃から1930年頃までこうした貧民収容施設（ワークハウス）が使われていたとあるから，ブリタニカの情報と合わせてみると，かなり長い期間に渡って貧民対策施設があったと考えられ，そうした過酷な状況の中に悲惨な子どもの生活もあったということが分かる。

▶子どもの労働
　そこで子どもの労働はどうだったのかということになるが，昔は今と違って労働基準法や衛生に関する法律などのなかった時代で，18世紀末頃までには急速な大規模製造業の発展の結果，実に幼い子どもたちが鉱業および産業労働者として搾取されるようになり，何千もの子ど

第Ⅲ部　生き方をもとめて

図7-3　虐げられる子ども（1853年）

図7-4　社会の底辺で

もたちが遠い工場へ働きに出されたり，親によって工場主に売り飛ばされたりしていたという。10歳以下の何千もの子どもたちが（中には5歳くらいのもいた），繊維工場や炭坑で働き，危険な条件の下，ほとんど給与らしいものもなく，しばしば1日16時間も働かされていたのである。

だが，このような悲惨な状況を規制する動きも出始め，1802年に出た最初の法律は，貧窮にあえぐ子どもたちを紡績工場の所有者のもとへ徒弟奉公に出す

図7-5 病める社会

ことを制限しようと狙ったのだが、強制力を持たなかったために思った効果は得られなかった。ようやく1833年に工場法が施行されて監察が行なわれ、さらに1844年、1878年などに工場法が改正されて、次第に短縮時間や子どもの就業年齢の引き上げなどが行なわれるようになった。労働条件の規制が整い、現代のように整備されるのは、20世紀になっての話なのである。

▶悲惨な時代　ところで、失業の原因にもなった人口問題について言っておくと、ヨーロッパ同様、16世紀のイギリスは大変な人口増加となり、食料品の価格が急騰し、失業・浮浪・餓死といった結果を生んだらしい。フロラ・トリスタン著『ロンドン散策』(1840年) によると、19世紀前半には一般的に言って30～40歳以上になると職場を失うことになり、失業者となったらしい。すなわち、「若者——幼い子供までも——しか雇おうとしない社会の実態」がそこに見えてくる。体力があり、労働力として安あがりな子どもを、機械ででもあるかのように長時間酷使している現実である。法律を作っても、「子供の虐待や殺害を防止することが目的」ではなく、「慈悲の心を浮き彫りにしてみせたに過ぎなかった」。「商店の帳場や倉庫で10～12歳、工場では5、6歳の子供まで働いて」おり、「商社では16歳、18歳、20歳の青年が」働き頭になっていて、警察官もみな若者である。ということは、街は若者の街となるわけだが、それは消費財としての若者たちであり、やがて年を取るとゴミ同然に捨てられるという恐るべき社会機構の歯車にすぎなかったのである。

　W. J. リーダーによれば、19世紀半ばの人口のほぼ半分は、20歳以下で、1871年の国勢調査による平均寿命は26.4歳と推定されたという。また、ヘンリー・メイヒューによれば、煙突掃除の少年たちは、煤だらけの熱い煙突の中

を昇らされ，皮膚癌などになったという。口から煤の固まりを吐きだしている黒い顔をした少年たちは，この時代の悲惨な子どもたちの象徴として深く記憶に残るものであろう。

2　マザー・グースの唄

▶伝承童謡集の誕生　マザー・グースとは，英語圏での伝承童謡集の呼び名だが，今ではむしろアメリカでよく使われ，イギリスではナーサリー・ライムズ（子ども部屋の歌）と呼ばれるのが普通のようである。マザー・グースという言い方は，フランスのシャルル・ペローの童話集『昔の物語』(1696-97年) の扉にある口絵の中に書かれた文字「がちょうおばさんの物語」が最初に用いられたもので，これが翻訳されて1729年にイギリスに紹介され，初めて英語でマザー・グースという言い方が伝わったことになる。

そして，この言い方が伝承童謡集のタイトルとして使われたのは，1765年にジョン・ニューベリーの出版した童謡集『マザー・グースのメロディ，またはゆりかごのためのソネット』だと言われている。だが，本当にこの集成がその年に出版されたのかどうかは不確かである。現存する最古の版は1791年に出されたもので，正確なところは，せいぜい出版物として登録された1780年位までしか遡れない。とすると，50年ほどはマザー・グースという言い方は眠っていたことになる。

では，その間こうした童謡集の類が何もなかったのかというとそうではなく，『トミー・サムの可愛い唄の本』という本格的な最古の伝承童謡集が1744年頃に出ている。このアンソロジーはかなり人気を呼んだものらしく，トミー・サムという，身の丈こそ親指大だが冒険心に富んだキャラクターの名前は，この後マザー・グースの名前が18世紀末に再び出てくるまでに，いくつかの英米の子ども向けの本のタイトルに使われることになる。その後を見てみると，マザー・グースという言い方をタイトルにしているものはあまり多くない。ナーサリー・ライムズ（子ども部屋の歌）という方が普通に使われているというのもうなずける気がする。

▶本格的なマザー・グース集　それはともかく，各地に分散している伝承童謡の類を本格的に蒐集し，民俗学的研究にも匹敵する学問的なマザー・グースの書が出てきたことが，おそらく現在までの関心を築き上げたのではないかと思われる。その先駆として挙げられるのが，堅苦しく抑圧的な学校教育に反対したジェイムズ・オーチャード・ハリウェル（1820-89年）の『イングランドの童謡（ナーサリー・ライムズ）』（1842年）である。

この集成は，初版では300の唄が14の項目に分類されており，それぞれの唄がどのように遊ばれているのかとか，引用文献や注釈や索引などが付けられている。分類項目には異議もあるだろうが，さまざまな文献から蒐集したものとしてこれだけの数が集められた意義は大きいといえる。この本は版を重ね，1853年版では659篇もの唄を収録するに到っている。

この研究者の後を継ぐような形で，20世紀にこの分野での金字塔といえる『オックスフォード童謡辞典』（1951年）を編纂したオーピー夫妻の集大成がある。平野敬一氏が『マザー・グースの唄』（1972年）の中で言うように，「個々の童謡の起源や解釈についてあれこれ思弁をろうするようなこと」もなく，「ただひたすら童謡のありのままの姿を世人に伝え，それに関して文献初出例をはじめとして具体的なデータを可能な限り詳細に提示する」基本的な態度が貫かれていて，まさに〈決定版〉と呼んでも良いようなところがある。

▶文化のゆりかご　こうした学問的な成果のおかげで，マザー・グースの世界はいろいろなところにまで広がってゆき，英米の文化を愉しいものにしてくれている。キャロルの例ばかりでなく，マザー・グースはミステリーの世界や音楽の世界にも大きく影響を与えている。前者の有名な作者としてはアガサ・クリスティー（Agatha Christie 1890-1976）がいるし，後者にはザ・ビートルズ（The Beatles）を挙げてもよいだろう。

英語圏の国々では，マザー・グースは幼少期から遊びの中で身体に浸透してくる。そして，そのときは意味が分からなくても，成長するに連れてだんだん分かるようになったり，あるいはある日突然新聞や雑誌の見出しなどにマザー・グースの一節を見てその唄全体が頭に浮かんできたりするといった経験をしている。こうした出会いは，とりわけ詩人のような言葉の職人にはとても

大切で，オーデン（W. H. Auden 1907-73）なども幼年期に覚えた唄を愛し続けた詩人だった。（日本にもわらべ唄のようなものがあるが，はたしてどれだけ現代詩人の言葉を養っているだろうか。）まさにマザー・グースは，良い詩人を生み出すゆりかごの唄なのである。

3 〈子ども〉のイメージの変遷

▶感受性の転換　17世紀以降，〈子ども〉に対する関心は従来よりも拡大し，深められてゆく。そこへたとえばルソー（Jean-Jacques Rousseau 1712-78）の影響が加わり，〈子ども〉の教育に関心を持った中産階級が興隆し，いろいろな革命が進行する中からロマンティシズムも出てきて，時代は複雑な様相を見せ始める。〈子ども〉をテーマとした文学が非常に重要な本質に触れるのは，ブレイク（William Blake 1757-1827）とワーズワス（William Wordsworth 1770-1850）の時代といってよく，以後さまざまな形で〈子ども〉像の意味が変容して人々の意識に影響を与えることになる。

　『子どものイメージ』を書いたピーター・カヴニーによれば，「不愉快な姿で発展を続ける社会への芸術家の不満のシンボルとして」，つまり，「実用的な価値のあるものと「機械」にますますとりつかれていった世界にあって，子どもは「想像力」と「感受性」のシンボル，ひろく社会にみなぎってはげしく人間性を蝕んでゆく力に対抗する「自然」のシンボルとなることができた。芸術家は，人間の「無垢」な魂と，つのってゆく社会の「経験」の重圧との葛藤を意識して，それを子どもを通して表現する」ことができるようになったのである。

　しかし，そこへいたるまでには，17世紀から18世紀初頭にかけて見られた宇宙的な次元と関わる「秩序」，「自然」，「理性」といった観念も今や，「人間世界の諸制度にのみ適用される「完全性」や「理性」の基礎概念になりさがった」状態にあり，「ルソーの説く「自然人」，ブレイクの説く「ヴィジョン」，コールリッジのいわゆる「想像力」，そして政治思想の分野ではエドマンド・バークの「人間性」の原理など，これらすべてがフランスの自由思想家たちが唱える理性主義秩序の行き過ぎを和らげる緩和剤であった」という。

言い換えれば，ロック（John Locke 1632-1704）などに見られるような，観念連合派の伝統に繋がる見解，すなわち「子どもは小さなおとなとして扱われ，子どもらしさの枠をはみだして道徳的にも理性的にも出来あがったおとなの規格品に仕立て上げねばならなかった」理性偏重の方向性から，ルソーの影響を強く受け，ヘブライ的な原罪の罪深さよりむしろ性善説に立つような原初の無垢を主張し，自然が感情と分かちがたく結びつくような形での感性の礼賛へと向かう大きな感受性の転換が18世紀末前後に起こったということだろう。「子どもはその本質において重要な存在であって，けっして小さなおとなではない」という認識が，積極的な形で創造的な想像力を掻き立てたのである。

▶ロマン派の〈子ども〉像　しかし，その流れも順風満帆ではなく，当時の〈子ども〉の文学には，ルソーへの敬意を示しながらもルソーの意図とはまったく無縁の，〈あの別の「18世紀」〉の理性主義的な，そしてなにより道徳教化的で功利的な性質が揺り戻しのように出てくることがあった。有名なものには，バーボールド夫人の『幼な子のための教訓話集』の影響を受けたトーマス・デイの『サンドフォードとマートンの物語』（1783-89年）や，マライア・エッジワースの『両親のアシスタント』（1800年）などがあり，それらに対して「スタール夫人，ラム，ワーズワス，そしてコールリッジは，しかし，ロマン主義という対立する立場にあって，空想と，想像力による幻想の育成に与し，語り伝えられた迷信や昔の俗謡を擁護した」のだった。

さらにこの延長線上にはディケンズやマーク・トゥエインなどが連なる啓蒙運動の伝統に対して，〈おとなと対等の重要性をもった子ども〉というロマン派の〈子ども〉のイメージがうち立てられてゆくのである。

▶変容と開花　ところが，こうした積極的で創造的な生命力を持った〈子ども〉のイメージも，やがてヴィクトリア朝が爛熟して行く頃になると，だんだん悲惨な環境に取り巻かれながら感傷的に死を望むような病める〈子ども〉のイメージなどへと変容して行く。

産業革命以後，〈子ども〉や女性たちが工業都市の労働力となり，寿命も極めて短命で，過酷な労働条件や悪辣な環境衛生の生活に捕われていたため，たとえばディケンズは『オリヴァー・トゥイスト』（1837-38年）や『骨董屋』

図7-6 子どものイメージ（道路掃除の少年たち）

(1840-41年) などを書いた。このイメージは，19世紀末の退廃的な流れの中で，さらに病んだ〈子ども〉のイメージとして定着することになる。

　だが，そのような中から硬直しかけた秩序や意味の世界を揺さぶるノンセンスの文学が生まれ，新たな文化的創造力をもった児童文学が，すばらしい華を咲かせるようになった。とりわけ，ルイス・キャロルの2冊のアリス物語を始め，J. M. バリーの『ピーターパンとウェンディ』（1911年），J. R. R. トールキンの『指輪物語』（1954-55年）や C. S. ルイスの『ナルニア国ものがたり』（1950-56年）などは，P. L. トラヴァースの5作の〈メアリー・ポピンズ〉（1934-82年）と並んで根強い人気のある作品である。

4　キャロルとアリスの物語

▶キャロル登場まで　　イギリスの児童文学といえば，おそらくほとんどの人はルイス・キャロル（Lewis Carroll 1832-98）の『不思議の国のアリス』（*Alice's Adventures in Wonderland* 1865）を思い浮かべるのではないだろうか。スウィフト（Jonathan Swift 1667-1745）の『ガリバー旅行記』（*Gulliver's Travels* 1726）やデフォー（Daniel Defoe 1660-1731）の『ロビンソン・クルーソー』（*Robinson Crusoe* 1719）を挙げる人もいるだろうが，これらは元来おとな

第7章　子どもへのまなざし *151*

図7-7 狂ったティー・パーティ

図7-8 ルイス・キャロル（1863年）

向けに書かれたものであった（ガリバーの物語を翻訳でも良いから原作で読んだ人がどのくらいいるだろうか）。そうした意味では，バニヤン（John Bunyan 1628-88）の書いたピューリタン色の強い物語『天路歴程』（*The Pilgrim's Progress* 1678）も同じことになろう。

アリスの物語も他の名作と同様，一朝一夕に出てきたものではなく，ガリバーやロビンソン・クルーソーの子ども向け縮約版などにより空想的な物語世界が子どものものになってきたことや，18世紀において小説というジャンルが発達したことが遠因として挙げられるだろう。そして児童文学を中心において活動した出版者ニューベリーが，従来の教訓的な方向を持った本とは異なり，読んで楽しめる物語や（やがてキャロルのアリス物語で大きな比重を占めることになる）マザー・グースなどの本を出版して，子どもの想像力を開く方向を押し進めたことは大きな貢献であったと思われる。

さらに思想的にキャロル以前の影響力を持った流れとして，ロックの人格形成のための教訓的な美徳養育論と，ルソーの感性重視の立場から，18世紀の理性主義に対抗する形でロマン派の詩人ワーズワスやブレイクが〈子ども〉を小さな〈おとな〉ではなく，独立した存在として捉え直し，創造的な生の解放を歌ったことが挙げられるだろう。くわえてグリムやアンデルセンの童話が紹介されたことなどもあり，自由なファンタジーを可能にする土壌が徐々に整って

いたと考えられる。こうしてキャロルという実に風変わりな想像力の持ち主が登場することになる。

図７-９　手書きの『アリスの地下での冒険』（1864年）の最終ページに貼りつけたアリス７歳のときの写真

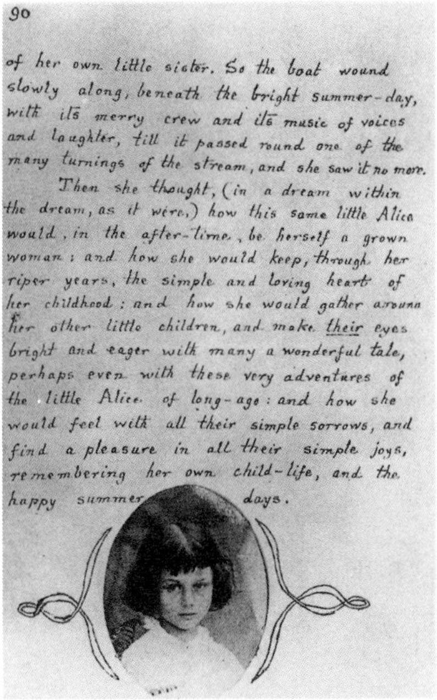
90

of her own little sister. So the boat wound slowly along, beneath the bright summer-day, with its merry crew and its music of voices and laughter, till it passed round one of the many turnings of the stream, and she saw it no more.

Then she thought, (in a dream within the dream, as it were,) how this same little Alice would, in the after-time, be herself a grown woman: and how she would keep, through her riper years, the simple and loving heart of her childhood: and how she would gather around her other little children, and make their eyes bright and eager with many a wonderful tale, perhaps even with these very adventures of the little Alice of long-ago: and how she would feel with all their simple sorrows, and find a pleasure in all their simple joys, remembering her own child-life, and the happy summer days.

▶アリスとの出会い　ところで，『不思議の国のアリス』が出るまでのことを簡単に言っておけば，1862年７月４日，オックスフォード大学の数学教師だったチャールズ・ラトウィジ・ドジソン（Charles Lutwidge Dodgson）（筆名ルイス・キャロル）は，クライスト・チャーチ学寮の学寮長リデル博士の３姉妹（原文を読むと分かるのだが，彼女たちは上流階級らしく，言葉遣いやしつけ，さらには外国語や音楽などの教育もしっかり受けていたようである。こうしたことは翻訳からはなかなか分かりにくい）とともに，テムズ川上流へ舟遊びに出かけた。

そのとき，次女のアリスがせがむままに，キャロルは奇想天外な話をしてきかせた。<黄金の昼下がり>と呼ばれるこのときのことが，キャロルにとっては生涯にわたって大きく貴重な経験となった。それを文章にして，自筆の絵とともに手書きの本を作り，アリス12歳のときに贈ったのが『アリスの地下での冒険』と題されたもので，これをさらに磨いて翌年（1865）に傑作『不思議の国のアリス』が刊行される。このとき，当時人気のあった挿し絵画家ジョン・テニエル（John Tenniel 1820-1914）に挿し絵を依頼する。この本は最初，このテニエルの絵で評判になったという。

▶なぞなぞあれこれ　こうしたことは良く知られたことだと思うので，最後に，なぞなぞ好きのキャロルへの質問をいくつかしてみたい（学生の読者には，ちょっとしたレポートの種になるかもしれない）。

「本当にキャロルさんはアリスに求婚したのですか？　キャロルさんのアリス宛に出したといわれるたくさんの手紙はどうなったのですか？　映画『ドリームチャイルド』(*Dreamchild* 1985)にあったように，アリスのお母さんが燃やしてしまったのですか？　几帳面に付けていたはずの日記帳から，どうしてそこの部分だけが削除されているのでしょうか？　いったいリデル家との間に何があったのですか？　また，なぜ突然あれほど打ち込んでいた写真をやめたのですか？」

もう1つおまけとして，20世紀のディズニーの映画についての疑問も少し書き記しておきたい。1つは，この映画では，白ウサギの家の働き手のパトリックが省かれ，代わりにドードーが登場してくるのはなぜか。そしてもう1つは，なぜマザー・グースの唄「ハートの女王と盗まれたタルト」の主題が省かれ，代わりに「トゥイードルディとトゥイードルダム」が取り込まれたのか。謎はまだまだ尽きない。

パブとタヴァーンとイン

　パブとは，正式にはパブリック・ハウスと呼ばれる居酒屋であるが，元来はイン，ホステルリ，タヴァーンといった，宿屋・旅籠の宿泊施設と酒場を兼ねたところが発達してきたものである。インは，16世紀にはおよそ6,000もあったという。中には，ノッティンガムの YE OLDE TRIP TO JERUSALEM のように，1189年以来十字軍の遠征途上の客が宿泊したり酒や食事を取ったところが今も残っている。庶民のパブとしては，エイル・ハウスとかジン・ショップと呼ばれるものがあった。昔は，休日にパブの中庭などでクリケットやボクシング，あるいは動物虐待の見せ物や芝居などが催され

パブの前庭での芝居風景

た。今では、ダートなどの遊びの他、唄を歌ったりする娯楽の場となっている。ビールは、ドイツや日本のラガーとは違い、ビターが主流。18歳以上なら飲める。注文のたびにお金を支払うキャッシュ・オン・デリバリーというシステム。

　イギリス中に8万から10万あるといわれるパブだけに、どんな田舎町にも教会と小学校と並んでパブがある。カントリー・パブでプラウマンズ・ランチ（チーズとピクルスとパン、それにサラダやスープの付いた、ヴォリュームたっぷりで廉価な昼食）でも食べながら、ビターのビールを傾ければ天国気分になるのは請け合いだ。14世紀のリチャード2世以来の看板は見ているだけでもなかなか楽しい。その土地に縁のある紋章などが使われていたりするが、とりわけ名前にアームズ（Arms）と付いているのは、その地域の庇護者であった貴族や土地の所有者との関連を表している。なかなかいい評判の店になると、1日の仕事の後に、わざわざバスなどに乗って駆けつけてくる常連らがいる。以前は、時間制がきっちりあったのだが、最近は自由な営業ができるようになったと聞く。

原典をたのしむ

Alice's Adventures in Wonderland (1865)

Lewis Carroll

Down, down, down. There was nothing else to do, so Alice soon began talking again. 'Dinah'll miss me very much to-night, I should think!' (Dinah was the cat.) 'I hope they'll remember her saucer of milk at tea-time. Dinah, my dear! I wish you were down here with me! There are no mice in the air, I'm afraid, but you might catch a bat, and that's very like a mouse, you know. But do cats eat bats, I wonder?' And here Alice began to get rather sleepy, and went on saying to herself, in a dreamy sort of way, 'Do cats eat bats? Do cats eat bats?' and sometimes, 'Do bats eat cats?' for, you see, as she couldn't answer either question, it didn't much matter which way she put it. She felt that she was dozing off, and had just begun to dream that she was walking hand in hand with Dinah, and saying to her very earnestly, 'Now, Dinah, tell me the truth: did you ever eat a bat?' when suddenly, thump! thump! down she came upon a heap of sticks and dry leaves, and the fall was over.

『不思議の国のアリス』1865年

ルイス・キャロル

図 7 - 10 テニエルの挿絵

　どんどんどんどん降りてゆく。降りてゆく他に何もやることがなかったので、アリスはすぐにまた話を始めた。「ダイナは今夜、きっとわたしがいないのでとっても寂しがるわ」(ダイナというのは猫のことなんです)「うちの人たちがお茶の時間に彼女のお皿にミルクを入れるのを忘れないでくれるといいんだけど。ああ、ダイナ！　お前がわたしと一緒にここにいてくれたらいいのに！　たぶん空中にはネズミはいないと思うけど、コウモリだったら捕まえられるでしょ、とってもネズミによく似ているのよ。でも、猫はコウモリを食べるかしら。」このあたりでアリスはかなり眠くなりはじめ、夢うつつになりながら「猫はコウモリを食べるかな。猫はコウモリを食べるかな」と独り言を続けていました。そしてときどき「コウモリは猫を食べるかな」なんて言ったりして、というもの、いいかい、彼女はどっちの問いにも答えられなかったので、どっちにしたってたいした問題ではなかったんだ。うとうとしてきて、彼女はダイナと手と手を取って歩いている夢を見始めたんだ、そしてとってもまじめな調子で、「ねえ、ダイナ、本当のこと言ってね、お前、今までにコウモリを食べたことある？」と言ったそのとき、突然、どしん！どしん！　ときて、木の枝と乾いた草の葉の山の上に落ちた。これで落下が終わったんだ。

Mother Goose ①

Oh, the brave old Duke of York,
He had ten thousand men;
He marched them up to the top of the hill,
And he marched them down again.
And when they were up, they were up,
And when they were down, they were down,
And when they were only half-way up,
They were neither up nor down.

「マザー・グースの唄①」

ああ，勇猛なる老ヨーク公，
ご家来は1万人，
行進して山の頂へと登り，
再度行進して下がる
上に上がれば上になり，
下に下がれば下になり，
丁度半ば登ったところなら，
上でもなければ下でもない。

Mother Goose ②

There was a crooked man, and he walked a crooked mile,
He found a crooked sixpence against a crooked stile;
He bought a crooked cat, which caught a crooked mouse,
And they all lived together in a little crooked house.

「マザー・グースの唄②」

ひん曲がった男がおりました，ひん曲がった1マイルを歩いて，ひん曲がった6ペンスを見つけたとさ　ひん曲がった踏み越し段のところで。
男はひん曲がった猫を買い，猫はひん曲がった鼠を捕まえた，そしてみんな一緒に暮らしたとさ　ひん曲がった小さなお家で。

Mother Goose ③　　　　「マザー・グースの唄③」

Hickory, dickory, dock,　　えっさか，ほっさか，ほい，
The mouse ran up the clock.　ねずみがのぼる
　　The clock struck one,　　　とけいがボーン
　　The mouse ran down,　　　ねずみはおりる
Hickory, dickory, dock.　　えっさか，ほっさか，ほい。

第7章　子どもへのまなざし | 157

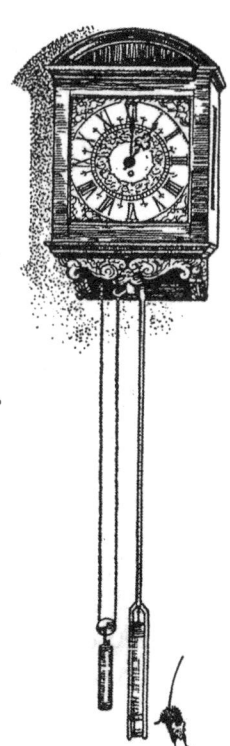

| 第8章 | ジェントルマンのたしなみ |

概説　教育——伝統と改革のつづら織り

▶僧院での学問
　イギリス最古の学校は6世紀初めにローマからやってきた聖アウグスティヌスが開いた文法学校（grammar school ラテン語文法を教えたことから由来する呼称）と唱歌学校であるとされている。

　学問はヨーロッパにおいてと同様，キリスト教の宣教活動と強い結びつきを持っていた。はじめその中心は僧院内での神学研究であったが，やがてギリシャ語やローマの古典，さらに数学，自然研究，修辞法，詩学，ラテン語文法，天文学が学問の対象に加わった。

　僧院では学問の教授には力が入れられず，知識の源である図書は修道院長ら限られた僧侶たちのために存在し，研究者の僧侶は僧院に入る前にすでに基礎的な学問を修めていた。

　僧院とは別に，都市部では一般聖職者たちの知的好奇心を満たすために数多くの学校が設立された。王室や都市の行政が整い，聖職者達が社会で新しい職業に就くようになると，社会的地位の向上に直接結びつく学問を提供するこれらの学校は隆盛を極めた。とくに成功を収めたのは公証人，法律家，修辞学者などを養成する学校である。

　こうして教会の庇護のもと，非宗教的な科目を教授する学校が次々と生まれ，12世紀半ばには教職資格の制度も整えられた。

▶さまざまな学校の誕生
　このような事情のもとに，3学（ラテン語文法，弁証法，修辞学）4科（算数，幾何，音楽，天文学）の7自由科目（seven liberal arts）に加えて，神学，法学，医学のいずれかを系統的に教授する大学がボローニャ（1088年），パリ（1150年頃）といったヨーロッパ

の街に興った。イギリスにもパリ大学を手本にコレッジ制をとる大学がオックスフォードに始まり，本格的な教育機関が誕生することになる。

大学の設立とともに，ギルドや病院，王族，貴族，個人の資産家などが基金を寄せて設立し，下層中流階級の子弟に教育を施すグラマー・スクールが急増した。中世の終わり頃には，人口250万のイングランドとウェールズに400ものグラマー・スクールが存在した。さらに後にその卒業生が社会のエリート階層と同義語で語られるようになったパブリック・スクール（public school）は，このグラマー・スクールの中から生まれていく。

図8-1 教会の前や礼拝堂で初等教育が行なわれた（16世紀初め）

この時期の教育の主導権を握っていたのは教会であり，教会の監督下，教師はすべて教会の教義への忠誠を求められた。授業内容においてもキリスト教が大きな位置を占め，ラテン語の読み書きに授業の大半をついやす学校がほとんどであった。

グラマー・スクール以外に，数多くの教会や牧師の家で初等教育が行なわれた。学問の道を目指していない子どもたちのためにも教区牧師による教育が施され，宗教教育のみならず，読み書きや算術など日常生活に必要となる知識が伝授されていった。しかし，15世紀後半の印刷術のイギリスへの導入まで識字率は非常に低いままであった。

▶絶対王政の時代　ヘンリー8世（Henry VIII 1491-1547）により国教会が興された16世紀のイギリスには300ほどのグラマー・スクールが存在した。当時のイギリスはルネサンス期の大陸における中等教育に影響を受けていたが，ヘンリー8世の死後しばらくの間続いた政治不安が，教育に影を落とすこととなる。

ヘンリー8世は中央集権政策の中で学校を国家の権力下に置いた。その息子

第8章　ジェントルマンのたしなみ

エドワード6世は1548年に寄進法を敷き，教育目的で教会が所有していた地所を国家に没収したが，彼は若くして亡くなり，カトリック教徒のメアリ1世が後を継いだ。「血まみれの女王」として知られた王妃による強硬な宗教政策の煽りを受け混乱した治世の中，学校への公費が消え，経営困難に陥った数多くの初等教育施設やグラマー・スクールが閉鎖された。

やがてエリザベス1世（Elizabeth I 1533-1603）のもと安定した絶対王政の時代を迎え，女王は国家統一手段としての教育政策を復活し，多額の教育援助費が投じられた。グラマー・スクールの数も410と再び増加し，国をあげての教育への取り組みが始まった。

16〜17世紀の教育を語る時，富裕な商人階層の台頭やカルヴァン主義の影響を見逃すことはできない。社会の変化を反映し，学校での教育内容もラテン語から英語や科学，現代語（フランス語，イタリア語）などに重点が移り，スポーツ教育の重要性も唱えられるようになった。

教育の普及とともに教育論も盛んに交わされるようになった。1531年にはサー・トマス・エリオットによる英語での初めての教育論が出された。経験論の雄であるサー・フランシス・ベーコン（Sir Francis Bacon 1561-1626）も教育に多大な関心を示し，個人教育に反対して男女の学校教育を支持し，将来の役職や地位を踏まえた教育の重要性を主張した。また国を担う人物を養成するためには歴史や現代語，政治などが教授されるべきであるとした。

▶**教育における王党派とピューリタンとの対立**　エリザベス女王の死後，17世紀のイギリスでは，名誉革命時まで宗教と政治両面において不安定な時期を迎える。教育では大きく分けて2つの流れが存在した。かたや王党派の流れ，そしてもうかたやピューリタンの流れである。

カルヴァン主義を遵守するピューリタンの多くが禁欲，節制，実務的行動，苦行などを生き方の基本とし，コメニウス（Johann Amos Comenius 1592-1670）の主張をその教育姿勢の中に踏襲した。子どもの教育こそが社会を改善するとし，農学校や全国規模の教育制度を主張したハートリブ，国家から独立した機関による教育管理を提唱し，イギリスではじめて幼児教育の必要性と方法論を説いたドゥーリー，また中等教育とコレッジを統合したアカデミーを提案し，

高潔かつ教養のある市民と指導者の養成を教育の目的とすべきとした，文学者としても高名なジョン・ミルトン（John Milton 1608-74）など，ピューリタンの間で教育について真剣な議論が展開された。

　一方王党派らが支持したのは，16世紀からの教育観，すなわち作法書の伝統にのっとったジェントルマン教育であった。なかでも熱烈な王党派支持者として知られていたヘンリー・ピーチャムは，その書『完璧なる紳士』（*The Compleat Gentleman* 1622）（原典引用参照）の中で，教育の目的とは，学ぶ者の心身に国家の栄光のために必要不可欠である資質を備えさせることとし，理想的なジェントルマンや貴族の学ぶべきこととして天地学，幾何学，詩学，音楽，彫刻，絵画，紋章学，そしてスポーツなどを挙げている。

　17世紀後半，経験論者ジョン・ロック（John Locke 1632-1704）の哲学観が政治と教育両面に影響を及ぼした。ロックは学識とは経験のみがもたらすものであり，教育は知性と人格の両方に向けられるべきだとした。そして正しい思考と行動の手本や合理的かつ実務的な人間の徳を示すことの重要性を訴えた。

▶**公教育の確立**　公教育が19世紀初めよりシステム化していたフランスやドイツとは異なり，イギリスはずっと教育の国家介入について消極的であった。国家が積極的に教育行政に乗り出さなかった背景には，教育が貧しい者相手の慈善事業か，あるいは富める者相手の私学のどちらかであるとの考え方が主流を占めていたことがある。慈善事業の一環としての教育には，国教会派と非国教会新教派そして1829年のカトリック認可後にはカトリックの宗派も加わり，国民学校（National Schools）と呼ばれる無料小学校を経営し，初等教育の全国化を目指した。

　また教員と資金の欠如を補うためにドイツで発祥したモニター・システム（モニターの生徒を選んで授業内容を教え，モニターがそれぞれ他の生徒たちに教えていく方式）をベル，ランカスターらが導入し，不完全ながら大衆教育への道を拓いていった。しかし産業革命が進み，教育を受けることを希望する人口が急増する中，寄付だけでこれを達成することはとても不可能であった。

　政府に派遣されて大陸の教育制度に学んだマシュー・アーノルド（Matthew Arnold 1822-88）らの働きかけによって国が公教育に本腰を上げ，国家レベル

図8-2　20世紀初めの初等教育の様子。自然観察の授業

での教育制度の礎が築かれたのは1870年の初等教育法が施行されてのことである。1880年までにイングランドとウェールズで初等教育が義務化し，1891年にはその学費が無料となった。また19世紀にはいくつかの新大学が設置され，世紀末には教員育成を目的とした教育学部が大学に設置された。

▶これからの展望　20世紀に入って1944年にはバトラー教育法により公立中学の学費が廃止され，初等，中等，継続の教育3段階制が確立された。以後，より平等な教育を目指して改革が幾度となく行なわれ，60年代には現在の総合学校システムがスタートした。1988年に成立した教育改革法案では初めて全国カリキュラムが導入され，学童全体の学力向上が目指されることとなる。

イギリスでは現在もなお私立と公立それぞれに異なる段階を持つ複雑な制度が残り，大学進学率もEU諸国の中で下位にとどまっている。これは慈善事業や教会からの援助が長きにわたって教育の主権を握っていたことの後遺症であるといえよう。さらに，第2次大戦後旧植民地より流入してきた民族との統合教育の問題点や，EU統合にともなう制度見直しなども教育の現場を複雑化している。

教育政策は政治論争の争点としてしばしば取り上げられてきているが，政権

芸術家養成教育

　19世紀までは，大陸の有名画家の工房で見習いとなったり，偉大な作家の作品を美術館で模写して技術を習得する以外に画家や彫刻家となる道はなかった。そのような中で，1768年にジョージ3世が興した，国内の美術振興を目的とするイギリス王立美術院（Royal Academy）は，展覧会開催，美術学校設立，芸術家同士の交流を通じてイギリスの美術界に多大な功績をおさめることになる。

　しかし産業革命とともに「美術（fine arts）」と「工芸（applied arts）」を分離し後者を軽視する美術院への批判が高まり，これを受けた美術院は，1852年，政府の肝入りで，すべての分野のデザイン工芸品を収集し学校を併設した，ヴィクトリア・アンド・アルバート博物館を設立した。この形式はまもなくヨーロッパの各国で踏襲された。また，ジョン・ラスキン（John Ruskin 1819-1900）やウィリアム・モリス（William Morris 1834-96）も美術と工芸の垣根を取り払う運動を起こし，ロンドン中央美術工芸学校など数々の美術学校の設立に尽力した。

　イギリスでは美術以外の芸術教育も盛んに行なわれているが，大学やコレッジのコースのほかに，ロイヤル・アカデミー・オヴ・ドラマティック・アート（1905-），ロンドン音楽演劇アカデミー（1861-），ロイヤル・アカデミー・オヴ・ミュージック（1822-），ロイヤル・コレッジ・オヴ・ミュージック，ギルドホール音楽演劇学校，ロイヤル・バレエ学校，ロンドン現代舞踊学校などを始めとする数多くの著名な演劇，音楽，バレエ学校には世界中から才能ある人材が集まってきている。

　また少し変わったところでは，1993年にサーカス芸教育を目的とする学校がブリストルとウィンチェスターに設立され，1770年代にロンドンで発祥したサーカス芸の発展に寄与している。

　トニー・ブレアの労働党政権は，政府の発行する宝くじの収益を積極的に各種芸術学校助成にあて，芸術振興を目指している。

ロイヤル・アカデミー・オヴ・アート

にとっても有名私学と公立校との間，また異民族間の進学率および教育レベルの格差是正，さらに全般的な教育の質の向上は最重要課題の1つとなっている。

1 騎士道からジェントルマン教育へ

▶エチケット教育　これまで学校教育の歴史を中心にたどってきたが，公教育の制度が整い，すべての人に教育の機会が与えられるようになったのは，20世紀に入ってからであり，それまでの長い間，教育のあり方は，まずその子どもがどの社会階層に生まれ育ったかによって決定されていた。そして，王族，貴族，それに仕える階層にとって，学問を極めることよりも，集団生活の中で求められる行動規範，すなわちエチケットを修得する方が重要であった。

宮廷はエチケットを発展させる理想的な土壌となり，ヨーロッパでは中世の封建君主制のもとでこれの教育が黄金時代を迎えた。

イギリスでもルネサンス期の16世紀，イタリアから入ってきた作法書と呼ばれる本が次々と出版され，中でもカスティリョーネ（Baldassare Castiglione 1478-1529）による『作法書』（*Il libro del cortegiano* 1561）は上層階級の人々の間でもてはやされ，正しい作法を説く書が国内でも次々と出版されていった。ここでの作法は，宮廷での正しい行動というよりも，高貴な物腰とはどのようなものかといったことに重点が置かれている。

カスティリョーネがその著書の中で描き出す優雅な作法には，自然な物腰，ユーモアのセンス，正しい言葉遣い，王宮のメンバーに対しても媚びない態度が含まれ，名誉ある愛の姿とは何かについても語られている。

▶騎士教育　中世には，社会的地位の高い家庭の男子を対象とする騎士教育が存在した。

これらの子弟は，グラマー・スクールに入学して大学に進学する代わりに，まず幼い頃に有力領主のもとや宮廷に騎士見習（page）として送られた。14歳ぐらいになるとスクワイア（squire）と呼ばれるようになる。そして何年もかけて，宮廷に相応しい行儀作法，乗馬，読み書き，チェス，リュート，歌，詩

図8-3　ダビングの儀式

作などについて住み込みで学びながら騎士の手伝いや貴婦人の付き添いなどをした。

　さらに指導者となるための教育を受け，剣や弓，槍などの武器の取り扱い方，格闘の仕方や鎧の手入れの方法，そして馬の世話，肉の切り方にいたるまでさまざまなことを教え込まれた。戦時には騎士と共に戦地に赴いて騎士の鎧の着脱を手伝い，騎士が倒れれば代わりに鎧を着けて戦うこともあった。

　こうした教育の末，順調であれば21歳ぐらいでダビング（dubbing）と呼ばれる爵位授与式を経て騎士の仲間入りをした。

　13世紀頃，騎士の称号を授与されるためにかなりの資金が必要となり，従者にとどまる若者が増えた。やがてスクワイアは，土地を所有するジェントルマンの呼称となった。

　敵に対しても礼節を重んじることが騎士には求められた。こうした騎士らしい行動のあり方は12世紀頃には騎士道（chivalry）として知られるようになり，中でも女性に対する礼儀正しい態度が強調された。騎士道は文学的な想像力を掻き立て，しばしば中世の詩歌やロマンス小説の題材となった。

　やがて封建社会が終焉を迎え，戦争形態の変化と職業軍人や傭兵の増加は16

世紀末までにそれまで騎士と呼ばれていた階層を所有地の管理をする領主へと変化させていった。騎士の世襲制はなくなり、騎士号は君主が特別な功績を上げた人々に与える称号となった。

▶紳士としてのたしなみ　上流階級にふさわしい教育とは何かについて、17世紀のゲイルハードは、『完璧なる紳士』（Compleat Gentleman 1678）の中で、外国の医学や法律を途中で学びながら行なう3年間の大陸旅行（grand tour）を推奨しているが、ヨーロッパで見聞を広める旅が紳士教育の重要な一環とされた。

産業革命を迎え、農村から都市へ社会の中心が移り、それまで土地を所有する有閑階級と貴族、そして医者、弁護士、聖職者といった一握りの専門職従事者のみによって構成されていた、支配階級（ruling minority）と上層中流階級としてのジェントルマン階層に、産業資本家やそのほかの知的専門家が参入し始めた。財産や教育、生活様式を持ってジェントルマンの仲間入りを目指す人々が現われてきたわけである。

こうしてヴィクトリア中期を中心に「紳士」としての作法、哲学、生活態度を伝授する「作法本（etiquette book）」が人気を集めることとなる。また、上流階級と中流の階級を融合させ、紳士を養成する場としてのパブリック・スクールが注目され、トマス・アーノルド（Thomas Arnold 1795-1842）によるパブリック・スクール変革がなされたのも同時期である。

植民地の統治者として、また労働者の統率者としての資質を磨くことがパブリック・スクールにおける、友愛、自助、責任感、そして質素を重んじる価値観、連帯感の育成といった教育方針へとつながっていった。

2　はじめにオックスブリッジありき

▶大学の始まり　12世紀、カンタベリー大司教を大陸に追放したヘンリー2世によって、当時ヨーロッパの学問の中心であったパリ大学での勉学が禁じられた。その結果、羊毛市場として知られ、ロンドンに次ぐ豊かな都市であったオックスフォードに学者たちが集まり、カトリック修道会が中

図8-4　オックスフォード大学

心となって神学，法律，医学，7自由科目を研究するようになった。

　当初大学独自の建物はなく，町民に高い宿賃を求められ苦学する学生が多かった。そこで裕福な聖職者の間で寄付金を募り，学寮（コレッジ）を建て，独立採算をとる学寮の集合体という，パリ大学を模した大学がイギリスに始まった。オックスフォード大学最初のコレッジは1249年創立のユニヴァーシティ・コレッジといわれる。その後50年間に，ベリオル，マートン，セント・エドモンド・ホール，ウスターと，次々に新しいコレッジが興された（現在数は36）。

　教会からの絶大なる支援を楯に独自の自治，世俗裁判を含む市民としての義務からの放免，酒類販売店の許可決定権などの特権を与えられ，大学はその権力を強めていったが，中世の学生らははなはだ素行が悪く，特権を振り回す大学の横暴に反発する町民と学生との間で，ことあるごとに衝突が起きた。

▶タウン・アンド・ガウンとケンブリッジ　こうした抗争は「タウン・アンド・ガウン（ガウンは学生がまとうアカデミック・ガウンに由来する）」と呼ばれ，1355年のある暴動時には1日に60人もの学生が殺された。

　衝突を逃れて学者たちが1284年，ケンブリッジにピーターハウス・コレッジを創立し，これがケンブリッジ大学の始まりとなった（現在のコレッジ総数は32）。この後，スコットランドではセント・アンドルーズ大学（1411年），アイルランドではトリニティー・コレッジ（1591年）が創立される。

　1511年に文芸復興の先駆者であるエラスムス（Desiderius Erasmus 1465-1536）

第8章　ジェントルマンのたしなみ　167

をオックスフォードから迎えたケンブリッジは着実に発展を続け，ことに数学，物理，科学の分野ではアイザック・ニュートン（Sir Isaac Newton 1643-1727）らを輩出し，オックスフォードと並ぶ学究の中心となった。1871年には実験物理の教授を迎えて実験室も建設され，物理科学の分野ではオックスフォードを凌ぐ名声を築いてきている。

一方16世紀の宗教革命後，王権の庇護のもとにますます勢力を拡大させたオックスフォードは，1571年に議会で大学として法人化され，以前は農民層が大半であった学生の中に裕福なジェントリー，商人の子弟が増えた。

1642年のピューリタン革命時，オックスフォード市は迷わず議会側につき大学は国王を支持した。この背景には数百年にわたるタウン・アンド・ガウンの確執があったのだ。

▶大学の民主化　学位既得者の研究機関であったオックスフォードであるが17世紀には学位を授与する施設となった（ケンブリッジでは18世紀）。

1878年には初めての女子コレッジが設立され，20世紀に入るとカリキュラムが刷新され，科学，現代言語，政治科学，経済といった新しい学科が開かれた。また1960年代以降，それまで男子校であったコレッジが次々に男女共学となっていった。

オックスブリッジ（オックスフォードとケンブリッジの両大学を示す）は数々の著名人の母校として内外に知られ，長い間イギリスの大学教育の独占的位置を確保してきた。事実，メソジスト教派創始者のジョン・ウェズリー，ウルジー枢機卿，人文学者トマス・モア，哲学者ロジャー・ベーコン，科学者ダーウィン，文学者オスカー・ワイルド，政治家セシル・ローズ，詩人のシェリー，軍人・航海者サー・ウォルター・ローリー，経済学者ケインズらや，グラッドストン，ピール，マクミラン，ヒース，ウィルソン，サッチャー，ブレアといった首相たちなど，オックスブリッジ出身の歴史的重要人物は枚挙にいとまがない。

▶大学民主化の中で　19世紀の産業化の中，ロンドン，マンチェスター，バーミンガムといった都市に次々と大学が設立され，大学教育の

拡大と民主化が本格化した。

　1971年には生涯教育を目指し，多様かつ柔軟なカリキュラムを組むオープン・ユニヴァーシティが興され，社会人にも教育機会を与える生涯教育のモデルとして他国にも注目されることになる。

　こうしてさまざまな大学が着実にその存在を知らしめるようになってきた（2000年の時点で，大学数は全国で87校で，このほかに64の高等・継続教育機関が存在する。表8-3参照）が，チュートリアル（個人指導）中心の教育や，学生を細かく監督する独立採算制の学寮システムをもって，オックスブリッジは特別な位置を保ち続けており，エリート階層における卒業生の比率はむしろ増加傾向にある。また，学部卒業後3年で自動的に学芸修士（MA）を取得できるのもオックスブリッジだけである。

3　パブリック・スクールの功罪

▶パブリック・スクールとは？

　私立であるパブリック・スクールが何故「パブリック」と呼ばれるのであろうか。

　実はパブリック・スクールという呼称は法で定められた公的名称ではなく，はっきりとした定義はない。その由来についてもいくつかの説が存在する。

　14世紀以降，地元の貧しい人々のために無償で教育を施す慈善事業の一環として，グラマー・スクールが設立されたが（1382年創立のウィンチェスター・コレッジが最古とされる），1580年のイートン・コレッジを皮切りに，中でも評判の良い学校が地元以外の富裕な家庭の子弟を受け入れ寄宿させるようになった。こうして地元（ローカル）だけでなく一般（パブリック）の子どもも入学できるグラマー・スクールをパブリック・スクールと呼ぶようになったとする説が有力である。

　優れた学校には遠方の上流階級や新興中流階級の子どもたちが数多く入ってくるようになり，寄宿制度の積極的な導入で学費が跳ね上がった。こうして経済的に豊かでない限りパブリック・スクールへの入学は難しくなった。

表8-1　ザ・ナイン（括弧内は創立年）

ウィンチェスター・コレッジ（Winchester College 1382）
イートン・コレッジ（Eton College 1440）
セント・ポールズ・スクール（St. Paul's School 1512）
シュルーズベリー・スクール（Shrewsberry School (1552）
ウェストミンスター・スクール（Westminster School 1560）
マーチャント・テイラーズ・スクール（Merchant Taylor's School 1531）
ラグビー・スクール（Rugby School 1567）
ハロー・スクール（Harrow School 1571）
チャーターハウス・スクール（Charterhouse School 1611）

▶**パブリック・スクールの名声**　古くからあったパブリック・スクールであるが，19世紀になるとそれまでジェントリー階層中心であったところに，産業資本家や知的専門家といった上層中流階級の子弟が殺到するようになり，1830年代には50校もが新設，あるいはグラマー・スクールから格上げされた。同時に大英帝国を担う人材養成という時代の要求に応えるべく変革がなされていくのだが，それに大きく貢献したのがラグビー校（Rugby School）校長トマス・アーノルドである。

　それまで規律が乱れ，体罰をもってしつけをする以外に対処の術を知らなかった学校に，アーノルドは1830年代，集団教義を通した教育や，エチケットや身だしなみ，話し方などの徹底指導を採り入れ，ジェントルマンの形成を目指し，他校も次々にそれに倣った。そして，1861年，全国学校調査を行ったクラレンドン委員会が有名9校（ザ・ナイン）を「パブリック・スクール」と定義したことからその呼び名が定着した。

　パブリック・スクール出身であることは，エリートと同義語のように語られる。それはオックスブリッジへの進学率が高く，卒業後官吏，外交官，裁判官，政治家，軍人，聖職者，銀行家といった社会の中枢をなす分野に進むことを約束されてきたからである。

　19世紀初めから20世紀中盤までのイギリス社会ではほんの少数に過ぎないパブリック・スクール卒業生（パブリック・スクールの代表格と考えられているイートン・グループとラグビー・グループ合わせて29校の生徒総数は同年齢層の0.5％）が国内外への多大な影響力を有した。イートン校では1900〜85年に

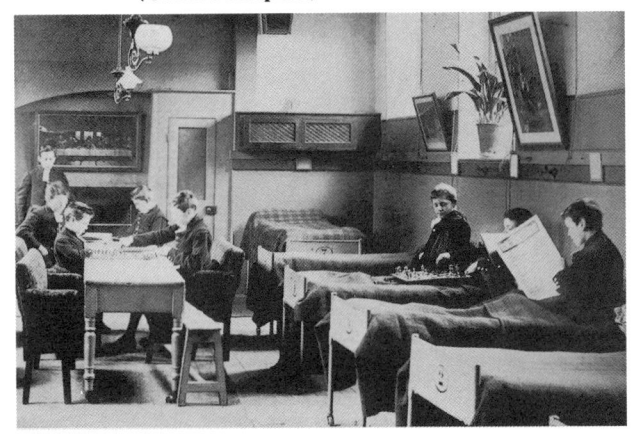

図8-5　19世紀終わりのパブリック・スクール寄宿舎
（Christ's Hospital）

誕生した1,500人の大臣のうち343人，1950〜60年代の閣僚の3人に1人を輩出した。

19世紀後半からパブリック・スクールを題材とする小説分野が生まれる。トマス・ヒューズ，フレデリック・ファラ，キプリング，ウドハウスらがその価値観を小説に託して伝えた。感傷的なものもあれば，下級生苛めや同性愛などを告発するものもありさまざまであるが，エリート集団パブリック・スクールへの神話的関心は現在も衰えていない。

▶転機を迎えたパブリック・スクール　第2次大戦後の教育改革の主眼は教育の階級差廃絶にあった。パブリック・スクールも多様化の時代を迎え，公立校とのリンクを発展させ，エリート集団というイメージ固定を嫌い，「私立（independent）」という呼称をみずから積極的に使うようになる。

オックスブリッジのコレッジとの個別的関係や別枠入試も廃止され，規律やスポーツ重視の人格教育だけでは大学入試，そしてひいては就職での成功を期待できなくなってきたのが実情である。

学業重視の傾向は60年代から急速に高まり，学業に専念するには非効率的で高いばかりの全寮制度は人気を失いつつある。全寮制の学校は全体の4分の1にまで減った。

第8章　ジェントルマンのたしなみ

図8-6　イートン校の生徒たち

　有名校からのオックスブリッジへの入学率はラグビー校を例にとれば，1955年の57％から91年の8.5％へと減少してきている。エリート階層における卒業生の占有率も徐々に下降しており，ことに官吏，軍人，銀行家などの比率においてその傾向は著しい。さらに近年は急速な共学化（ラグビー校も現在は共学）の流れもあり，小説や映画で描かれてきたパブリック・スクールの姿は大きく変貌を遂げつつある。

　名門パブリック・スクールの卒業生間の人的繋がり（オールド・ボーイズ・ネットワーク）の力は社会にまだまだ存在するが，私学援助の削減を政策の1つに掲げる労働党政権のもと，アーノルド型パブリック・スクールは転換を余儀なくされている。

4　総合学校システムへの期待

▶**1944年の教育法とイレヴン・プラス**　より公平な教育を目指して制定された1944年の教育法は，公立中学の学費廃止，初等教育（primary education），中等教育（secondary education），継続教育（further education）という3段階教育の確立，そして11歳におけるテスト，イレヴン・プラス（eleven plus）を全国的に導入することを主眼とした。

　イレヴン・プラスは，2つの大戦をはさんだ時期に，中等教育の受験者を，トップ3分の1はグラマー・スクール（卒業者の多くが大学へ進学），他の3

分の2はモダン・スクール（初等教育の延長教育でその卒業者は大学へは進学しない），あるいはテクニカル・スクール（成績上位の卒業者の中には大学へ進学する者もある）へと振り分けるために始められた。1944年の教育法はこの3種類の進路を年齢・能力・適性に合わせて決定する手段として採用されたものである。

ところがテクニカル・スクールへの進学が5％に過ぎず，グラマー・

表8-2　イギリスにおける進学先別生徒数
（単位：千人）

学校の種類	1999-2000年＊
公立幼稚園	144
公立初等教育学校	5,338
公立中等教育学校	3,857
私立小学校・中等教育学校	618
特別教育学校	114
生徒委託ユニット＊＊	9
総　　計	10,081

＊　ウェールズについては1998-1999の統計
＊＊　イングランドおよびウェールズのみ。病気や不登校などで適切な教育を受けられない生徒を短期間サポートする委託機関

出典：*Britain 2001: The Official Yearbook of Great Britain.*

スクールへ進む20％を除き，75％がなんの資格にも繋がらない初等教育の延長としてのモダン・スクールに進むという結果をもたらした。さらに，11歳で子どもの将来に大きく関わる選択をすることへの疑問の声やエリート階級を作り出すシステムだとの批判が高まり，1964年政権を握った労働党は，新たに総合学校コンプリヘンシブ・スクール（comprehensive school）の確立を約束した。しかし，導入の是非の決定権を地方に譲ったため，総合学校教育への動きが本格化したのは1975年の法制化以降のこととなった。

▶総合学校　　総合学校とは，それまでの中等教育でのグラマー，テクニカル，セカンダリー・モダンの垣根を払い，すべての児童に均等な入学の機会を与える学校であり，入学後A・B・Cの3段階に能力別編成がなされる。

現在イレヴン・プラスはほぼ全域で廃され，子どもの9割がコンプリヘンシブ・スクールに進学する。国や自治体からの援助を受ける中等学校のほとんどはコンプリヘンシブとなったが，少数ながら高名なグラマー・スクールは存続している（2001年の時点で165校）。

総合学校への期待が高まる中，そこで採られている能力別クラス編成には，以前のイレヴン・プラスと同様エリートを作り出す傾向があるのではないかという意見がある。また，学業的に優秀な成績を修めるコンプリヘンシブ・ス

第8章　ジェントルマンのたしなみ

表8-3 イギリスの学校制度

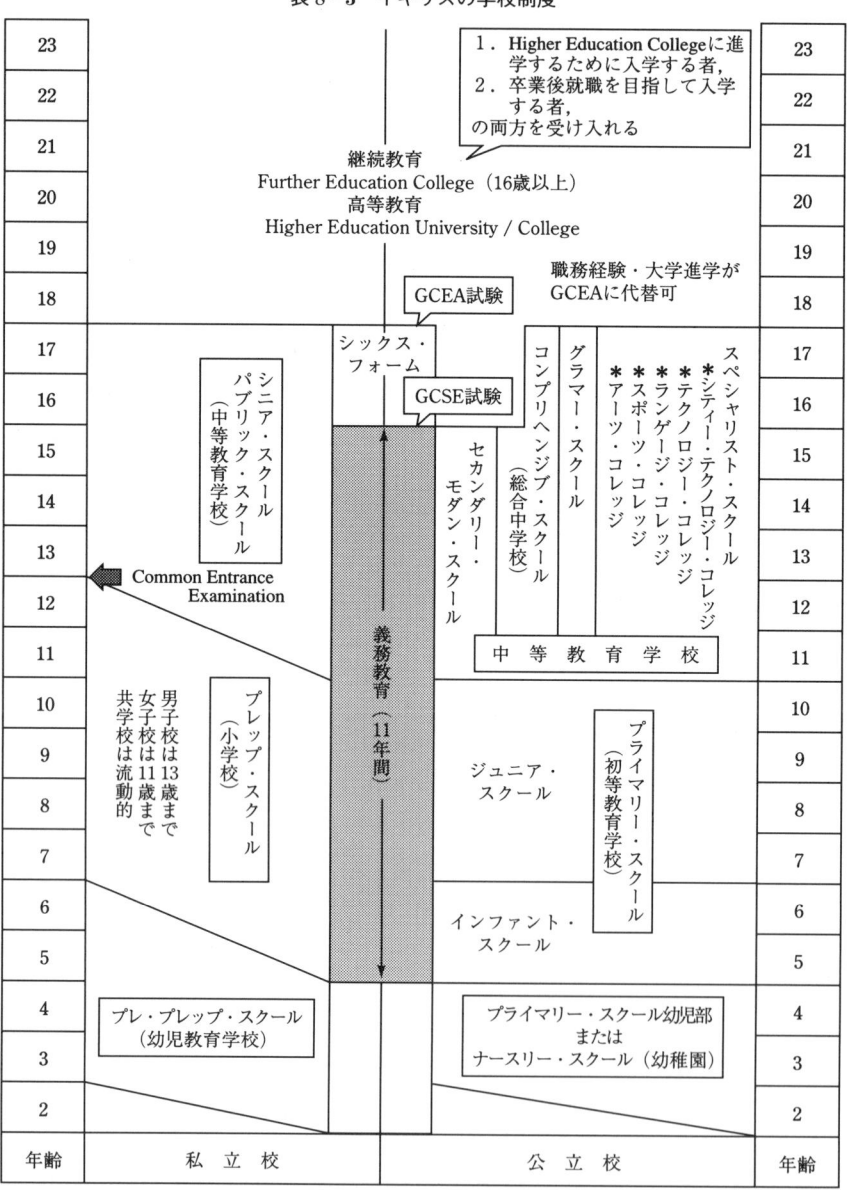

年齢	私立校		公立校	年齢
23			1. Higher Education Collegeに進学するために入学する者, 2. 卒業後就職を目指して入学する者, の両方を受け入れる	23
22				22
21		継続教育 Further Education College（16歳以上） 高等教育 Higher Education University / College		21
20				20
19			職務経験・大学進学がGCEAに代替可	19
18		GCEA試験		18
17	シニア・スクール パブリック・スクール（中等教育学校）	シックス・フォーム	コンプリヘンシブ・スクール（総合中学校） / グラマー・スクール / セカンダリー・モダン・スクール	スペシャリスト・スクール *シティー・テクノロジー・コレッジ **テクノロジー・コレッジ **ランゲージ・コレッジ **スポーツ・コレッジ **アーツ・コレッジ	17
16		GCSE試験			16
15					15
14		義務教育（11年間）			14
13		← Common Entrance Examination			13
12			中等教育学校	12
11				11
10	プレップ・スクール（小学校） 男子校は13歳まで女子校は11歳まで共学校は流動的		プライマリー・スクール（初等教育学校） ジュニア・スクール	10
9				9
8				8
7				7
6			インファント・スクール	6
5				5
4	プレ・プレップ・スクール（幼児教育学校）		プライマリー・スクール幼児部またはナースリー・スクール（幼稚園）	4
3				3
2				2

クールが増えつつはあるが、富裕な階層に属する親達の私立校（約2,500校あり約7％の子どもが進学）への執心や、伝統的なグラマー・スクールへの地元の支持も根強く残っており、すべての子どものために平等な教育を目指す総合学校システムの目的が成就されるにはまだまだ時間がかかりそうだ。

▶現行教育制度と学外試験の平等化

スコットランドと北アイルランドは独自の教育制度を敷き、ウェールズはイングランドに準じた制度を採用している。ここではイングランドの学校制度について説明する。

初等教育は5〜11歳であるが、公立では7歳までのインファント・スクール、11歳までのジュニア・スクールの2段階となる。私立は、5〜11歳あるいは7〜13歳がプレップ・スクール（prep school）と呼ばれる。

中等教育は公立の場合コンプリヘンシブ、グラマー、セカンダリー・モダン、スペシャリストの4つの選択肢がある。私立では伝統的な私立校が13歳から、通学校や女子上級私学が11歳からの場合が多い。

義務教育は16歳までで、修了時に義務教育修了認定試験となるGCSE（General Certificate of Secondary Education）を受ける。その他に、公立校は7歳、11歳、14歳の時点で全国テストが実施され、学力の状況が総合的に把握される。GCSEは1988年の教育改正法によって始まったものである。

義務教育修了後、3つの選択がある。大学や高等教育コレッジ（Higher Education College）進学のために、シックス・フォーム・コレッジ、継続教育コレッジ（Further Education College）に入り、2年間GCEA（合否とともにAからEまで段階評価がなされる上級レベル試験）を目指す（シックス・フォーム Sixth Form）か、就職のために継続教育コレッジに進学するか、あるいはそのまま就職するか、である。

大学進学にはAレベルで3科目合格することが求められ、現在大学進学レベルに達する学生数はイングランドとウェールズで全体の約3分の1（スコットランドと北アイルランドでは45％）となっている。

教育の平等化を念頭に始まった総合学校システムであるが7％にすぎない私学生が主要13大学入試者の約40％（オックスブリッジでは約50％）を占めることから明らかなとおり、大学入学者の学校格差は依然として大きい。

ウェールズ語教育

　ウェールズ語は，フランスのブルトン語，アイルランドのゲール語などと同様にケルト語族に属し，ヨーロッパでもっとも古い言語の1つであり，その歴史は2,000年以上に及ぶ。ウェールズ最初の詩人であるキンヴェイルズは6世紀にすでに活躍し，彼の作品『古歌』(*Hengerdd*) はヨーロッパで最古の詩の1つとされている。

　1536年の合同法（Act of Union）によるウェールズのイングランドへの併合を機に，英語が唯一の公用語として定められて以降，文語としてのウェールズ語は急速に衰退を見せたが，ウェールズ語の聖書教育を取り入れた18世紀のメソジスト運動や19世紀の文芸復興運動により，ふたたび息を吹き返した。しかし，産業革命により外部から急激に人口が流入し，ウェールズ語に対する社会的偏見が形成されるなかで，ウェールズ語を日常語として使用する人口は急速に減り続けることとなった。

　この傾向に歯止めが掛かったのは，ウェールズが独自国家としての意識の高揚をみせた1960年代のことである。この時期のウェールズ語復興運動は，すべての学校でのウェールズ語教育，道路標識や政府刊行物の2か国語表示義務化，ウェールズ語専門テレビ局などの成果をもたらした。

　保守党政権下，ウェールズ語普及の動きは一時鈍りを見せた。しかし1997年に労働党が政権をとり，1999年の地方選挙ではウェールズの自主独立を主張するプレイド・カムリ党（Plaid Cymru〈ウェールズ党〉の意）が善戦した。EU統合下におけるウェールズの新しい位置づけが模索される中，ウェールズ語教育も新しい局面を迎えようとしている。

　統計によると現在ウェールズ語人口は約21％（1997年）となっており，その将来は楽観視できないものの，ケルト語族のなかでもっとも定着した言語として存在し続けている。

ウェールズ語と英語の2か国語表示が義務づけられている

> 原典をたのしむ

The Compleat Gentleman (1622)

Henry Peacham

Hawking and Hunting are recreations very commendable and befitting a Noble or Gentleman to exercise; Hunting especially, which Xenophon commendeth to his Cyrus, calling it a gift of the Gods, bestowed first upon Chiron for his uprightnesse in doing Justice, and by him taught unto the old Heroes and Princes; by whose vertue and prowesse (as enabled by this exercise) their Countries were defended, their subjects and innocents preserved, Justice maintained. For There is no one exercise that enableth the body more for the warre, then Hunting, by teaching you to endure heate, cold, hunger, thirst; to rise early, watch late, lie and fare hardly: and Eusebius is of opinion, that wilde beasts were of purpose created by God, that men by chasing and encountring them, might be fitted and enabled for warlike exercises. Heereupon Alexander, Cyrus, and the old Kings of Persia, employed themselves exceeding much herein, not to purchase Venison and purvey for the belly, but to maintaine their strength, and preserve their health, by encreasing and stirring up the naturall heate within, which sloth and sitting still wastes and decaies: ... And the famous Phisitian Quercetan, above all other exercises commendeth this as most healthfull, and keeping the bodie sound and free from diseases.

『完璧なる紳士』1622年

ヘンリー・ピーチャム

鷹狩や狩猟は紳士貴族にまことにふさわしい余暇の過ごし方である。ことに狩猟は，クセノフォンが著書『キュロス』で語ったがごとく，神からの贈り物である。そもそも狩りとは，正義を行うケイロンに伝授され，彼は狩猟を，徳と勇気をもって国を守った英雄や王族に伝えた。身体を戦争に備えさせるのに，狩りほど効果的な運動はない。寒暖の差，空腹，喉の乾きなどに耐え，朝早く起きてほとんど不眠不休で深夜まで観察を続ける術を教える。エウセビウスによれば，野性動物とは，それに遭遇し，あるいはそれを追うことで人間が戦争を闘う能力を培うよう神が創造したものである。かくしてアレグザンダー，そしてキュロスなどの古代ペルシャの王たちが狩猟に専心したのは，食するための鹿追いを望んだからではなく，体力や健康を維持するためである。ただじっと座っていては無駄に衰えてしまう自らの活力を増進させ，奮いたたせるためである。……著名な医師ケルセタンは狩猟こそが，数ある運動の中でも，もっとも健康的であり，

身体を丈夫にし病気から守る効果のある運動であるとしている。

Tom Brown's School Days (1932)

Thomas Hughes

In no place in the world has individual character more weight than at a public school. Remember this, I beseech you, all you boys who are getting into the upper forms. Now is the time in all your lives probably when you may have more wide influence for good or evil on the society you live in than you ever can have again. Quit yourselves like men, then; speak up, and strike out if necessary for whatsoever is true, and manly, and lovely, and of good report; never try to be popular, but only to do your duty and help others to do theirs, and you may leave the tone of feeling in the school higher than you found it, and so be doing good, which no living soul can measure, to generations of your countrymen yet unborn. For boys follow one another in herds like sheep, for good or evil; they hate thinking, and have rarely any settled principles. ... It is the leading boys for the time being who give the tone to all the rest, and make the school either a noble institution for the training of Christian Englishmen, or a place where a young boy will get more evil than he would if he were turned out to make his way in London streets, or anything between these two extremes.

『トム・ブラウンの学生生活』 1932年

トマス・ヒューズ

この世で，パブリックスクールほど個性が重要視される場所はない。これから上級に進む君たち，どうかこのことをよく覚えておきたまえ。今君たちは，自分の住む社会に，良きにつけ悪しきにつけ，生涯でもっとも多大な影響力をもつ時期にあるのだ。だからこそ，男らしく振舞うことだ。真実，愛，正義のためには，いかなる時も堂々と，必要とあれば身を呈して主張するのだ。人気を取ろうなどとは考えず，自らの責任を果たし，また他の者が責任を果たせるよう手助けをするのだ。さすれば，入学した時よりもさらに我が校の誇りを高めて卒業することができるだろう。そして，今後何世代にもわたって生まれてくるべきイギリス人に対して，この世のほかの誰よりも大きく，計り知れぬ貢献をなしえるのである。少年は皆，良くも悪くも羊の群れのように他の者の後を追う。思考を疎み，ひとつの主義主張をもつことも稀である。……我が校が，キリスト教的イギリス紳士を育成する高貴な施設となるか，あるいは見知らぬロンドンの街角よりも悪しき影響を少年に与える施設となるか，あるいはこの両極の間の段階に置かれることと

なるか，すべてはその時指導的立場に立つ生徒次第なのである。

Oxford (1979)

Jan Morris

　Mediaeval dream-like figures people it on degree-giving day: black beadles with silver wands or huge brass badges on their arms, scurrying scholars in scarlet gowns or rabbit fur, students in white bow ties, the Vice-Chancellor grave upon an elevated throne, the two Proctors, intendants of University discipline, with the tassels of their mortar-boards hanging indolently over their eyes. The ceremony goes at a cracking pace. In come the lines of happy graduates, marshalled by a testy verger in a black gown, and a Latin incantation is read at them at breakneck speed, and sometimes they bow, and sometimes the Proctors remove their mortar-boards, on and off, on and off, and then in a sudden brisk convulsion the Proctors spring from their seats and march up and down the hall, in case some dissenter wishes to register a protest by plucking their gowns, and there are further Latin admonitions, and then the candidates, kneeling before the Vice-Chancellor, are touched gently on the head with a Bible, bumpity-bump, bumpity-bump, and up they get again, and the verger gestures them towards the door, and out they all troop to the yard outside, pink-cheeked and pleased as Punch. The beadles, the Proctors, the Doctors and the Vice-Chancellor fade away like so many wraiths: and the new Bachelors of Arts and left in the sunshine beside the theatre, discussing with proud parents the best place to go for tea.

『オックスフォード』1979年

ジャン・モリス

　学位授与式当日，オックスフォードは夢のような中世の姿をした人々で溢れる。銀の杖を抱え巨大な真鍮のバッジを腕につけた黒服の権標捧持者，真紅のローブやウサギの毛皮をつけた学者たち，白い蝶ネクタイをつけた学生たち，雛壇の上の玉座で深刻な顔つきの副総長。大学の規律を監督する2人の学生監の眼前に角帽の房がたらりと下がる。式典はおそろしい速度で行なわれる。黒いガウンをまとってピリピリしている権標捧持者に導かれ，幸せいっぱいの卒業生らが列を成して入場。超速でラテン語の呪文が読み上げられ，ときどき学生たちはお辞儀をする。学生監は角帽をとったり被ったりを繰り返し，突然席から立ち上がったと思うと式場を行ったり来たりと行進し，ガウンを剝ぎとって授与に異議を唱えようとする者がいないかどうか確かめる。さらにラテン語の説

教が続き，卒業生は副総長の前に跪き，聖書で頭を軽くポンポンと叩いてもらう。そして権標捧持者に促されて起立，退場。喜びで頬を紅潮させた卒業生が中庭に集う。いつの間にやら権標捧持者，学生監，博士，副学長らは幽霊のように消え去り，新たな学士たちは，陽光輝くシェルドニアン・シアターの建物を後にして，鼻高々の両親と，どこにお茶を飲みに行くかを相談するのである。

第 9 章　問いかける女性たち

概説　〈天使〉たちの旅路

▶イギリスは女王の国, 女の国？

　イギリスには「女王の治世に国が栄える」という言い伝えがある。16世紀のエリザベス1世（Elizabeth I 1533-1603）の時代に，大国スペインの無敵艦隊を打ち破って強国への足掛かりをつかみ，19世紀のヴィクトリア女王（Alexandrina Victoria 1819-1901）の治世には，「7つの海を支配するイギリス」と謳われる強大な国家になっていったからである。このように過去に国の繁栄の節目に2人の女性の王が立ち会ったことは，イギリスの歴史において活躍した女性たちが少なくないことを象徴的に示している。

　現代においても，在位50年を迎えようとしているエリザベス2世（1926- ），鉄の女と呼ばれたマーガレット・サッチャー元首相，皇太子妃の身分を捨て〈自分らしく〉生きようとした故ダイアナ妃など，それぞれ強烈な自我と信念の持ち主であることは共通している。

　とはいうものの，イギリスの社会が女性にとって生きやすい環境であったとは，簡単にいえない。昔は制度や慣

図9-1　エリザベス1世——豪華な衣装で王権を誇示するように描かれている

図9-2 チョーサー作『カンタベリー物語』のバースの女房

習上,女性に対して大きな制約があった。たとえば一般に女性は結婚すると,〈夫婦は一心同体〉〈家庭の天使〉という美名のもとに,法律上の権利を奪われ,夫に従属せざるを得ないこともそのひとつだった。だが,女性たちは,長い年月をかけながらも,そのような制度を打ち壊してきた。ときには制度をかいくぐり,制約の中でたくましく生きた女性も少なくない。イギリスの女性の歴史はそのような制度・因習との地道な闘いの歴史である。

▶バースの女房と中世の女たち

中世文学の傑作であるチョーサー(Geoffrey Chaucer 1340?-1400)の『カンタベリー物語』(*The Canterbury Tales*)に,バースの女房と呼ばれる,個性あふれる,したたかな女性が登場する。12歳で結婚したこの女性は腕のよい機織りであるが,夫が死ぬと別の男性と再婚し,とうとう5回結婚した。今では,かなりの財産と自由な暮らしを享受する,おしゃれな寡婦として,巡礼の一行に加わっている。カンタベリー寺院に向かいながら,連れの人々に自分の男性遍歴をあけすけに語る姿は,じつに陽気でたくましい。

現実にもバースの女房のような女性が存在した。代表格はマージョリー・ケンプ(Margery Kempe)であろう。14世紀後半に生まれたマージョリーは,一時は町一番のエール(大麦から造るビール)の造り手と呼ばれる女性であった。あるとき彼女は,聖地エルサレムに巡礼に行くことを決心する。

出発に先立って,彼女は「独立女性(femme sole)」を宣言した。独立女性というのは,結婚していても夫から独立した人格になることである。これによってマージョリーは夫との性的関係をたち切り,自由に旅をする権利を獲得した。さらに旅立つ前に夫の債権者を集め,夫の借金を肩代わりして支払った。このようにして中世の末期に,国内はおろかエルサレム,ローマ,スペインの聖地

図9-3 機を織る中世の女性

に命懸けの巡礼を果たし，一度帰国してからさらにまた，北欧やポーランドまで旅をしたというから，驚嘆すべき行動力である。

　バースの女房やマージョリー・ケンプに見られるように，中世の女たちは，働く女でもあった。その昔から，女たちは農業や酪農に多く従事していたが，中世になるとさらに，織物業，醸造業，財布製造業，帽子製造業，網製造業，肉屋，ロウソク屋，金物屋，靴屋，手袋屋，帯屋，小間物商，皮革商，製本屋，金メッキ屋，ペンキ屋など，さまざまな仕事に就くようになった。とくに，エール造りと絹織物業は女性が独占的に行っていたと言われている。絹織物業に携わる女性たちは，ときには国王に直訴して外国からの絹の輸入を阻止するほどの政治的力も有していた。歴史の表舞台に上る女性は稀であったが，女性たちの力は中世のイギリス社会にとって欠くべからざるものであったのである。

▶「家庭の天使」の誕生：
▶ヴィクトリア時代の女性

　ヴィクトリア時代になると，女性自身にも，女性をとり巻く状況にも，ダイナミックな動きが見られた。まず女性の状況としては，近代家族の形成において「女性の居場所は家庭」という考え方が絶対視され，女性に対する制約が強まったことが注目される。

　たとえばこの時代の理想の女性像を示すものとして，「家庭の天使」という言

葉がある。この言葉は，もともとはコヴェントリ・パトモア（Coventry Patmore 1823-96）の詩の題であったのだが，清らかさ，謙虚，従順などを喚起するので，中産階級の理想の女性像を示すキャッチフレーズとして，広く用いられるようになった。また家庭が天使のイメージと結びつくことによって，その聖域化が促進されたともいえる。女性はよき妻，よき母として，自己犠牲に徹して家庭を護る生き方が推奨されたのだった。さらに，後に述べるように，そのような生き方が〈女性の特質〉にかなっているという「特性論」が流布していった。

▶制約を越えて　ヴィクトリア時代は，前節で見たように〈女〉というイデオロギーが広まった時代であるが，その一方，「家庭の天使」的な社会通念の枠を越えようとする動きが活発化した時代でもあった。それは女性解放運動・参政権獲得運動などの政治的な運動から，19世紀後半以降の旅，探検という，女性たちの世界に羽ばたく体験にいたるまで，さまざまな分野において見られるものである。

19世紀初頭に，ハナ・モア（Hannah More 1745-1833）は，慈善を旗印に女性の解放の実践をすすめていった。平和運動に携わる女性も多く，1816年に設立された「ロンドン平和協会」は，参加者の多くが女性たちであった。クエーカー教徒であるアン・ナイト（Anne Knight）は，女性解放運動と奴隷解放運動に関わり，ヨーロッパを回って奴隷制度反対を訴えた。ナイトは1840年のロンドンの「世界奴隷制反対会議」にも出席している。

裕福な家庭に生まれたフローレンス・ナイチンゲール（Florence Nightingale 1820-1910）は，当時の女性観に強い反発を抱き，看護婦としてクリミア戦争に赴いた。兵士たちを献身的に看護し，「クリミアの天使」と呼ばれた。彼女が著わした『カサンドラ』（Cassandra 1859）は，女性の抑圧された状況を鋭く告発している。

▶教育の普及・世界の広がり　女性の教育が進んだのもこの時代である。1848年にガヴァネス（女性家庭教師）養成をめざした中等教育機関のクイーンズ・コレッジが創設された。エミリー・デイヴィス（Sarah Emily Davies 1830-1921）たちの努力と奔走の結果，1873年にケンブリッジ大学に女子のガートン・コレッジが設立された。1878年にロンドン大学は男子と同じ条件下で女性

図9-4 イザベラ・バードが描いたスケッチ──
アイヌの村の食料保存庫

に学位を授与するようになった。

　19世紀後半から20世紀初頭にかけて，女性の探検家の活躍も目覚ましい。レイディ・トラヴェラーとして名を馳せたイザベラ・バード（Isabella Bird 1831-1904）は，数回にわたって世界を旅し，チベット，トルコ，ハワイ，カナダ，韓国，モロッコ，日本などを訪れた。バードは，開国後まもない明治期の日本にやってきて，なるべく外国人が訪れていない「未踏の地」を求め，北海道に向かった。8月から9月の1か月間，入浴もままならない中でアイヌの村に滞在し，アイヌ語の収集や，幼女の唇に入れ墨を施す儀式なども含めたアイヌの風習の観察に精を出す。目に入る日本の風習を貪欲に吸収しながら，7か月間の日本滞在の様子を克明に記した『日本の未踏の地を旅して』（*Unbeaten Tracks in Japan* 1880）は，ヴィクトリア時代の女性の生き方を知る上でも，また当時の日本が外国人女性の目にどのように映ったかを知る上でも貴重な資料である。他にも日本と関わりが深い女性として，島津家の家庭教師として明治の日本に10年間滞在したエセル・ハワードという女性がいる。

　メアリ・キングズリ，フローラ・ショウ，メアリ・スレッサーなど，当時白

表9-1　女性の労働従事率の推移

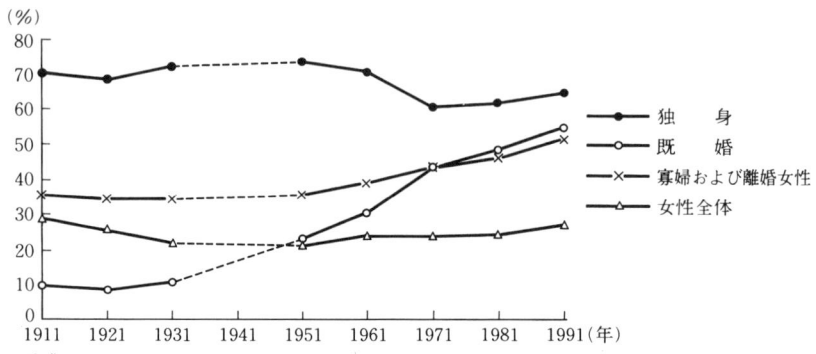

｜ ● 独　　身
｜ ○ 既　　婚
｜ ×　寡婦および離婚女性
｜ △ 女性全体

出典：Rosemary Crompton, *Woman and Work in Modern Britain*, Oxford, 1977.

人の墓場と恐れられていた西アフリカを旅した女性も少なくない。さらに，多くの女性たちが「植民地看護協会」派遣の看護婦，女性宣教師，ガヴァネスなどとして，ある種の使命感をもって，世界各地に広がるイギリスの植民地に向かっていったのだった。

▶ニュー・ウーマンから現代へ：フェミニズムの世紀　19世紀末になると，トマス・ハーディの小説『日蔭者ジュード』（*Jude the Obscure* 1895）の人物スーのような，因習から自己を解き放つ強い意志をもった女性たちが登場し，「ニュー・ウーマン」と呼ばれた。第1次世界大戦中は，兵士として戦場に赴いた男たちの後を埋めるべく，より多くの女性が工場などで働いた。また看護婦や運転手などとして戦線に出た女性も少なくなかった。大戦終了後，長年多くの女性たちが推進してきた女性参政権が実現した。

第2次世界大戦後は，女性は家庭へ，という揺り戻しが一時的に見られたものの，解放に向かう女性たちの意識を逆戻りさせることはできなかった。1960年代にアメリカのジャーナリスト，ベティ・フリーダン（Betty Friedan 1921-　）が書いた『女という神話』（*The Feminine Mystique* 1963）が，火付け役になって全米で女性解放運動が起こると，すこし遅れたがイギリスでも解放運動が進められていった。

ラスキン・コレッジでの集会に600人の女性たちが集結したことが，イギリスにおけるこの年代の最初の解放の動きとされている。この運動は，19世紀末

女性の参政権に反対した2,000人の女性たちの緊急アピール

　1889年の『19世紀』誌6月号に、現在では考えられない記事が載った。貴族の女性や作家、それに有名人の妻たちなど、当時の著名で影響力をもつ女性104名が連名で「女性参政権に反対する訴え」と題したアピールを出したのだ。

　彼女たちが女性参政権に反対する主な理由は、男性のもつ「健全な判断力」、「肉体的能力」に比べると、「女性の能力のなさ」「肉体的相違」によって、女性は国政の場で同等になれないから、という点だった。このアピールは「女性が国のためになすべき仕事や、国に対する責任は、男性の国のための仕事や責任とは常に根本的に異なっているべきであり、それゆえに国家機構の運営への関わりは男性の関わり方とは異なるべき」であると説く。さらに「女性は選挙権をもつより、選挙権をもたない方が、より価値ある市民になるであろう」と主張する。

　さらに、この記事には、編集部が「静かな家庭生活が消滅しないように、女性は生来の慎み深さを捨て、差し迫っている女性参政権計画を、公に、はっきりと非難すべきである」という賛同者を募る呼びかけをしたというおまけまでついた。つづく7月号には、参政権論者であるミリセント・フォーセットとM.M.ディルクが反論を寄せたのだが、その反論記事の後には、編集部の呼びかけに応えた、参政権反対の女性たちの名前が、25頁にわたり（2,000名近くになるであろう）延々と掲載されたのだった。当時流布していた「女の特性論」が、いかに女たち自身を呪縛したのか、痛ましさを感じさせる歴史のひとこまである。

反女性参政権運動の絵葉書——『キスをされたことがないサフラジェット』という見出しがつけられている

図9-5　女性たちの平和運動——1982年のグリーナム・コモンの基地包囲

の参政権獲得を目的とした女性解放運動に対して，第2波の女性解放運動と呼ばれ，種々の制度から女性自身の意識にいたるまで改革が進められていった。フェミニズムの高まりの中で妊娠中絶が合法化され（1967年），同一賃金法（1970年），性差別禁止法（1975年）などが生まれた。1982年に約3万人の女性たちが，グリーナムの米軍基地を包囲し，新型ミサイルの設置に抗議したが，この画期的な非暴力による平和運動も女性差別への抗議と同じ視点から生まれたといえる。このように，女性解放思想により，意識の改革から制度の改革まで社会が動いた20世紀は，まさにフェミニズムの世紀であったのである。

1　もうひとつの女性史——ウーマン・クエスチョン

▶聖母マリア？それとも邪悪なイヴ？

イギリスの女性の歴史は，一面で，ウーマン・クエスチョン（the Woman Question）と呼ばれる女性論の歴史であったといえる。それほど，昔から〈女〉に関しておびただしい議論がなされてきた。女性論の歴史は，古くは古代ギリシャのアリストテレスまで遡るが，イギリスにおいても中世以来その伝統は脈々と続く。女は聖母マリアのような清らかな存在なのか，それとも男を誘惑する邪悪なイヴなのか，女性の本性をめぐってさまざまな議論が展開されていった。その結果，実体とは離れた〈女〉

のイメージが作り出され，それが，現実の女性たちに有形無形の影響を与えていったのである。

15世紀後半に印刷術が発明され，本の出版が始まると，早くも多くの女性論の書物が世に出回る。ある調査によれば，16世紀後半までにすでに400以上の女性論が出版されたが，そのうち，女性を擁護しているのは，たった2割しかないという。

17世紀から19世紀中葉までは，コンダクト・ブックスと呼ばれる人生指南の書が流行し，とくに若い女性に向けて，貞節，従順，沈黙の人生を説く書物が多く出た。

図9-6 17世紀に出版された『女性のたしなみ』という題のコンダクト・ブック——酒造り，料理，パン焼き，薬草作りなどのレシピが載っている

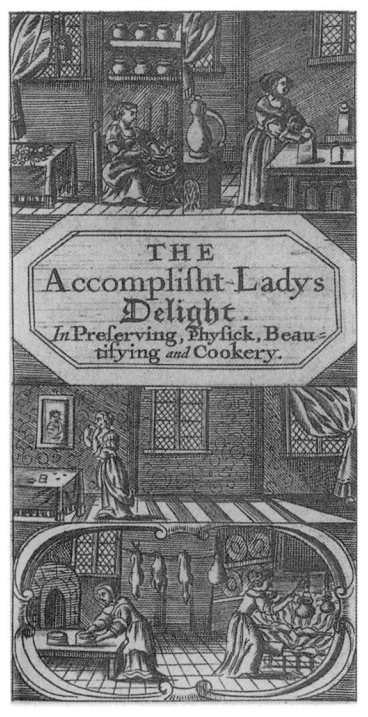

▶**女性論の大流行：ヴィクトリア時代** 19世紀，とりわけヴィクトリア時代は〈女性論の世紀〉だと言えるほど，女性に関する議論がおびただしくなされた。中にはジョン・スチュアート・ミル（John Stuart Mill 1806-73）をはじめ〈女性の権利〉を擁護した人びともいたが，圧倒的多数の人は〈女の居場所は家庭〉であると主張し，「家庭の天使」としての存在を強調した。

ジョン・ラスキン（John Ruskin 1819-1900）や，G. H. ルイス（George Henry Lewes 1817-78）など当時大きな影響力をもった思想家，批評家がこぞって性的差異を強調し，母性を女性の特質とする女性論を展開したことも，〈女は家庭の天使〉という考え方に拍車をかけた。ラスキンは『ごまと百合』（*Sesame and Lilies* 1865）において，「男性の知力は思索と発明に適している」が，「女性の知力は，発明や創造には向かず」，女性は家庭という世間の荒波からの「避難所」にあって，聖書にあるように男性の「助け手」となるべきだと説く。

評論家のルイスは，「女性の重要な機能は母性である」と述べ，それは「女

第9章 問いかける女性たち

性の顕著な特性」、「高貴で聖なる務め」であると定義づける。（ちなみにルイスのパートナーで小説家のジョージ・エリオットは、ルイスがこれほど称賛した母にはならなかった。）

▶〈科学〉に侵略された女性たち　ヴィクトリア時代の女性論のもっとも大きな特徴は、骨相学、生物学、自然人類学、心理学、生理学、医学などの分野において、多くの科学者たちが、女性研究や女性に関する論議に携わったことである。男女の肉体的、精神的差異が〈科学的〉かつ徹底的に研究され、『19世紀』、『フォートナイトリー・レヴュー』というような一般向けの雑誌にも発表されたのだった。

とくに脳の重さや頭蓋骨は重要な研究対象で、ロマーニズ（George Romanes 1848-94）は「男女の知能の差」と題した論文において、女の脳は男の脳より平均5オンス軽く、これは女性の知的劣等を示すものと結論づけた。ダーウィン（Charles Darwin 1809-82）は『人間の由来』（*The Descent of Man* 1871）において、進化の点でみると、女性の脳は男性と子どもの中間に位置すると述べ、「女性に関しては、直観力、すばやい知覚力、そして模倣力が男性より顕著に見られうる。しかし、少なくともこれらの能力のいくつかは、劣った種族の特徴である。（中略）何事においても男性が女性より卓越した点に達する」と続ける。生理学者のハーデイカ（M. A. Hardaker）は、20歳代から40歳代の女性のエネルギーの20％が母性の機能に使われる、と何の根拠も挙げずに断定する。

医学者のヘンリー・モーズリ（Henry Maudsley 1835-1918）は「知能と教育における性差」と題した論文で、「身体に顕著な性差があるように、知能においても顕著な性差が存在する」と述べ、「肉体的精神的性質の相違に応じて、両性の間の教育方法に差異があるべきだ」と主張する。身体的性差をすべての性差に敷衍し、女性を〈産む性〉としての存在に集約しようとするのである。

▶女性論のポリティックス　科学者たちの主張する脳の重さと知能の相関関係や、生殖機能とエネルギーの関係は、今日的視点から見れば客観的根拠にきわめて乏しいが、当時は科学によって証明されたものと考えられた。だが、これらの女性論の背景には、モーズリの論に如実に示されているように、女性の権利や高等教育の要求が高まっていく中でいかに〈科学的に〉それらの要求

を論破できるか，という政治の力学があったのだ。

　科学者の説く「女性は知的に劣等であり，母性が女性の最も重要かつ適した機能である」という言説が科学的真実として流布し，それが女性たちの意識や生き方に大きな束縛を与えたことは，そのようなポリティックスの勝利を示すと同時に，ポリティックスを生む必然性——女性たちの解放に向かう動きの強さ——を物語るものでもある。

2　束縛のなかから

▶制度・習慣に縛られて

　歴史的概説でも述べたように，過去においてイギリスの女性は，さまざまな制度・習慣に縛られていた。まず既婚女性には，〈夫婦は一心同体〉という理念の生む不合理な状態が終始つきまとった。「一心同体，だから財布も 1 つ」というわけで，結婚した女性は自分の財産を持つこともできず，契約を結ぶこともできず，自分で稼いだ金も夫のものになったのである。また，夫とのセックスを拒めば投獄されることもあり，法律的には「民事上の死者」と呼ばれる存在だったのだ。

　近代に入ると，そのような不合理な制度は解決に向かう動きが起こる半面，そのような動きと慣習との軋轢によって，女性の生き方がより多くの矛盾をはらむようにもなっていった。ここでは近代家族，ガヴァネス，既婚女性にかんする問題に焦点を当て，制度・慣習と女性について考えてみたい。

▶〈近代家族〉の形成：
▶囲い込まれた女たち

　近代になり，社会が産業化・工業化され，都市化が進むにつれ，いわゆる〈近代家族〉と呼ばれる新しい家族の形態が生じた。それは具体的には，職住分離，核家族化，家父長制，性別による分業という要素をもつ家族形態である。

　とくに中産階級では家庭は女の領分，外の仕事は男の領分というように性別役割が明確化され，女性たちは家庭に囲い込まれていったのだった。外で働く必要のない〈有閑女性〉であることが，中産階級の体面保持にもなったのである。とりわけヴィクトリア時代には，前述の特性論の強い後押しも受け，〈女の居場所は家庭〉という社会通念が定着していった。

この通念は，中産階級のみならず労働者階級の人びとの意識にまで浸透した。たとえば1845年に男性の陶工たちが女性に職を奪われることを恐れたとき，「女性が工場で機械を前に働くことは，女性の家庭に対する自然な気持ちや責任を踏みにじることだ」という趣旨の請願書を書き，巧妙に女性を排除しようとしたことにも見てとれる。また労働組合が主張した「家族賃金」という賃金要求も，「男が稼ぎ手，女は内」という性別役割意識を根底に置いたものである。

▶既婚女性の権利回復　　中世以来続いてきた既婚女性に対する不平等な制度について，19世紀になってようやく法律改正の動きが出てきた。女性の私有財産権と遺産相続権については，1830年代以降，法改正の運動が行なわれた。とくに既婚女性の財産にかんして女性たちは法律の改善を求めて26,000人の署名を集め，1857年に不完全な形ながら「既婚女性財産法」が議会を通過した。その後改訂が行なわれ，82年にようやく既婚女性は自らの財産にたいして独立した所有権を有するようになった。

　離婚に関しては1857年に離婚法が成立し，それまで困難だった離婚が可能になった。しかし，妻の不貞は夫にとって充分な離婚の根拠になったが，夫の不貞はそれだけでは離婚の理由とならず，さらに夫による遺棄，暴力行為，近親姦，強姦，男色などの要件が必要とされる，という2重基準が働いたことは大きな問題であった。

▶ガヴァネス　　19世紀が終わりに近づくと，女性はタイピストなどの事務職や電話交換手，あるいは医者や看護婦などの専門職に就くようになったが，それまでは中産階級の女性が携わることができる職種として，ガヴァネス（家庭教師）がほとんど唯一といえるものであった。家族の死亡，破産など，さまざまな理由で働く必要があった女性は，「レイディは働かずに家庭にいるべきだ」という社会通念になんとか抵触せずに就ける職としてガヴァネスを選ばざるを得なかったのである。

　通いのガヴァネス（デイ・ガヴァネス）という形態もあったが，たいていは住み込みで安い給料に甘んじながら，子どもたちの生活面まで世話をした。主人と同じテーブルで食事をすることがあっても，しょせん奉公人としてしか見られない一方，召使いたちからは，出自が違うということで疎まれるし，非常に孤独な存在だった。

また，専門的教育を受けずにガヴァネスになる女性が多く，教授内容の質が問題とされた。さらに，過当競争により，ガヴァネスの賃金は安いまま据え置かれ，老後の不安もガヴァネスにはつきまとった。そのような問題を解決するために，ガヴァネス養成のためのクイーンズ・コレッジや，困窮したガヴァネスを救うためのガヴァネス互助協会が設立されたが，根本的な解決にはならなかった。このようにガヴァネスという職業から，当時の慣習にねじまげられた女性の生き方が透けてみえている。

3　長きイバラの道──参政権獲得まで

▶**フランス革命に失望して：ウルストンクラフト**

　イギリスにおける女性解放の道程は長く険しいものだった。まず女性解放の礎を築いたのが，メアリ・ウルストンクラフト（Mary Wollstonecraft 1759-97）である。彼女はフランス革命が勃発したとき，「自由，博愛，平等」という革命の理念に強い共鳴を覚え，革命の進行を自分の目で見定めようとフランスに渡り，2年間滞在した。しかし，そこで彼女が見たものは，自由も平等も男だけを対象にした理念にすぎない，という皮肉な現実であった。

　6週間で書き上げた『女性の権利の擁護』（*A Vindication of the Rights of Woman* 1792）では女性のおかれた隷属状態を指摘し，女性参政権を提唱している。名著とされているルソーの『エミール』における女性差別をも批判したこの書は，当時のイギリスにあっては，内容があまりに過激だと酷評された。ウルストンクラフトは結婚制度にも反対で，未婚の母となったことなどから「スカートをはいたハイエナ」などと散々に中傷された。この書物が再評価されるのは，19世紀半ば以降のことである。

▶**ミルの国会演説**

　19世紀に入ると，男性の側でも女性参政権を支援する動きが出てくる。まずウィリアム・トムスン（William Thompson 1775-1833）が『人類の半分，女の訴え』（*Appeal of One-Half of the Human Race, Women* 1825）を著わし，「平等の政治的権利による以外に市民的権利を保証するものはない」と述べて女性の参政権を主張した。

第9章　問いかける女性たち　*193*

世紀の中頃になると，ミルという強力な助っ人が登場する。彼は，相愛の人ハリエット・テイラー（『ウェストミンスター・レビュー』に載った「女性の参政権賦与」という論文の著者）などと共に参政権運動を推進し，1866年に国会議員になると，参政権の請願を提出した。67年に国会ではじめて女性参政権推進の演説をし，動議を出したが，196対73で否決された。ミルは1869年に『女性の隷従』（The Subjection of Women）を著わし，女性参政権の重要性を説くとともに，女性の本質と呼ばれているものは後天的なものであると述べ，当時主流な考え方である女性の特性論に真っ向から刃向かった。思想家として名高いミルであったが，この書物はその後酷く批判されることとなる。だが，19世紀後半から高まっていった女性解放運動を強く後押ししたことにはまちがいない。

▶サフラジェットの壮絶な闘い　女性の参政権獲得に向かって，19世紀中頃からミリセント・フォーセット（Millicent Garrett Fawcett 1847-1929），リディア・ベッカー，バーバラ・ボディション，ハリエット・テイラーなどの女性たちがさまざまな働きかけを始め，1867年全英婦人参政権協会が設立された。その後も多くの団体がこの組織に参加し，当時イギリスはヨーロッパでもっとも強力に女性参政権獲得の運動を推し進めた国となった。1897年に女性参政権協会全国連合が設立され，ミリセント・フォーセットが初代の会長に就任した。

一方，フォーセットの比較的穏健な運動にあきたらないパンクハースト母娘は，1903年に女性社会政治連合を結成し，戦闘的な参政権獲得運動を展開した。エメリン・パンクハースト（Emelline Pankhurst 1858-1928）は娘のクリスタベル，シルヴィアとともに，運動の一端として建物の破壊，放火や，暴力扇動などを行ない，数十回も逮捕，投獄された。

獄中で彼女たちは，ハンガーストライキを何回となく繰り返し，そのたびに強制的に食物を摂取させられた。それは一種のレイプに等しい拷問であり，人権侵害であった。エメリンはこれらの行為によって著しく健康を損ね，歩行困難になったこともあった。母と共に闘争に加わっていた娘のクリスタベルは，1912年に国外追放になり，フランスから運動を指導し続けた。このように過激で戦闘的な参政権運動にたずさわる女性たちを，フォーセットのような女性参政権運動家と区別するために，サフラジェット（suffragette）と呼ぶ。

図 9-7　女性初の国会議員となったナンシー・アスター——1923 年の選挙運動

　1906年には，ハイドパークで参政権獲得のための集会が開かれ，一説によると25万人が集まり，時の首相アスクィスに抗議したという。だがその後第1次世界大戦が勃発し，サフラジェットの運動は下火になっていった。

　第1次世界大戦が終結した1918年に，長年多くの女性たちが推進してきた女性参政権が実現し，30歳以上の女性は選挙権を獲得した（被選挙権は21歳以上の女性に与えられたので，選挙に出ることはできても投票権のない女性が出現する奇妙な現象がおきた）。翌年はじめての女性の国会議員が誕生した。21歳以上の男女ともに選挙権をもつ普通選挙権の実施は1928年のことである。ウルストンクラフトの訴えから100年以上が経過していた。

4　女性と文学

▶シェイクスピアの妹は存在したか？

　もし，シェイクスピアに，同じ天分をもつ妹がいたとしたら，彼女はどのような運命をたどったのだろうか，と考えたのは，20世紀前半の作家ヴァージニア・ウルフ（Virginia Woolf 1882-1941）である。ウルフは，画期的なフェミニズムの書である『自分だけの部屋』（*A Room of One's Own* 1929）の中で，シェイクスピアに豊かな才能をもつ妹——仮にジュディスという名前とする——がいたとしても，きっと親から結婚を無理

第9章　問いかける女性たち

強いされるだろう。それを逃れるため家出してロンドンに行き，劇場で雇ってもらおうとしても——ここまでは兄と同じコースだ——支配人に騙され，未婚の母となり，揚げ句の果てに自殺するのがおちであろう，と想像する。当時，女性はシェイクスピアにはなれない，つまり女性が文学に携わることは許されなかったと，ウルフは女性の文学の伝統の欠如を指摘するのだ。

　たしかにウルフが指摘するように，プロの作家は18世紀まで稀だったが，近年は女性の著作の発掘が行なわれ，女性の文学の伝統が中世まで溯れるようになってきている。

▶中世・ルネサンス期の女性と著作　尼僧院の修道女であったヒュージブルク（Hygeburg）は，8世紀に聖地巡礼をテーマとした聖人の伝記をラテン語で著わした。前述の，中世の女性でありながら世界を股にかけて旅したマージョリー・ケンプは，口述筆記をさせて『マージョリー・ケンプの書』と題する，一種の自伝を残している。同じく中世に生きたマーガレット・パストンは，口述筆記による手紙を多数書いた。読み書きができず，口述筆記に頼っても自伝を書き，手紙を書きたい，という自己表現への強い欲求を見ることができる。

　16世紀の後半のルネサンス期には，イギリスで最初の女性職業作家を自認し，詩集を出版したイザベラ・ホイットニー（Isabella Whitney）が登場する。エリザベス・ケアリ（Elizabeth Cary 1585-1639）が出版した『メアリアムの悲劇』（*The Tragedie of Mariam* 1613）は，イギリス史上女性が書いた初の劇作品と言われている。

　詩人フィリップ・シドニーの妹メアリは，ラテン語の『詩遍』を英語に翻訳した。シドニーの姪のメアリ・ロウス（Lady Mary Wroth）は，長編のロマンス『ユーレイニア』（*The Countess of Montgomerie's Urania* 1621）を著わした。

▶近代小説と女性　女性と文学という場合，なんと言っても小説の分野における女性の活躍をあげなければならない。17世紀になると，一般的にはイギリス最初の女性職業作家といわれているアフラ・ベーン（Aphra Behn 1640-89）が登場し，劇や小説を執筆した。

　18世紀に市民社会を基盤に生まれた近代小説は，すぐさまフランシス・バーニー，マライア・エッジワースという作家を輩出する。その後に出たのが，

ジェイン・オースティン（Jane Austen 1775-1817）である。代表作『高慢と偏見』（*Pride and Prejudice* 1813）に示されているように，オースティンは，イギリスの村の数件の家族を舞台に，若い女性の婿探し，というテーマで小説の主筋を構成し，人間の愚かしさ，哀しさまでを含む人間性の機微を描き出した。市民社会における人間の生き方の探求，という近代小説の礎を築いたのである。

▶多様な女性作家たちの登場　ヴィクトリア時代に入ると，さらに多様な女性作家が登場する。シャーロット・ブロンテ（Charlotte Brontë 1816-55）は，『ジェイン・エア』（*Jane Eyre* 1847）をはじめ，『ヴィレット』『シャーリー』など，女性の激しい内面の希求をテーマにした小説を世に出した。詩人でもある妹エミリーは，ヒースの荒野を舞台にくり広げられるヒースクリフの激しい恋を描いた『嵐が丘』（*Wuthering Heights* 1847）を書いた。

ヴィクトリア朝を代表する作家であるジョージ・エリオット（George Eliot 1819-80）は，一面で非ヴィクトリア朝的な作家であった。なにしろ「家庭が女の居場所」と謳われ，結婚が神聖視されていた時代に，批評家G.H.ルイスと24年間も同棲生活を送った——ルイスに妻がいて，離婚に同意しないためエリオットにとってやむを得ない選択であったのだが——のである。『アダム・ビード』や，ドロシアの理想追求と挫折の物語『ミドルマーチ』（*Middlemarch* 1871-72）など社会の価値観と個人の理念との相克が大きなテーマとなっている。

▶女性作家はきら星のごとく：現代イギリス文学　エリオットが19世紀の伝統的小説の頂点を極めた作家であるとするなら，20世紀前半のモダニズムの小説は，ヴァージニア・ウルフの功績なしには語れない。すぐれたフェミニストであるウルフは，ジョイスと並んで現代イギリス小説の礎を築いたのである。それまでの伝統的小説に対して，ウルフは，内面性，心理性を重視した。言葉に対する鋭い感性をてこに，『ダロウェイ夫人』（*Mrs Dalloway* 1925）『灯台へ』『波』など人間の内面を探求する，さまざまな新しい小説を生み出した。

第2派のフェミニズム運動が起こった1960年代は，文学においても新しい女性の文学が生じた時期でもあった。ドリス・レッシング，マーガレット・ドラブルや，エドナ・オブライエンなど，この年代の女性作家たちは，因習や伝統をやすやすと打破する等身大のヒロインを登場させ，女性の経験を新鮮な筆致

で描いた。60年代は，作家たち自身がなにか新しい女性の文学が生じつつあることを肌で感じ，たがいに共感し，連帯意識を抱きながら執筆することができた画期的な年代であったといえる。女性作家のもつ創作のエネルギーは，その後も新しい作家たちを次々と生み出す大きな力であった。

ウルフは女性の文学の伝統の欠如を嘆いたが，しかし，中世以来着々と伝統は築かれてきた。現代の，きら星のごとくに活躍する女性作家たちは，決して突然変異なのではなく，女性の文学の着実な伝統の産物なのである。

> ### 死んだ夫に身ぐるみ剝がされて
>
> ヴィクトリア時代には，毎週工場の給料日に，男たちが門前で列をなす光景が珍しくなかった。仕事を終えて出て来た妻から給料袋を奪い取っては，パブに直行するためである。これは妻の稼ぎは「絶対的に夫のもの」とされていたからであるが，さらにひどい例を，19世紀のフェミニストであるフランシス・パワー・コッブが紹介している。
>
> それによれば，イギリス北部のある女性は，夫が事業に失敗し無一文になったので，夫に代わって懸命に働き，長年夫と自分の生活を支えた。その間に彼女ひとりの力でかなりの財を成した。引退後，夫とともに悠々自適の生活を送り始めた矢先，夫が他界してしまった。そこでわかったことは，夫には昔から愛人がおり，自分の財産をすべて愛人に遺すという遺言書を書いていたという事実だった。遺言はそのまま実行された。すなわち，妻が自分で稼いで築いた財産は，夫の財産としてそっくりそのまま，夫の愛人に渡ってしまったのである。
>
> 妻の手で成した財産も，妻が稼いで得た給料も，法律上は立派に夫のものだったから，夫がどのように使おうとそれは夫の勝手というわけだった。死んだ夫に身ぐるみ剝がされても文句も言えない，というのが既婚女性財産法（The Married Woman's Property Act）成立以前の女性の状況だったのである。

> 原典をたのしむ

A Vindication of the Rights of Woman (1792)

Mary Wollstonecraft

To M. Talleyrand Perigord, Late Bishop of Autun

　Consider—I address you as a legislator—whether, when men contend for their freedom, and to be allowed to judge for themselves respecting their own happiness, it be not inconsistent and unjust to subjugate women, even though you firmly believe that you are acting in the manner best calculated to promote their happiness? Who made man the exclusive judge, if woman partake with him of the gift of reason?

　In this style argue tyrants of every denomination, from the weak king to the weak father of a family; they are all eager to crush reason, yet always assert that they usurp its throne only to be useful. Do you not act a similar part when you *force* all women, by denying them civil and political rights, to remain immured in their families groping in the dark? For surely, sir, you will not assert that a duty can be binding which is not founded on reason?...

　But if women are to be excluded, without having a voice, from a participation of the natural rights of mankind, prove first, to ward off the charge of injustice and inconsistency, that they want reason, else this flaw in your NEW CONSTITUTION will ever show that man must, in some shape, act like a tyrant, and tyranny, in whatever part of society it rears its brazen front, will ever undermine morality.

　I have repeatedly asserted, and produced what appeared to me irrefragable arguments drawn from matters of fact to prove my assertion, that women cannot by force be confined to domestic concerns;...

　I wish, sir, to set some investigations of this kind afloat in France: and should they lead to a confirmation of my principles, when your constitution is revised, the rights of woman may be respected, if it be fully proved that reason calls for this respect, and loudly demands JUSTICE for one half of the human race.

『女性の権利の擁護』1792年

メアリ・ウルストンクラフト

「献辞　メアリ・ウルストンクラフトよりフランスのタレイラン氏へ」
　立法者としての貴方様に申し上げます。貴方様はご自分が女性の幸福を増すために行動していることを強く確信していらっしゃるのですが，男性は自由を求めて闘い，自

分自身の幸福について自分自身で判断することができるのに，女性を男性に従属させることが，はたして道理にかなわず不当ではないかどうかをお考えいただきたいのです。女性が男性と同様に理性を授かっているのなら，いったい誰が男性のみを判断者としたのでしょうか。

　このようにして愚かな王から愚かな一家の父親にいたるあらゆる分野で独裁者は議論を進めます。独裁者はみな理性を抑圧することに熱心ですが，理性の玉座を奪うのは，人の役にたつためだけなのだと常に主張するのです。女性の市民としての権利や政治的権利を否定し，すべての女性を家庭に閉じめ，闇の中を手探りで歩けと強いるとき，閣下もまた他の独裁者と同様の役割を演じてはいないでしょうか。……

　しかし，もし女性たちが発言権もなく，人類の当然の権利へ参加することも阻まれるべきであるとするならば，不公平で道理がないという疑いをはらすためにも，まず，女性は理性に欠けるのだということを証明してください。さもなければ，新憲法のこの欠陥は，男はある種の独裁者であり，独裁は，社会のどこにおいてもその鉄面皮を増長し，道徳を突き崩すものであることを永遠に示し続けるでしょう。

　私は私の主張の正しさを証明するために，たえず事実に基づき，反駁の余地がないと思われる議論をしてきましたし，女性たちを強制的に家庭内の事柄に縛り付けることはできないと主張してきました。……

　この種の研究がフランスでも盛んにおこなわれることを願います。そして私が述べる諸原理が確認されることになれば，そしてこの点に関して理性が必要であり，理性が人類の半分を占める女性のために「正義」を堂々と要請しているのだということが証明されるならば，フランスの憲法が改訂されるとき「女性の権利」は尊重されることになるでしょう。

A Room of One's Own (1929)

Virginia Woolf

　All I could do was to offer you an opinion upon one minor point—a woman must have money and a room of her own if she is to write fiction; ...

　I think that you may object that in all this I have made too much of the importance of material things. Even allowing a generous margin for symbolism, that five hundred a year stands for the power to contemplate, that a lock on the door means the power to think for oneself, still you may say that the mind should rise above such things; and that great poets have often been poor men. Let me then quote to you the words of your own Professor of Literature, who knows better than I do what goes to the making of a poet. Sir Arthur Quiller-Couch writes ; ...

'The poor poet has not in these days, nor has had for two hundred years, a dog's chance...a poor child in England has little more hope than had the son of an Athenian slave to be emancipated into that intellectual freedom of which great writings are born.' That is it. Intellectual freedom depends upon material things. Poetry depends upon intellectual freedom. And women have always been poor, not for two hundred years merely, but from the beginning of time. Women have had less intellectual freedom than the sons of Athenian slaves. Women, then, have not had a dog's chance of writing poetry. That is why I have laid so much stress on money and a room of one's own. However, thanks to the toils of those obscure women in the past, of whom I wish we knew more, thanks, curiously enough, to two wars, the Crimean which let Florence Nightingale out of her drawing-room, and the European War which opened the doors to the average woman some sixty years later, these evils are in the way to be bettered. Otherwise you would not be here tonight, and your chance of earning five hundred pounds a year, precarious as I am afraid that it still is, would be minute in the extreme.

『自分だけの部屋』1929年[※]

ヴァージニア・ウルフ

　私ができることといったら、ちょっとしたことに対する意見を述べることだけでした。つまり、もし女性が小説を書こうとするなら、お金と自分だけの部屋をもつ必要がある、というようなことです。……

　貴女方はこれらに関して私が物質的なことにあまりに重きを置きすぎたと私に反対なさるかもしれません。1年に500ポンドとは思索する力を示す象徴であり、ドアにかけた鍵は自分だけで考える力を意味するものだと象徴を大目に見るとしても、それでも貴女方は、精神はそのようなものを超越すべきだし、偉大な詩人は貧しいことが多かったとおっしゃることでしょう。ではここで貴女方の大学の文学教授の言葉を引用します。その方は詩人になるために何が必要か、私よりよくご存じでしょうから。サー・アーサー・クウィラー・カウチはこう書いています。……「貧しい詩人は今日においても過去200年間においてもこれっぽちのチャンスをももたなかった。(中略) イギリスの貧しい子どもは、自分が解き放たれて、偉大な作品を生み出す知的自由を手にできるという希望をもつことなど、アテネの奴隷の息子が望めないと同様に、望むことができないのだ」。そうなのです。知的自由は物質的事柄に依存しています。詩は知的自由に依存しています。そして女性たちは常に貧しかったのです。たった200年ばかりではなく、歴

史が始まって以来ずっとです。女性たちはアテネの奴隷の息子よりも知的自由がありませんでした。そういうとき，女性たちは詩を書くチャンスなどこれっぽちもなかったのです。だからこそ私はお金と自分だけの部屋に対してこれだけの重きを置いたのです。しかしながら，過去の無名の女性たち——私は彼女たちのことをもっと知りたいのですが——のおかげで，そしてずいぶん奇妙ではありますが，2回の戦争——フローレンス・ナイティンゲールを応接間から追い出したクリミア戦争と，それから60数年後に普通の女性たちに門戸を開いたヨーロッパの戦争——のおかげで，これらの悪弊は改善されつつあります。そうでなかったら貴女方が今晩ここにいらっしゃることもなかったでしょうし，貴女方が年500ポンド稼ぐチャンス——依然として確実とは言えないことですが——は，極度に少なかったことでしょう。

（※これはウルフが1928年にケンブリッジ大学の女子のガートン・コレッジとニューナム・コレッジにおいて行った講演を基にしたエッセイである。）

第IV部
変貌する世界観

ケンブリッジを訪問されたエリザベス女王

第10章 「大英帝国」の光と影

概説 「帝国(エンパイア)」という意識

▶「大英帝国」という呼称　「大英帝国」(British Empire) とは，16世紀以来，海外に領土を獲得したイギリスの別称である。「大英帝国」という日本語の呼称にはどこか「パクス・ブリタニカ」（英国の支配による平和）というニュアンスが漂い，かつてユニオン・ジャックの旗を船首に掲げて大西洋やインド洋の彼方へと波頭を越えて進んだ世界大国イギリスのイメージがまとわりついている。

　ゆえに，この「大英帝国」という日本語には，その背景にあるイギリス本国のアイデンティティへの誇りと，遠く海外へ向けての領土的発展の野心とが結びついていた頃の残像が映し出されるのである。しかしその端的な象徴であったユニオン・ジャックも1997年，香港の中国返還とともにアジアから光輝を失った。

　文化 (culture) とは人間の生き方 (way of life) であり，生活感覚のあらわれ方である。「大英帝国」の興亡史を語ることが，そのままヴィクトリア時代の盛衰史を語ることになるのは常識的な手法であるが，ここではとくに政治史的側面よりも生活意識の面から，「大英帝国」の光と影について考えてみたい。

▶上訴禁止法　イギリスが「帝国」という観念を意識的に用いはじめたのは400年前のことである。16世紀前半のイギリス（当時はイングランドのみを指す）の国王ヘンリー8世が宗教改革をおこなって，ローマ教皇からの独立を宣言した時である。

　　わがイングランド王国は今や「帝国(エンパイア)」であり，……王国はインペリアル・クラウン（帝冠）という尊厳と身分を備えた最高の首長(ヘッド)にして王たる者により統治される。これに対しては，神に次ぐ者として，聖職者と俗人

とに区別される全階層・身分の国民が自然で謙虚な服従の義務を負うべきである。

これは1533年にヘンリー8世が，国民がローマ教皇へ国王を介することなく上訴することを禁止した「上訴禁止法」の前文の一部であり，イングランドが「帝国(エンパイア)」であるということが強調されている。そこには「いかなる外部権力の支配からも自由な自治国家」であるという意味がこめられていて，その「外部権力」の第1に挙げられるのがローマ教皇権であった。それというのも，当時ヘンリーは王妃キャサリンとの離婚を希望し，カンタベリー大司教にその結婚の無効を宣言させようと謀っていた。国王からの離婚の申し立てを不服とするキャサリンがローマ教皇に上訴するのを見越して，それを阻止するためにこの「上訴禁止法」を成立させたのである。

▶首長令　当時のヨーロッパにおいては2流か3流の国家に過ぎなかったイングランドが，あえて「帝国(エンパイア)」なり，と宣言したのは，ローマ教皇権からの自由を願っただけにはとどまらない。フランスやスペイン，オーストリアといった大国の「権力」からも自由であろうとする意思表明であったことは言うまでもない。そしてさらに翌34年，ヘンリー8世は「首長令」を通過させ，「イングランド教会の地上における唯一最高の首長」であると宣言することによって，イングランドの政治的・宗教的自立を表明したのである。

その後，ヘンリーの娘エリザベス1世の時代に，イングランドの王権は，13世紀以来，支配の手を強めてきた英国最初の植民地アイルランドにはっきりと根をおろすことになる。ウェールズやスコットランドとは，時間をかけながら政治的連合を達成したが，アイルランドに対しては，「帝国」による植民地の支配意識が拭いきれず，これがのちのちまで両者の間にしこりを残すことは，歴史が証明している。

▶イギリスの成立過程　イギリスは，19世紀に太陽の没することなき「大英帝国」としてその勢威を世界に誇るようになるが，「帝国」というからには，遠く海外へ向けての領土的発展を意識したにちがいない。

17世紀の初めから，まず北アメリカ，西インド諸島，東インド，西アフリカの各地にまたがる，「旧植民地体制」の支配システムが形成された。18世紀末

にアメリカ合衆国の独立があったが，19世紀以降にはインド帝国を中核として，アジア，アフリカなど全地球的規模の第2次帝国が実現した。しかし20世紀に入ると，「帝国」の名も実も影がうすれていく。

　1930年代の初めに，「帝国」は「イギリス連邦（The British Commonwealth of Nations）」──直訳すれば「イギリス系諸国連合」──という輪郭の定かならぬ名称に改められた。ただし「イギリス国王への忠誠」という紐帯だけは残されていたから，「帝国」の核心部分は保持されていた。しかしインドが1947年に独立し，「王冠への忠誠」を拒否した時点から，「大英帝国」は解体のプロセスをたどりはじめるのである。

▶ユニオン・ジャック　　連合王国の国旗は通称「ユニオン・ジャック」（Union Jack）と呼ばれている。詳しくは本書第1章の「4つの文化圏」に記されているとおり，ユニオン・ジャックは3つの地域の旗を合成したものである。その成立過程からも推測できるように，イギリス本国は異なる地域の対立・拮抗による多様性を特徴としていると考えられる。しかし，おおむね均質な自然環境からくる島国国家としての同質性を強調するむきもある。この旗は，内には「イングランド」とは区別される「ブリテン」の統合的シンボルとなり，外には世界大国イギリスの「パクス・ブリタニカ」の旗印となっていったのである。

　18世紀に「大英帝国」の意識が高まり，やがて「パクス・ブリタニカ」の野心と結びついていくには，イギリス本国内において，ケルト辺境地域をも取り込んだ「イギリス人意識(ブリティシュネス)」の醸成が必要であったのかもしれない。ユニオン・ジャックの成立過程は，端的にそのことをものがたっていると考えられる。

ミリタリー・ファッション

　『サージェント・ペッパーズ・ロンリー・ハーツ・クラブ・バンド』（Sergeant Pepper's Lonely Heart's Club Band 1967）のジャケットに現われる髭面のビートルズは，ミリタリー風ジャケットを着用した。コンセプト・アルバムの先駆けとして音楽界に多大な影響を与えたこの作品を通じて，平和や愛を説く彼らのファッションが軍服調とは皮肉な気もするが，その色は，オレンジ，トルコ・ブルー，ショッ

キング・ピンク，黄緑と強烈な個性を放っている。

当時流行のミリタリー・ファッションは，軍事国としてのイギリスの歴史を背景に60年代の反戦ムードの中で生まれた。軍服が時代や国境を超え服飾界に登場したり定着した例は少なくない。

日本でイギリスの紳士服といえばバーバリーやアクアスキュータムといった名前が思い浮かぶ。両社とも軍服の縫製でその名を知られるようになった。第1次大戦中バーバリーが航空隊のために作り出した軍用コートが，現在も人気のトレンチコートである。名前の通り，もともと塹壕(トレンチ)での着用を念頭にデザインされた。肩章や留め金付きの袖口止め，悪天候の際にボタンで留める肩のストーム・フラッグやストーム・ポケット，さらに軍隊用装具取り用のD型ベルトリングなど，軍服仕様の名残りが見られる。ラグラン袖やカーディガンはクリミア戦争時に活躍した軍人の名にちなむものであるし，フロック・コートは19世紀の軍人，ダッフル・コートとボンバー・ジャケットは第2次大戦中に，それぞれ海軍と空軍戦闘機パイロットが着ていた。軍服のスタイルと呼称を日常着に残すことで国のために戦った人への敬意を表しているかのようだ。

男性社会の象徴的存在である軍服ファッションを送り出したイギリスであるが，戦後になるとミニスカートで世界を席捲したマリー・クワントや，パンク・ファッションで衝撃を与えたヴィヴィアン・ウェストウッド，カントリー・ファッションで日本でもファンの多いローラ・アシュレイなどの女性デザイナーの活躍が著しい。

(中野)

1　パクス・ブリタニカ

▶万国博覧会　　古代の「ローマの平和」(パクス・ロマーナ)になぞらえて，「イギリスの平和」(パクス・ブリタニカ)と呼ばれるイギリスの繁栄期がおとずれたのは，19世紀も中葉になってからであり，ヴィクトリア女王の治世中期(1851-73年)とも重なる。世界に先がけて産業革命を達成し，この時のイギリスは「世界の工場」と呼ばれ，他国の追随を許さない成熟の時代に入った頃である。文字通り「日の没することなき帝国」であった。

イギリスの繁栄は，他のヨーロッパ諸国に先がけて産業革命(工業化)を達成し，国の内外を問わず，世界経済を支配したことに起因している。ナポレオ

図 10-1　水晶宮の内部。ガラス張りの天井の下に，楡の木が見える

ン帝国は早々に崩壊し，イギリス帝国が繁栄に向かったのは，ナポレオンが軍事的・政治的支配をともなう「帝国」しか念頭におかなかったのに対し，イギリスは効率のよい海洋支配によって広大な「自由貿易の帝国」を目指したことによる。別の言い方をすれば，「パクス・ブリタニカ」は，軍事力が中心になってはいなかったのであり，「自由貿易の帝国主義」であった。その象徴的イベントが「万国博覧会」なのである。

　1851年 5 月 1 日，ロンドンのハイドパークに，総ガラス張りの巨大なクリスタル・パレス（水晶宮）が建てられ，ヴィクトリア女王の夫アルバート公を総裁とする第 1 回ロンドン万国博覧会が開催された。

　この巨大な建物は，横1,848フィート，奥行き408フィート，高さ66フィート，中央の身廊部分は高さが108フィートあって，自然保護のために楡の巨木はそのまま館内に収められた。展示品は10万点にのぼり，イギリスは機械類の出品に関し他の国を圧倒していたといわれる。ヨーロッパ諸国のほか，アメリカ合衆国やカナダ，オーストラリアからも出品があり，そのほか象を模した展示をおこなったインドや，清朝の中国など，アジアからの参加もあった。5 月から10月までの期間に国内の各地から，いや世界の各地から，毎日平均43,000人の入場者が訪れて，まさに「大英帝国」の繁栄を謳歌する「パクス・ブリタニカ」の目に見える象徴であった。

▶旅行　イギリスの民衆の間に，娯楽としての「旅行」が定着するようになったのもこの時からだといわれている。旅行業の草分けとなったトマス・クックは，この期間に鉄道やバスを利用して団体旅行を企画し，16万人もの見物客を送り込んだという。

世界に先がけてイギリスが蒸気機関車による鉄道の営業をスタートさせたのは1825年のことである。「ロコモーション」号がイギリス北東部のストックトンと中北部のダーリントンとの間を結び，はじめてレールの上を走った。まもなく新線敷設ラッシュが起こり，20年足らずのうちに，鉄道網がほぼ完成した。

そこでもたらされた最大の変化は，都市と地方の格差が急速に縮まったことである。はじめは物資の輸送を目的としていた鉄道が，旅客の輸送にまで手をひろげ，人と物との移動が飛躍的に進歩したのである。鉄道網の完成は，イギリスが世界に先がけて産業革命を達成したというひとつの指標となった。トマス・クックは，日帰り旅行などを企画して旅行を商品化し，さらには鉄道会社とタイ・アップして，地方からロンドンへの安価な団体旅行を計画した。酒場で酒びたりの都会の労働者たちを郊外へ誘い，澄んだ空気のなかで禁酒集会を開いて，これが意外に好評だったといわれている。ちなみに，トマス・クックは禁酒主義者だった。

図10-2　博覧会見物に地方から訪れた人びと

図10-3　汽車旅行を楽しむ多くの人びと

第10章　「大英帝国」の光と影　209

▶世界の工場　「万国博覧会」に象徴される繁栄をもたらした要因が，1763年のパリ条約を契機として，イギリスだけが産業革命にひとり勝ちの成功をおさめたことにあったことはまちがいないであろう。ヨーロッパの他の国々は，フランスもドイツも，イギリスの自由貿易主義に押しまくられ，対抗することができなかった。

　その結果，イギリスが「世界の工場」となることを許してしまったのである。たとえば，世界各地の鉄道はほとんどイギリス人の手によって敷設されていることもその状況を証明している。ともかく，動力源が人力・畜力・水力などから蒸気機関へと転換したことは一大革命であった。それによって，原料と販売市場を遠く海外に求めることが可能となったからである。イギリス人はこのことによって最先進工業国となると同時に，低開発の国々との関係では，支配と従属の相互依存システムを構築することができた。以上が1780年代から1840年代にかけての情勢であり，その完成図が1851年の「万国博覧会」だったのである。

▶世界の銀行　しかし，イギリスが「世界の工場」であった時期は短く，その繁栄はむしろロンドンのシティを中心とした「金融」の力によってもたらされたのだという考え方が最近支配的になってきている。

　1860年代の終わり頃までには，フランスやベルギー，ドイツ，そして南北戦争後のアメリカが製造工業などで力をのばし，イギリスをしのぐ活発さを見せはじめた。ただイギリスは海運業や国際金融で貿易収支の赤字を埋めあわせることにより，世界経済における中心的位置を維持することになった。

　つまり「世界の工場」から「世界の銀行」になることによって「パクス・ブリタニカ」の面目を保つことになったというわけである。R. D. オールティック（Richard D. Altick 1915-　）はこの時期のイギリスを，若干の皮肉をこめてではあるが，次のように要約している。

　　　水晶宮精神に形をとった短絡的な希望が——カーライル，ディケンズ，ラスキンら，少なからず批判者がいたことは言い添えておかなければならないが——かなえられた。経済状態は「飢餓の40年代」を綱渡りで切り抜けたあと急激に好転した。50年代，60年代は国家がこれまで滅多に経験

したことのない俄景気の時代であった。気がついてみると，グレート・ブリテンは地上に並ぶものなき富裕国，世界第1級の銀行，海運業者，工業製品供給者に，そして，その海軍力に支えられて，数ある貿易航路の安全の維持者になっていた。いくつもの統計が（ヴィクトリア時代に統計学が発達したのはけっして偶然ではない）誇りをもって時代を語っていた。……増大を続ける中産階級は，かつてないほど豊かな生活を送るようになっていたし，新たなおこぼれが少なくとも一部の労働者階級には届いたのである。それによってかれら労働者は，水晶宮の何エーカーにも及ぶガラス天井の下で魅力的に展示されていた工業製品を，ときたま，ささやかに買うことができるようになった。

▶伝道の情熱　　オールティックの説明にあえて補足することがあるとすれば，それは宗教の問題である。キリスト教の海外伝道については，この時代，イギリス国教会のなかの福音主義者たちが熱意を示し，福音伝播教会（S. P. G.）とか教会伝道協会（C. M. S.）などの団体をつくって宣教師を海外へ送りだした。オーストラリアやニュージーランドなど白人定住の植民地はもとより，アフリカやアジアもその活動の舞台となった。

とくに C. M. S. は1799年の創立であるが，19世紀の初頭から始まったアフリカ伝道では，たとえばある年には10人の宣教師を送って，そのうち8人が1年後に黄熱病で死亡したという。それほどの打撃を受けながらも，多くの宣教師を海外に送りつづけた。1841年にはヨーロッパ人107人，現地人9人の宣教師が採用されたが，1873年には，C. M. S. だけで，現地人の宣教師が148人採用されたという記録がある。

「パクス・ブリタニカ」の時代は，経済的な利益の追求の面が強調されがちであるが，その同じ時期に，イギリス人福音主義者たちが，国内では人道主義的な改革を進める一方で，海外では福音伝道に宗教的情熱を燃やしていたことも記憶しておかねばならないだろう。かつてスペイン人やポルトガル人が経済的利益を求めて海外に進出したときも，ローマ・カトリックの海外伝道があったが，19世紀のイギリスでは，国教会のなかの福音主義者たちが海外の宣教に乗りだし，アフリカでは奴隷解放に奔走したことが知られている。「パクス・

ブリタニカ」には，そのような人道主義的一面もあったのである。

2 ヴィクトリアニズム

▶2つの国民　ヴィクトリアニズムという言葉は，19世紀のヴィクトリア女王の治世（1837-1901年）の文化を，文学・芸術上の傾向も含めて表現するもので，その特徴は多岐にわたり，時には皮肉をこめたニュアンスを含む場合もある。たとえば偽善的な道徳とか俗物(スノッブ)といった批判である。しかし，良かれ悪しかれ，その文化の諸側面に大英帝国の盛衰史が圧縮され映しだされていることはたしかであろう。ここではそのいくつかの特色について触れることにしたい。

　ベンジャミン・ディズレーリ（Benjamin Disraeli 1804-81）は後の自由党のグラッドストーン（William Gladstone 1809-98）とならぶ保守党の政治家であり，若い頃に『シビルまたは2つの国民』（1845年）という小説を書いている。そのなかで彼は，「かつてないほど偉大なイギリス国民」を治めているヴィクトリア女王は，実際は「2つの国民」の女王である，という意味のことを次のように登場人物のひとりに語らせている。

　　その2つの国民の間には交流もなければ共感もなく，温帯と寒帯といった異なる地帯に暮らしているかのように，あるいは別の惑星に住んでいるかのように，互いの習慣，思考，感情を知らず，異なった訓育を施され，異なった食べ物を与えられ，異なったしきたりを持ち，同一の法律に支配されない……この富める者と貧しき者。

イギリスが階級社会であり，上流のジェントルマン，中流階級，労働者階級の3つの階級から成ることはすでに知られている。19世紀はとくに上・中流階級と労働者階級，つまり「富める者」と「貧しき者」の貧富の差がきわだった時代である。「富める者」で，所領の地代と投資の利子だけで生活できる上流の有閑階級に対し，はじめは中流階級が，続いて「貧しき者」，すなわち労働者階級が階級闘争に立ち上がったのが19世紀の，とくに30〜40年代であった。

　しかしこの時代も半ばを過ぎる頃から，貴族・ジェントリーを別格扱いする

階層秩序も，崩壊にまではいたらないものの，侵食作用をこうむりはじめる。大衆社会の時代が到来するからである。

▶大衆社会の時代　万国博覧会の水晶宮で繰りひろげられた情景は，その意味でも象徴的であった。このとき，大衆向けの娯楽週刊誌が万博熱をあおりたて，トマス・クックが特別割引の団体列車を仕立てるなどして，全国各地の一般庶民がロンドンに見物に集まった。しかも入場料は1シリングという大衆料金が設定されていた。上流紳士たちは混雑を避けるためにとくに設定された火曜日を選び，特別料金1ギニー（21シリングに相当する貨幣の単位）を払って入場したという。

ともあれ中流階級の下層から労働者階級の上層まで，上流階級の人びとと同じ公的な場所で，同じ展示物を見物する機会が与えられたということは，イギリス史上でも稀有なことである。従来は上流階級にしか開かれていなかったレジャーに，貧しい庶民の手も届くようになるきっかけを作ったのが，この「国民的な大祝祭」とも呼べる万国博覧会であった。このようにして「2つの国民」の間に横たわっていた深い溝は，徐々にではあるが埋められつつあった。大衆社会化現象の一側面である。

▶中流階級の台頭　19世紀が大衆社会の黎明期にあったことはたしかであるが，ジェントルマン文化が影をひそめたわけではない。地主貴族たちは依然としてカントリー・ハウスを舞台に豪奢な生活を繰りひろげ，パーティや狐狩り，狩猟やスポーツに興じ，師弟の教育となるとオックスブリッジでのエリート教育でなければならなかった。

ただ19世紀の文化を，18世紀のそれとは区別してヴィクトリアニズムと呼ぶのは，そこに中流階級の文化が無視できない重要部分を占めつつあったからである。産業革命による工業化・都市化の直接の担い手は中流階級であり，かれらこそこの時代の歴史形成力であったからである。

人口数や家族数に占める割合で比較すれば，上流階級が2〜3％であったのに対し，中流階級は25％程度だったと見積もられている。上流階級が生活のために働く必要のまったくない人びとであったのに対し，中流階級は，工業化を直接担う生産者として，勤勉・節約・自助の倫理，独立独行の気概，実学尊重

図10-4　家庭に勝るところはない！

"THERE'S NO PLACE LIKE HOME!"
OR, THE RETURN TO BUCKINGHAM PALACE.

の気風，堅苦しいピューリタン的気質をもつ，いわば「資本主義の精神」に満ちていた。これこそ疑いもなくヴィクトリアニズムの構成要素のひとつであった。

▶中流階級の理想像　　中流階級のいだく家族の理想像は，一家団欒(だんらん)の家庭であった。当時は，生産の場としての職場と，消費の場としての家庭が，工業化・都市化の進行とともにはっきり分離していった時代である。中流階級の家庭がかもしだすつつましい倫理とピューリタン的な潔癖感によって，夫と妻と数人の子どもたちからなる一家団欒こそが理想だとみなされ，「家庭は城」とか「家庭こそ避難所」という家庭観が生み出されていった。そして，上流階級ではなく，むしろ中流階級の家庭像の模範となったのが，ほかならぬヴィクトリア女王とアルバート公の王室一家であったことは，ヴィクトリアニズムの特色ある一面だといえよう。

　リットン・ストレイチーが評伝『ヴィクトリア女王』のなかで述べているように，貴族のうちには忍び笑いをしたり嘲笑(あざわら)ったりする者も２，３ないではなかったが，一般の国民，とくに中流階級の間で女王は大変な人気者だった。

　国民は恋愛結婚が好きだったし，また王位と徳との２つが結びあっている家庭，自分たちの生活の理想の姿を華麗な姿見に映して見たような家庭，そういうものを好んでいたのである。自分たちの生活はそれに比べると程度は低いけれど非常に似ていてそれが気持ちがいい，——規則正しい暮らし，簡素な襟飾り，ラウンド・ゲーム，ロースト・ビーフとヨークシャー・プディングの食事——こういう王室の暮らしが自分たちの生活にもなにか高尚なものをつけ加え，潤いをあたえてくれるような気がしたのである。

214　第Ⅳ部　変貌する世界観

▶王室一家の団欒図　風刺画で知られる『パンチ』誌（1845年）に,「埴生の宿」の本歌詞「家庭に勝るところはない（"There's No Place Like Home!"）」の文句をタイトルに据えた一家団欒図が,「バッキンガム宮殿へのご帰還」という副題を付けて掲載された。ヴィクトリア女王夫妻と3人の子どもたちの家庭を, 中流階級のマイホーム主義とダブらせて描いたカリカチュアである。

　公然と愛人を囲ったりした伯父ジョージ4世をはじめ, 歴代のハノーヴァー王家はスキャンダルにこと欠かなかった。しかしながら女王一家は「義務」「勤勉」「道徳」「家族中心主義」をモットーとしていた。上流生活ではなく, まさに中流階級の模範であったわけである。ロレンス・ストーンは家族史の研究『家族・性・結婚の社会史』（1977年）のなかで, イギリスの近代家族の特徴を「閉鎖的で家庭内のみ重視する核家族」と説明し, この時代に「情愛を大切にした個人主義」の発達が見られ, 恋愛結婚, 子ども中心の情愛に満ちた子育て, 母性愛, そして家庭内のプライヴァシーの尊重という観念が生まれたと指摘している。これはまさしくヴィクトリアニズムの一側面である。

3　リスペクタビリティ

▶尊敬される人々, 皮肉られる人々　この時代の中流階級のおかれた独自の立場を理解するために有効なキー・ワードの1つ, そしてヴィクトリアニズム最大の特色ともいえる言葉にリスペクタビリティ（respectability）という語がある。直訳すれば「尊敬に値すること」という意味であるが, これが誇張されすぎると「お上品ぶり」とか「世間体」, 皮肉をこめた「ご立派なこと」となる。

　リスペクタビリティという観念は, 中流階級の人々が自分たちより上位の指導的階層に対して抱いていた敬意に根ざしたものである。貴族・ジェントリーには生まれながらに備わっているが, 中流階級は努力して獲得せねばならないもの, それがリスペクタビリティであった。

　それは何よりも, よき身だしなみとよき振舞い, 立派な教養などをさすが,

図10-5　ヴィクトリア時代の紳士たち　　図10-6　ヴィクトリア時代の淑女たち

さらに住宅，奉公人，馬と馬車，客人へのもてなし，教会と慈善団体への寄付などが，その内容をなしていた。彼らが尊敬する上流階級に社会的に受け入れられるために，立ち居振舞いまで貴族・ジェントリーにそっくり模倣しようとする姿勢が，スノバリー（snobbery）とかプルーダリー（prudery）つまり紳士気どりとか淑女気どり，という呼ばれ方をしたのである。

▶ノブレス・オブリージ　1860年代のイギリスを観察したフランスの歴史家イポリット・テーヌが，イギリス政治の民主化をめざすある急進的リーダーの言葉として次のような談話を伝えている。

　「貴族階級を打倒することはわれわれの目的ではない。われわれは，国の統治や指導は彼ら（貴族階級）の手によろこんで委ねるつもりである。なぜなら，国家の運営という仕事には特別の種類の人間が必要であり，それは生まれながら指導者としての特質をもち，何世代の間その仕事のために訓練され，つねに他からの圧力や利己的な誘惑を排し，自ら立つことが可能な人びとによってしかなしえないと，われわれ中流階級の人間も考えているからだ」

これはテーヌの『イングランドに関する覚え書』(1872年)に記載されている話である。その趣旨は，国家の統治は，実務家的職業人である中流階級には不向きで，生まれながらの支配者たる貴族・ジェントリーに委ねるのが賢明だということである。

たしかに19世紀の後半になっても，イギリスの政治支配権は貴族・ジェントリーに握られたままであった。「ノブレス・オブリージ (noblésse oblige)」という格言があるように，「高貴な者は人々に奉仕する義務がある」という「配慮」が，貴族・ジェントリーのはつらつとした自信と活力を支えていたこともたしかであり，そのシンボル的存在がヴィクトリア女王であったといえよう。

4 世紀末文化

▶ボーア戦争の蹉跌　ヘンリー8世が400年前にイングランド王国は「帝国(エンパイア)」である，と宣言して以来，紆余曲折はあったものの徐々に「大英帝国」と呼ばれる集合体を築きあげ，1850年代にはその絶頂期に達した。それはいわば自然な帝国意識の発展であり，それを導いてきたのはすぐれた才能と活力，そして使命感に溢れるイギリス貴族たちの指導力であったといってもよいだろう。しかしやがて19世紀も世紀末に入る頃になると，自然とは異質の，退廃の匂いのする「世紀末的帝国主義」が登場することになる。

イギリスのエリートたちが「世界に君臨する大英帝国」の地位への確信を揺るがされる事態が生じたのは，1899年に始まる「ボーア戦争」の時である（ちなみにコンラッドの『闇の奥』が発表されたのもこの年である）。当時，世界には「帝国主義」のスローガンが響きわたり，アフリカの膨大な金鉱脈を狙ってヨーロッパ列強の陣取り合戦が繰り広げられていた。こうした「金への貪欲」にとりつかれた醜悪な帝国主義が頓挫し，「帝国の理想(パクス・ブリタニカ)」に対する深い疑念をもたらすきっかけとなったのが「ボーア戦争」の蹉跌(さてつ)であった。この「帝国主義」という「世紀末デカダンス」には，独特の頽廃感覚と終末意識とが絡みついていた点で，文字通り「世紀末」的であったと言える。

1897年にヴィクトリア女王の「在位60周年(ダイアモンド・ジュビリー)」が盛大に祝われたが，「帝国の

第10章 「大英帝国」の光と影　217

絶頂」を飾るこの大セレモニーが，同時に「フィナーレ」の始まりを告げるセレモニーともなった。なぜなら，それから3年後にイギリスは「ボーア戦争」に突入し，そして挫折するからである。

▶世紀末デカダンス　ボーア戦争を「帝国主義」という「世紀末デカダンス」と形容することもある。これはもちろん否定的な意味であって，既存の規範，「帝国の理想」から逸脱した「堕落」であるという評価である。だが，19世紀末の世紀転換期が特別の「世紀末」であったのは，自らデカダンと称する文学者・芸術家たちが登場したことによる。

彼らは，既存の確立された規範や社会的因習からあえて逸脱し，意図的に頽廃的表現を用いて社会風潮に異化作用をもたらそうとした。それは進歩礼賛と楽天的な物質主義を基調とした同時代に対する異議申し立てでもあり，因習から想像力を解き放とうとする警鐘でもあった。

意図的なデカダンス運動は，『悪の華』で有名なフランスの詩人ボードレールが先鞭をつけたが，イギリスでは『サロメ』（1891年）を書いたオスカー・ワイルド（Oscar Wilde 1854-1900）がその代表的な作家である。ワイルドの作品『なんでもない女』（1893年）の草稿には，「現代生活の真の敵，人生に美と喜びと色彩を与えてくれるものすべてへの真の敵は，ピューリタニズムとピューリタン精神なのだ」という台詞がある。彼は人間性を否定しかねないヴィクトリアニズムの因襲や，偏狭で偽善的な道徳に対して反抗し続けた。

しかしそのワイルドも，まさしく「性」の倫理を犯したとして，同性愛の罪で2か年の懲役と重労働の判決を受けることになる。デカダンたちから侮蔑されてきたヴィクトリアニズムのブルジョワ社会はここぞとばかりこの判決に溜飲を下げた。デカダンスは否定されるべきものだというのが社会の常識であったからである。しかし，自称デカダンの徒たちにとっては，物質主義と功利主義の浸透した中流階級の俗悪社会こそが軽蔑すべき「世紀末デカダンス」であり，人間の魂の声に鈍感な頽廃そのものだったのである。

▶ヴィクトリア女王　ワイルドとも交流があり，自ら反ヴィクトリアニズムの唱導者だと称したマックス・ビアボウム（Max Beerbohm 1872-1956）は，文筆のほかに諷刺画家としても活躍したダンディである。彼が

描いたカリカチュアの1枚に，晩年のヴィクトリア女王と皇太子（後のエドワード7世）の漫画がある。タイトルは「皇太子アルバート・エドワードのまれにみる，いささかおぞましいウィンザー城訪問（"The Rare, the Rather Awful Visits of Albert Edward, Prince of Wales, to Windsor Castle"）」とある。

図10-7 皇太子アルバート・エドワードのまれにみる，いささかおぞましいウィンザー城訪問

これは，何か不行跡をしでかして母親に改悛をせまられている息子の姿である。厳格な母親は黒い喪服姿のヴィクトリア女王であり，部屋の片隅にかしこまって立つ不格好な中年男は皇太子である。

彼がのちに母にかわって王位に就いた時，年齢はすでに59歳であったというから，ここでは寡婦の喪服に身を包んだ厳格な女王の長きにわたった支配と，もともと素行のいかがわしいとされた皇太子の反抗の姿勢とがコミカルに描かれているのである。これがデカダンの眼を通して戯画化されたヴィクトリアニズムの一側面である。

国教会の首長として「信仰の擁護者」でもあるヴィクトリア女王は，率先して教会の礼拝に出席する模範的キリスト教徒であり，また最愛の夫アルバート公に先立たれてからはバッキンガム宮殿に閉じこもってアルバートとの思い出にふけるという良妻賢母の見本，「家庭の天使」の典型であった。このようなキリスト教信仰の強調，家族の重視は，社会秩序の基盤，文化規範の支柱として，それを安定させることが国政にとっても関心事であり，世紀末になってもその傾向は一層強くなっていった。

少なくともヴィクトリア女王の意識のなかでは，「大英帝国」の秩序基盤は，信仰と家族と，そして「家庭の天使」としての女性であったと思われる。ビア

第10章 「大英帝国」の光と影

ボウムのカリカチュアには、そうした「パクス・ヴィクトリアーナ」に対する諷刺がこめられている。ヴィクトリア時代の厳しい道徳観念や性的規範にしても、その適用が厳しく監視されたのは女性や子どもに関してであって、買春をはじめとして男性には比較的寛大なダブル・スタンダード（2重規範）が存在したのが、世紀末のヴィクトリア時代だったのである。

▶文化研究　ヴィクトリア時代の「大英帝国」最盛期を支えたのが新興中流階級（ブルジョワジー）であり、かれらは「リスペクタビリティ」の裏返しである「ネイボップ（nabob）」を賛美していた。これは、かの水晶宮（クリスタル・パレス）を設計したジョウゼフ・パクストンが典型的なネイボップ（成り上がり者）であったことにも象徴されている。しかしそうした支配的なブルジョワ文化に対抗して、デカダンを自称する芸術家・作家たちのように独自の文化的地平を切り拓こうとする動きがあった。最近のカルチュラル・スタディーズ（文化研究）では、カウンター・カルチャーやサバルタン・カルチャーなどと呼ばれる、体制的な価値基準や慣習などに反抗するような文化に注目が集まっている。つまり、支配的文化に対して下位に置かれた文化に光をあてようとする傾向が顕著になってきているのだ。その当時にあっては「下位」であっても、のちに大きな可能性が実を結び、花を開かせることがあることは、オスカー・ワイルドの作品と生涯をかえりみても明らかである。

また、この世紀末には「大英帝国」の本国内でも、アイルランドをはじめケルト系地域で、民族性の復権を求めての地域文化運動がさかんになってきていた。それと並行するかのようにフォークロア（民俗学）の調査研究が在野の研究者たちによって展開されつつあった。「産業革命」という歴史用語が使われはじめたのも世紀末になってからのことであるが、その物質的充足の反面として、労働者階級の貧困や不衛生、失業や犯罪といったさまざまな社会問題が裏側に張りついていて、まだそれを十分克服するにはいたっていなかった。

▶負のエネルギー　R. D. オールティックが『ヴィクトリア朝の緋色の研究』（1970年）のなかで、この時代の犯罪、とりわけ殺人事件が、大衆ジャーナリズムにとって何よりの題材となり、ポピュラー文化そのものを形成することに寄与したと指摘するとともに、ヴィクトリア時代の人びとの

「殺人への嗜好」は，パクス・ヴィクトリアーナの長き平和の時代における「戦争の代替物」とまで言いきっている。これは，犯罪への関心が性の抑圧とともに，リスペクタビリティ崇拝の裏面史をものがたる社会病理だというこれまでの通説を越えた大胆な解釈であるが，下位文化の負のエネルギーが，支配的な上位文化の正のエネルギーを活性化させる力を持っていると言いかえることができる。その点から考えてみると，マックス・ビアボウムの描いた晩年のヴィクトリア女王と皇太子のカリカチュアは，英王室内における上位文化と下位文化の境界を印象づける象徴的図柄なのかもしれない。

さらにイギリス世紀末文化のなかで注目される点は，同一階層のなかでも世代交代の時期がおとずれ，時代精神や人生に関する価値観の衝突・矛盾が表にあらわれ時代を彩りはじめていることである。女王と皇太子の対立もその一例であり，文学作品のなかに父と子の対立が重要なテーマになってくるのもこの頃である。

イギリス海軍と日本

よきにつけ，悪しきにつけ，現在の日本にいたる直接の原因をほぼ100年前の日露戦争（1904-05年）に求める歴史家もいる。この戦争で，韓国の指導権，旅順，大連の租借権，長春以南の利権を得，莫大な賠償金で軍備拡張を始めるなどして，太平洋戦争にいたる基盤が整い，そこで敗戦し，現在のアメリカ化された日本にいたっているからだ。

1870年大日本帝国海軍はイギリス式に統一。イギリス人教官を招聘するとともに，優秀な幹部をイギリスへ留学させた。

日露戦争で有名な日本海海戦はトラファルガーの海戦からちょうど100年後のことであった。ロシアのバルチック艦隊を撃破し大勝利をもたらした東郷平八郎（1847-1934）は，1871〜78イギリスへ留学していた。もしこの間彼が日本に残っていれば，薩摩藩士の家の生まれであった彼は，西南戦争に参加して西郷隆盛とともに命を落としていたかもしれない。存命したにしても，イギリスの優れた海軍技術を学ぶ機会に恵まれなかったとしたらどうだろう。

歴史にもしもはないのだが，東郷がイギリスへ留学していなかったら，日本も今とはずいぶんちがっていたかもしれない。　　　　　　　　　　　　（植月）

「大英帝国」の光と影を探るには，繁栄の「路地裏」に悲惨な現実を知るという手法だけではなく，文学作品や大衆ジャーナリズムなど多岐にわたる資料を考察の対象とし，たとえば下位文化，カウンター・カルチャーのもつ意味や価値を未来に向けてひろく探求すべきであろう。

原典をたのしむ

"London" (1794)

William Blake

I wander through each chartered street,
Near where the chartered Thames does flow,
And mark in every face I meet
Marks of weakness, marks of woe.

In every cry of every man,
In every infant's cry of fear,
In every voice, in every ban,
The mind-forged manacles I hear:

How the chimney-sweeper's cry
Every black'ning church appalls,
And the hapless soldier's sigh
Runs in blood down palace walls.

But most through midnight streets I hear
How the youthful harlot's curse
Blasts the new-born infant's tear,
And blights with plagues the marriage hearse.

「ロンドン」1794年

ウィリアム・ブレイク

特権的なテムズ河に沿う
特権的な街路をさすらう

ゆきかう人，ゆきかう人，その顔面には
弱さのしるし，苦悩のしるし

すべての人のすべての叫びに
すべての子どもの恐怖の叫びに
すべての声に　すべての咎(とが)に
心を縛る手かせ足かせの響き

煙突掃除人の叫びが
暗澹たる教会を震わせ
幸薄い兵士の吐息が
王宮の壁を血となり流れる

しかし夜更けの街路に響く最たるものとは
若い娼婦が呪う声
生まれたばかりのおさなごの涙を枯らせ
婚礼の葬儀車を疫病で壊す

Culture and Imperialism (1993)

Edward W. Said

At the opening of *Dombey and Son*, Dickens wishes to underline the importance to Dombey of his son's birth:

The earth was made for Dombey and Son to trade in, and the sun and moon were made to give them light. Rivers and seas were formed to float their ships ; rainbows gave them promise of fair weather ; winds blew for or against their enterprises ; stars and planets circled in their orbits, to preserve inviolate a system of which they were the centre. Common abbreviations took new meanings in his eyes, and had sole reference to them : A. D. had no concern with anno Domini, but stood for anno Dombei—and Son.

As a description of Dombey's overweening self-importance, his narcissistic obliviousness, his coercive attitude to his barely born child, the service performed by this passage is clear. But one must also ask, how could Dombey think that the universe, and the whole of time, was his to trade in ? We should also see in this passage—which is by no means a central one in the novel—an assumption specific to a British novelist in the 1840s : that, as Raymond Williams has it, this was "the decisive period in which the consciousness of a new phase of civilization was being formed and expressed." But then, why does Williams describe "this transforming, liberating, and threatening time" *without* reference to India, Africa, the Middle East, and Asia, since that is where transformed British life expanded to and filled, as Dickens slyly indicates ?

『文化と帝国主義』1993年

エドワード・W. サイード

『ドンビー父子』の冒頭でディケンズは，ドンビーにとって息子の誕生がいかに大切であったかを強調しようとしている。

地球はドンビーと彼の息子が貿易するために創られたし，太陽と月はドンビー父子に光を与えるために創られた。川や海は父子の船を浮かべるために創られ，虹は父子に良い天気を約束するものだった。父子の事業に対しては，向かい風や追い風が吹いた。父子が中心となっている星系を邪魔しないように，周囲の軌道を恒星と惑星がまわった。よくある言葉の省略形が，ドンビーの眼には新しい意味を帯び，父子ふたりだけに関係するものとなった。たとえば，A. D. とは西暦の "anno Domini" とは関係がなく，"anno Dombei"，すなわちドンビーと彼の息子のことを意味していた。

ドンビーの行き過ぎた思い上がりや，ナルシスト的な自己陶酔，もしくは生まれたばかりの息子に対する高圧的な態度が描きだされていることが，この引用箇所からあきらかに読みとれよう。しかしながら，次のように疑問に思う者もいるだろう。どうしてドンビーは，宇宙や時間全体が貿易を行う際に自分自身の所有物となる，などと考えることができたのだろうか。また，この引用箇所は小説の核心部分というわけではけっしてないものの，この箇所から我々は1840年代のイギリスの小説家には特に前提となっていることを見いだせるはずだ。この時代はレイモンド・ウィリアムズが言っているとおり，「文明が新しい段階に入ったという意識がかたち作られ表明されつつある決定的な時期」なのである。しかしそれでは，ディケンズが抜け目なく匂わせているように，変容をとげたイギリスの生活が拡大し，満たされたところとなったインドやアフリカや中東やアジアに言及しないまま，なぜゆえウィリアムズは「この変容と解放と脅威の時代」を描きだしたのであろうか。

第11章 パラダイム・シフト
――〈存在の鎖〉から〈モダニズム／ポストモダニズム〉まで

概説　概念史をたどる

▶**6つのパラダイム**　パラダイムとは，本来トマス・クーン（Thomas Samuel Kuhn 1922-96）の用語である。もともと科学を規定する知的枠組を示すが，この章では主に文学との関係で，各世紀の根底にあると思われる準拠枠の意味で用いている。

具体的には16世紀以前の〈存在の鎖〉と〈大宇宙／小宇宙〉，その完全な秩序も17世紀に新しい科学が登場し，完全性の象徴である〈円環〉は破壊される。18世紀になると無限性の美学である〈崇高〉の概念が登場する。19世紀には有名なダーウィン（Charles R. Darwin 1809-82）の〈進化論〉がさまざまな分野に影響を与えた。20世紀になるとそれまで線型だと思われていたものは実は非線型であったり，幾何学的に整序した空間は，実は曲面を主体とし歪んでいることが明らかとなる。さいごに〈モダニズム／ポストモダニズム〉を取り上げる。

次に，以上6つの概念に関連する項目のうち4つを取り上げ，詳述していく。まず厳然たる秩序〈存在の鎖〉を背景とし，金を産み出す技術であった〈錬金術〉。次に〈崇高〉と大きく関わる〈山〉に対する心性の変化，さらに〈海〉を取り上げてみる。〈海〉は海洋国家であるイギリスでは見逃せない項目であろう。最後に〈錬金術〉や大航海時代とも大いに関わり，未来へのヴィジョンを胚胎（はいたい）している〈ユートピア〉の文化史を取り上げてみる。

▶**〈存在の鎖〉**　〈存在の鎖〉は，神から万物へ連綿と連なる階層秩序の体系である。下位から上位へ順に，鉱物，植物，動物，人間，天使，神へと連環している。ホメロス（Homer 紀元前10世紀頃）はこの階層秩序を「黄金の鎖」（*aurea catena*）と呼んだ。これは〈自然の階梯〉とか単に〈ヒエラル

図11-1 存在の鎖。宇宙の秩序を示し、〈自然の階梯〉とも呼ばれる

キー〉と呼ばれ，〈存在の鎖〉という呼称は，18世紀のトムソン（James Thomson 1700-48）やポープ（Alexander Pope 1688-1744）でようやく登場する。

各階層には首位者が存在している。たとえば4元素では火，惑星では太陽，花では薔薇，森ではオーク，鳥では鷲，獣ではライオン，人間では王などである。この観念体系には，1つも余分なものがなく，各部分が相互によく連関していて当時の〈宇宙〉という観念を鮮明にしていた。しかし上位にあるからといって必ずしも下位のものよりすべての点で優れているわけではない。どの階級も他の階級よりすぐれた特徴をもっている。たとえば〈石〉は，強靭さと耐久性という点で上位のものに優る。〈人間〉は，学習能力がある点で〈天使〉に優る。

この鎖状の階層秩序のため，今でいう食物連鎖に相当する考えが当時もあった。つまり諸元素は植物に，植物の実は動物に，動物の肉は人間に滋養を与えると考えられた。今と異なるのは，この連鎖は神に向かって上昇しようとする人間の性向と同じと考えられたことだ。〈存在の鎖〉は，各鎖自体の不動性と上昇の可能性という点で教訓的であった。

▶〈大宇宙〉と〈小宇宙〉　〈存在の鎖〉という垂直方向の秩序に対して，水平面でもそれぞれが対応していた。つまり〈大宇宙〉と〈小宇宙〉——言い換えれば〈天上界〉と〈地上界〉の対応である。黄道12宮が身体の各部分に対応し，4元素が4体液に対応し，太陽が君主に対応する。

全世界とそのすべての部分が緊密に結びつき，各々が自分の本性に適した仕事をしている限り，そのものも他も生かされる。逆に何か主要なものがその運行や機能を停止したりすれば，それに依存しているものは連鎖反応で必ず同じ

図 11-2　大宇宙と小宇宙
外周円は恒星から惑星，プトレマイオスの宇宙を示す。この大宇宙に人間という小宇宙が対応する。恒星天に相当する黄道12宮が頭から足までの人間の諸器官を支配している。

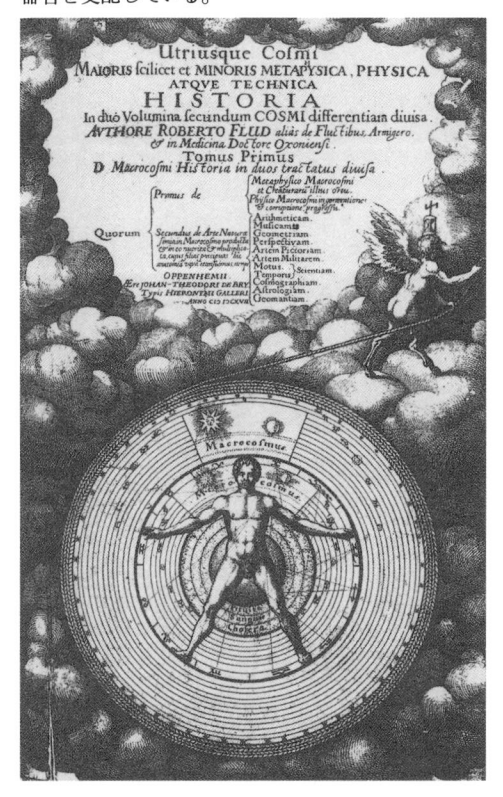

ような状況に陥る。人間の成長と繁栄は世界の成長と繁栄であり，人間の堕落は世界の堕落であった。

　さまざまな対応のなかでも宇宙と人間の対応がもっとも興味深い。つまり人間は宇宙の縮図である。たとえば，血管／血液は小川／流水に，息は空気に，体温は大地の熱に，体毛は大地の草に，頼りない決断力は浮き雲に，眼は太陽と月の光に，若き日の美しさは春の花々に対応している。嵐や地震は人間の激しい感情と対応し，その見事な例が『リア王』（*King Lear* 1604-05）の嵐の場面

第11章　パラダイム・シフト　227

である。

　さらに国家と小宇宙＝人体とも対応し，国家（＝政体）は同じような有機体と見なされる。たとえばエリザベス1世（Elizabeth I 1533-1603）の崩御(ほうぎょ)は，全世界の崩壊にいたるが如き印象を当時の人々に与えることになる。したがって天の混乱と国家の内乱も対応している。人口過剰が戦争で解消されるとすれば，それは人体の瀉血(しゃけつ)療法に対応している。都市も人々が結合してできあがった1つの身体に他ならない。魂はその秩序，理性は政策である。社会も人体と同じように，それぞれ異なる複数の部分から成立しなければならない。異なる階級間の関係が適切な比率に保たれていることが重要である。そのため都市のすべての構成員が同一の条件であるとすれば，まったく不釣合いを生じてしまう。言い換えれば「平等」は，同じ形の足を何本も具えた人体を意味した。

▶円環の破壊　　ケプラー（Johannes Kepler 1571-1630）は惑星が太陽の周りを円ではなく楕円で回っていることを示し，その運動法則を提示した。万物の中でも最も完全な円の存在はこうして否定された。楕円軌道である原因を，造物主＝神にではなく被造物の方に彼は求めた。被造物にすぎない惑星が，完全な円を求めても，それが物質であるという限界をもつ限り，楕円軌道を描くのが精一杯だという解釈だ。ケプラーは不承不承に〈円環〉を破壊した。

　エリザベス1世の侍医を務めたギルバート（William Gilbert 1544-1603）は『磁石について』（*De Magnete* 1600）で，〈大宇宙〉に対して人間が〈小宇宙〉であったように，磁石（＝小地球）は大きな地球の縮図であるとした。そしてその磁力なしには，地球は崩壊するだろうと説いていた。ダン（John Donne 1573-1631）の詩においてもエリザベス1世は世界を1つにまとめる磁力でもあった。

　……今日
　あらゆる部分を再び結合するはずであったあの女性，
　さまざまな部分を引き寄せ，しっかりと結ぶことのできる
　磁石のような引力を，ただひとりもっていたあの女性
　……
　そのような女性，彼女は亡くなった。彼女は亡くなったのだ。

(Donne, *The First Anniversary* ll. 219-237.)

こうして紀元前4000年に創造された世界は，キリスト生誕から17世紀後に崩壊し始めた。「世界は6,000年続く」と預言者エリアは述べたが，ルター（Martin Luther 1483-1546）を始め多くの年代学者は最後の1,000年は全うされないだろうと予言していた。エリアの述べた「世界」を，現実の「世界」そのものでなく古典的な「世界観」と解釈すれば，予言は見事に的中したことになる。

▶〈崇高〉：無限性の美学

〈美〉と〈崇高〉。対照的にいえば，前者は「肯定的な快」，後者は「否定的な快」である。われわれは苦痛，恐怖，危険などを感じるときがある。しかし実際に感じるにいたらず，単にそういう観念をもつに留まるとき，「否定的な快」というべき感情が起こる。この感情を誘発するのが〈崇高〉である。具体的にはゴシック大聖堂，古代ローマの廃墟，アルプスの自然などが〈崇高〉の例である。

ケンブリッジ・プラトニストであるヘンリー・モア（Henry More 1614-87）も『世界の無限性』（*Democritus Platonissance, or an Essay upon the Infinity of Worlds out of Platonick Principles* 1646）で，変化，多様，不規則性へ興味を示し，そこに〈無限性の美学〉の発端を見ることができる。ミルトン（John Milton 1608-74）の『楽園喪失』（*Paradise Lost* 1667, 10 vols；1678, 12 vols）に見られる〈無限性の美学〉——広大無辺を神，宇宙空間，地上の山々に見出した美学——は，英詩で最初に実践された例である。それはバーネット（Thomas Burnet ?1635-1715）の『神に捧げる地球論』（*Telluris Theoria Sacra* 1681；*The Sacred Theory of the Earth* 1684-90）で詳しく展開された。

デニス（John Dennis 1657-1734）は，英文学批評で初めて〈崇高〉と〈美〉とを区別し，不規則性を〈美〉に反するものとして批判する。

シャフツベリ伯（Anthony Ashley Cooper, Third Earl of Shaftesbury 1671-1713）まで来ると，不規則性は規則性と同様自然であり，〈崇高〉は最高の〈美〉となる。

アディソン（Joseph Addison 1672-1719）は「想像力の喜び」（"The Pleasures of the Imagination" 1712）で，自然の〈崇高〉は「想像力の第1の喜び」で，修辞学上の〈崇高〉の喜びは「第2」であるとした。また〈壮大〉〈逸脱〉〈美〉に

第11章 パラダイム・シフト 229

図11-3 自然の崇高
18世紀後半にはロマン派の画家たちがアルプスの壮大な風景を描き始める。

ついてまとめ上げた。無限の神から無限の空間，地球という巨大な物体へ，そして再び自然界の「壮大」から宇宙空間，無限の神へという軌跡が，彼の言う「想像の喜び」の3段階である。

デニス，シャフツベリ伯，アディソンは〈崇高〉を喚起する「第1」の要因は神の栄光を顕わす自然の壮大な諸現象——山，海，星，宇宙空間など——にあるとしている点で一致している。

アディソンの思想は，エイケンサイド（Mark Akenside 1721-70）の『想像力の喜び』（*The Pleasures of Imagination* 1744）で韻文化され，エドモンド・バーク（Edmund Burke 1729-97）の代表的な〈崇高〉の理論書『崇高と美について』（*A Philosophical Inquiry into the Origin of our Ideas of the Sublime and the Beautiful* 1757）で体系化された。

▶進化論　　ダーウィンの『種の起源』（*On the Origin of Species by Means of Natural Selection* 1859）では，個々の種は共通の祖先からゆっくり変化してきたものであり，その原因が自然淘汰からではないかという主張をした。これは環境に有利に変異した種が生き残るという適者生存を基盤としている。

進化論以前，宇宙は不変であって，1つの生物種が漸次別の種へ移行してい

くことなど異教のアリストテレス（Aristotle 紀元前384-22）主義でも考えられなかった。キリスト教でも，宇宙の存在は全能の神の手になるもので，それは適切に世界に配置されているのであり，やはり進化という考え方を阻んできた。

しかし新しい宇宙創生論の登場，地質学や古生物学の進展などによって，地質上の変化を『聖書』の大洪水の記述で説明することは破綻をきたした。ダーウィンに甚大な影響を与えたといわれるサー・チャールズ・ライエル（Sir Charles Lyell 1797-1875）の『地質学原理』（*Principles of Geology* 1830-33）では，時代と共に地表面が物理的な力を漸進的に被った結果，現在の状態になったという斉一説（uniformitarianism）が説かれた。とすると地球の年齢は聖書年代学が示すものよりはるかに古いことになる。

進化論の考え方は，西洋の知的文化に革命的な衝撃を与えることになる。つまり天地創造とノアの大洪水を考慮に入れなくていいということだ。いまでは当たり前の考え方だが，人類の進化さえ例外ではないとすれば，原人化石の発見によって，この概念はいっそう裏付けられ，最初の人類「アダム」の死を迎えることとなる。

こうして低次の生物から高次の生物へと連続して時間軸上に配列されることになる。人間もこの進化途上の一存在形態であり，獣と超人の間に位置することになる。さらに超人から「超」超人へ，最終的に神を実現することになる。すでに述べた〈存在の鎖〉は19世紀に入ってこうした進化系統樹とか生命の樹と呼ばれるものにその連続性を留めた。これは不規則な間隔で枝分かれするものの，果てしない連続体である。ラヴジョイ（Arthur Lovejoy 1871-1962）が〈存在の鎖〉の時間的な位置づけと呼んだものである。

進歩史観とか進歩主義は，野蛮／未開から文明への移行を意味する。それは文明に優劣をつけることになり，さらに劣った文明は優れた文明を手本として進化しなければならないと考える。進化論は西洋中心主義と結びつきやすい。文明化とは，たとえば科学技術化であり，産業化であり，さらに大量消費社会の形成へといたり，さまざまな環境問題を引き起こすことへとつながり，われわれは今それに直面している。

▶モダニズム／ポストモダニズム　モダニズム／ポストモダニズムは，現代思想を解明する基軸の1つとして設定された枠組である。単純に言ってしまえば，20世紀前半のモダニズムは工業化，都会化，技術信仰，生産至上主義，進歩主義，機能主義，人間主体への信奉などを意味した。一方2つの世界大戦を経験した後の20世紀後半に出現したポストモダニズムは，モダニズムが臨界に達したと見て，地球は無限ではなく有限な村落共同体であると考え，脱工業化，反機械主義などを特徴とする。むしろ戦後のアメリカ後期資本主義の爛熟と考えた方がいいかもしれない。

18世紀はネオ・クラシシズム，19世紀はロマンティシズムとすれば，20世紀はモダニズムということになる。以下ハッサン (I. Hassan) の名著 (*Paracriticisms: Seven Speculations of the Times* 1975) に倣って要約してみると，モダニズム／ポストモダニズムの対立は，エリート主義・貴族主義・秘教的／反エリート主義的・大衆主義・顕教的，神話的／脱神話的，エロスとタナトスの闘争／エロスとタナトスの超越，新たなセクシュアリティの構築，不連続・疎外／断絶の受容・疎外の超越，楽観的実験主義／悲観的実験主義などである。

自然科学との関係でいえば，たとえば，ハイゼンベルグ (Werner Karl Heisenberg 1901-76) は，1927年不確定性原理 (uncertainty principle) を発見した。素粒子の位置を特定しようとすると素粒子の運動量が不確定となる。逆に運動量を特定しようとすると位置が不確定となる。これはカフカ (Franz Kafka 1883-1924) の『城』(*Das Schloß* 1926) と通底しているといわれる。城にやって来た測量士Kは，接する人々それぞれに違う側面を見せ，Kその人を知る者は誰もいない。19世紀のリアリズム小説とはまったく異なったものとなっている。

20世紀初頭になると19世紀の反動から実験的芸術運動が盛んになった。象徴主義，未来派，表現主義，イマジズム，ダダイズム，シュルレアリスムなどである。これはそれまでのさまざまな秩序を破壊していった。たとえばコンラッドにあるように，時間の秩序を破壊し，ウルフにあるように心理的思考の秩序を破壊し，全体，一貫性を破壊し，断片化し，順序を入れ替える。一方でジョイスの『ユリシーズ』のように古典を枠組としながら，実際は前衛的実験的手法を試した傑作もある。

ポストモダニズムはこうしたモダニズムの高踏的な姿勢を批判する。高級文化と大衆文化の区別を無効にする。たとえばメタフィクションで，ファウルズ（John Robert Fowles 1926- ），マードック（Dame Iris Jean Murdoch 1919-99）などの場合，引用，反復，パロディ，ハイブリッドなどを特徴としている。

　こうした背景には，テレビ，ラジオ，広告などさまざまな形態のメディアの発達がある。複製芸術が実際許容され，合成，反復，再生産をひたすら繰り返

望遠鏡と顕微鏡

　1608年にはすでにオランダで望遠鏡の特許申請が記録されている。

　ガリレオ（Galileo Galilei 1564-1642）が作った望遠鏡は，最初倍率わずか3倍であった。その後9倍，ついに33倍の器械を完成する。1610年1月7日の夜，月面がひどい痘痕であること，銀河は光の帯ではなく，無数の星から成り立っていること，木星にも衛星があること，金星にも月と同じような満ち欠けがあることなどを「トスカナの技術師」は見た。

　こういった発見は，アリストテレス，プトレマイオス以来のヨーロッパの伝統的な考え方を覆すものであった。つまり月より上は不変であるとしたアリストテレスの大前提を覆してしまうものであった。こうしてこの夜以来，ヨーロッパ近代思潮史が始まった。

　つまり月も地球と同じであるかもしれないというガリレオの観測結果に象徴されるような天文学などの新しい科学の進展から，世界は複数性をそして無数性を，したがって宇宙は無限性を勝ち得た。もはや神は1つの世界，1つの宇宙をただ一度創造するに留まらず，時間，空間を超えて無限に展開するはずだ。時は永遠に反復し，創造も永続的行為となる。アリストテレスの神からヘンリー・モアの神へ移行することになり，その無限性から〈崇高〉が生まれる。

　一方顕微鏡は，オランダで1590～1609年頃発明された。1655年王立協会主事のロバート・フック（Robert Hooke 1635-1703）が接眼，対物，両レンズをもつ本格的な顕微鏡を発表した。1665年には『顕微鏡図会』（*Micrographia*）を出版する。イギリスの顕微鏡史は，王立協会の歴史でもあった。

　当時の女性愛読誌『フィーメイル・スペクテイター』（*The Female Spectator*）の女性編集者たちは，顕微鏡を携えて野外へ飛び出し，毛虫，蝸牛を観察し，神の造化に感動し，話題はふたつの性の差異，さらに女性教育の大改革へとおよぶ。

し，散種される。さらに21世紀になった現在こうした動きは，作品も批評も一体となってカルチュラル・スタディーズのような運動に繋がるものである。

1 〈錬金術〉の文化史

▶錬金術とは？　錬金術は大きく2つの工程に分かれる。まず「大いなる業」を繰り返して，「賢者の石」を手に入れなければならない。この石が卑金属を貴金属に変える力をもっているからだ。「賢者の石」とは，「世界霊魂」を凝縮したものであり，アルコールに溶かした液状の「賢者の石」は不老不死の霊薬（エリキサー）となる。次にそれを使って金属を変成させる。

〈錬金術〉の根底にはヘルメス思想があり，その基本原理は「一は全，全は一」であった。物質上で一から全へ，全から一へという相互変換が行なわれるだけではなく，時間でも成立している。つまり有為転変を繰り返す「時」は，「永劫」に飲み込まれ，その逆も成立することになる。これを象徴するのが尾を咬んだ蛇／竜「ウロボロス」である。

〈錬金術〉は2つの原理からなる，〈大宇宙〉と〈小宇宙〉などの対応の原理と対照を成すものの結合である。前者の対応の原理についてはすでに述べたが，後者については，ルネ・ホッケ（Gustav Rene Hocke 1908-85）が『文学におけるマニエリスム——言語錬金術ならびに秘教的組み合わせ術』（*Manierismus in der Literatur* 1959）の副題で「言語錬金術」という言い方をしているように，マニエリスム詩人に頻繁に見られる「不調和の調和」という隠喩法，たとえば「生きながらの死」，「翼ある蛇」，「天国の地獄」といった表現がそれを象徴している。

1471年にフィチーノ（Marsilio Ficino 1433-99）が『ヘルメス選集＝コルプス・ヘルメティクム』（紀元前3～後3世紀頃，ギリシャ語で書かれた『ヘルメス文書』（*Hermetica*）という匿名の文書群の基本文献）をラテン語に翻訳したことが契機となり，錬金術，占星術，カバラ，新プラトン主義，自然魔術などへの知的欲求が高まった。「プラトニズム再興運動」の始まりである。これはもちろんキリスト教からの脱却を試みるルネサンスという現象の1つであっ

たことはいうまでもない。

18世紀になって錬金術は急激に凋落していく。その大きな原因は3つある。まずきわめて秘教的性格の強い〈錬金術〉の方法論が、闇を照らし出そうする啓蒙主義と相容れるはずがなかった。2つ目は、王立協会の充実などにより、近代的な自然科学が着実に進展してきていたこと。3つ目は「産業革命」で、これが止めを刺した言えるだろう。

図11-4 リバウィウスのタイトルページ
左にガレノス、右にアリストテレス、それぞれの上には、ヒポクラテスとヘルメスがいる。下方では医学と錬金術が実践されている。

▶錬金術と文学

ダンテ（Dante Alighieri 1265-1321）の『神曲』（*Divina Commedia*）は、地獄、煉獄と巡って、最後に天国へ達する魂を描いており、その浄化のテーマは錬金術的といえる。ゲーテ（Johann Wolfgang von Goethe 1749-1832）の『ファウスト』（*Faust*）でも錬金術への関心を示しており、その誤った精製過程を示した作品ということになるだろう。

イギリスではアウグスチノ会修道士リプリー（George Ripley ?-1490頃）の作品が有名であったが、とくに薔薇十字団の啓蒙運動の中心地となったイギリスでは、ディー（John Dee 1527-1608）、フラッド（Robert Fludd 1574-1637）、アシュモール（Elias Ashmole 1617-92）らの影響を受けた文藝が多く生まれた。

形而上詩人ダン（John Donne 1573-1631）の「聖ルーシーの日の夜想曲」（"A Nocturnall upon S. Lucies Day"）は、冬至の日に実行されたすべてを「無」に帰する一種の〈錬金術〉的操作である。

同じく形而上詩人の1人といわれるヴォーン（Henry Vaughan 1621-95）の双子の弟トマス・ヴォーン（Thomas Vaughan 1621-1666）も錬金術の研究を行なった。

第11章 パラダイム・シフト

図 11 - 5　錬金術の象徴
中央下に錬金術師がいる。左半分は昼，光，男性原理の世界であり，右半分は夜，闇，女性原理の世界である。錬金術師の上方の図は＜大いなる作業＞の各段階を象徴している。

　シェイクスピア（William Shakespeare 1564-1616）の『真夏の夜の夢』（*A Midsummer Night's Dream* 1595-96）では4人の恋人たちの名前が，それぞれ4元素に対応している。その元素の混交から3つのレベル——王，職人，妖精のそれぞれが精神，魂，肉体に対応——で結婚が成立する。結婚という調和にいたる過程は，錬金術の過程と並行している。

　『リア王』という悲劇も，コーディリアを触媒とし，さまざまな艱難辛苦を経て，人間が人間として完成した状態へ近づく暗示であると考えれば，錬金術の隠喩と解釈できる。

　特定の演劇に限らず，当時宮廷で行なわれた仮面劇，さらに一般に舞台上でときに音楽とともに展開される演劇そのものが，〈錬金術〉的操作の隠喩であるという批評家もいる。

　エジプト人が錬金術（alchemy）の語源を「黒い土」と考えたとすれば，そ

れは地下世界や冥府の「暗黒」との深い関わりを暗示している。ミルトンの『楽園喪失』は，地獄の一面漆黒の闇のなかにいる堕天使サタンの場面から始まる。サタンはイヴに近付くためにヒキガエルに身をやつすが，この一見奇妙な変身も錬金術から言えば，「ヒキガエル」とは材料に選ばれた鉱物の寓意である。「エデンの園」を蒸留器と見なせば，そこから出てくるアダムとイヴは，まさに錬金術による最終生成物の謂であり，従来否定的にとらえられてきた「楽園追放」ではなく，「楽園脱出」といった積極的な意味を見出す契機となるだろう。

ジョン・バニヤン（John Bunyan 1628-88）の『天路歴程』（The Pilgrim's Progress 1678-84）では，救済を求める巡礼者が，数々の危機（＝変成段階）を通り抜け「天の都」にたどりつく話である。それは世の中の「屑」「堕落」と巡礼者の奮闘に始まり，最後は太陽が光り輝く「天の都」で彼は「金」を見つける。これは「卑金属」から「金」へ至る錬金術のさまざまな操作と一致している。

しかし一方で錬金術師は，あることないことをもっともらしく書きたてる三文文士やインチキ降霊術師，ペテン師などと見なされた。ジョンソン（Ben Jonson 1572-1637）の『錬金術師』（The Alchemist, performed 1610, printed 1612）は，あきらかにこういった諷刺の文脈で書かれた作品である。

このような諷刺は，〈錬金術〉が非合理，似非科学であることをすでに見抜いていたからというよりも，むしろ前近代的神秘的魔術の側面への反発からであったり，当時勃興し始めた新しい科学へ積極的にもなれず，といって今更古い魔術にも戻れずといった人々の戸惑いの表明である。

▶錬金術のメタファー　錬金術のメタファーは，文学にとどまらない。食物を摂取し，必要な元素を取り込み，肉体を創り上げている人体の消化・吸収の活動も，いわば錬金術の過程である。

卑金属（＝不完全な金属）を金（＝完全な金属）に変える操作は，病を癒して健康へ向かう過程でもあり，さらに完璧な健康である「不老長寿の法」の探求へ繋がっている。

目指すべき完全存在が理想社会であれば，それは〈ユートピア〉の表現と重なる。実際，カンパネラ（Tomaso Campanella 1568-1639）の『太陽の都』（Citta *del sole* 1623）は，〈錬金術〉の影響が強い。

　また，金を創り出す過程は，魂の浄化とも類比される秘儀であった。物質的操作と精神的成長。こうして錬金術は，「絶対的存在」へ漸近していく精神的な操作をも意味するようになる。実際，ユング（Carl Gustav Jung 1875-1961）は，錬金術の寓意図と夢と無意識を論じた『心理学と錬金術』（*Psychologie und Alchemie* 1944）を著し，金属変成過程が，魂の浄化，心理的発展過程の隠喩になっていることを明らかにした。

　錬金術は，実験室の作業マニュアルでもあり，非常に難解な宗教的実践でもあり，さまざまなレベルが渾然一体となっていた時代の有機的な独自の体系であった。けっして近代化学の前段階あるいは未発達の段階などではない。アルコールの蒸留も，白磁の製法も，白金や火薬の発見も，すべて失敗した錬金術の副産物であった。むしろ近代化学のほうこそ，不完全な錬金術なのである。

2　〈山〉の文化史

▶山の変容
　　　　まず，山に対する心性が変わる前の例を挙げてみる。
　　　　……汝らさらに神の義に適わぬ山々よ，
　　お前たちは巨大な姿をやおら突き出し，
　　鉤型の肩を聳えさせることで満足し，
　　地を歪め，天を威嚇する，
　　その不恰好なる瘤ゆえに，
　　自然は新たな中心を求めなければならない。
　　……
　　　　　　　　　　　　（マーヴェル「ビルバラーの丘と森」第2連）
　次は心性が変化した後の典型的なロマン派の〈山〉の例である。
　　もう一度鬱蒼としたアペニン山脈に立ってみる，
　　このアルプスの幼子も──いっそう力強い父なるアルプスから
　　眺めてしまった後では，そこではさらに茫々たる頂きに
　　松が見えるし，雪崩の轟きが聞こえるのだから──

さほど崇拝の対象とはなるまい。
それにしても私があちらにこちらに目にしたのは
聳え立つユングフラウの人の踏み入れぬ雪原であり
荒涼たるモン・ブランの白い氷河であり，
耳にしたのはキマリの恐ろしい山鳴りであった，

（バイロン『チャイルド・ハロルドの遍歴』第4巻第73連）

　この2つの山に対する心性の違いは，詩人の個人的な資質の違いからではなく，各々の時代の相違を反映している。近代の人々の心に，確かにある変化が起こったのだ。それは定型，規則，対称，抑制，均整の偶像をうち壊し，多様，変化，不規則性の理想，無限，広大などを好む心性であった。

　言い換えれば，キリスト教世界が始まって17世紀もの間山は人々の眼を曇らせ，いま私たちが当然のことと考えているような山の輝きを，当時の詩人たちが見ることは絶えてなかった。ほんの1世紀の間に──いや50年の間に──すべてが変わり，山を栄光が包み始め，やがて燦然と輝かせたのだった。つまり〈山〉はもはや大地の顔の疣（いぼ）、痘痕，疵ではなく，雄大荘厳な存在であり，〈崇高〉の具象であった。

▶なぜ〈山〉は変容したか？　もちろん山そのものは古来一定の容姿を保ってきた。変容したのは，それを眺める人の心性の方である。

　この変容の原因は，1つには王政復古後，グランド・ツアーによってアルプスを越え，イタリアの風景画を見た教養人が増えたという影響が考えられた。2つには，絵画，造園，建築など他の芸術が変化した結果，文学的趣味も同じような変化をこうむったと考えられた。規則，調和，抑制を価値基準とする古典的風潮に対して，均整よりも不規則性を好みはじめたのである。つまり新古典主義的美学からの逸脱を，シノワズリー，英国風庭園，洞窟（グロット），ピクチャレスク，ロココ趣味，センチメンタリズム，イタリア絵画などに求めたのだった。

　しかしこういった説明はいずれも不十分であった。つまり上述したことは，文学の変化を他の芸術の変化で説明したに過ぎないのである。もう少し深層の

原因を探るために，当時の神学上の矛盾とその解消，地質学上の矛盾とその解消，バーネットの地球論の順に見ていこう。

　まず神学上の矛盾とその解消。いわゆる天地創造のとき，地表面はどうだったのだろう。それには，2つの考え方があった。われわれが現在知っているような凸凹のあるような状態だったという伝統と，地球は完璧な球体で，「世界卵」(Mundane Egg) と呼ばれるほど，その地表面はなめらかだったと考える伝統である。では後者の場合どういうふうにして地球上に歪みが生じたと考えたのだろうか。

　それは人類の罪業の結果，つまりアダムとイヴの罪が原因で歪んだと考えた。山は本来均整な自然にできた疵であるというわけだ。

　こうした混乱の一因は，ウルガタ聖書（405年完訳）の「創世記」第3章第17節にあった。そこで「土」humus でなく「地球」terra と訳したことが原因である。

　というのはもし神の呪いが「土」にかけられ，アダムが額に汗して食物を手に入れなければならなくなったのなら，地表面の変化とは無縁である。しかし呪いが人類から地球全体へ波及していったとなると，地球も変化を蒙ったと考えざるをえなくなる。

　では具体的に山はいつごろできたと神学上考えるのか。それは，ノアの大洪水に帰せられた。つまりノアの箱舟がアララト山頂に到着するまで，「創世記」には，これといった山の記述がないからだ。最初から山があったという神学者でさえ，ノアの大洪水が大きく作用し，結局現在のような急峻な山ができあがったと考えた。とにかく神の創造によるものだから，原初の地球は完璧な球体でなければならなかった。

　次に地質学上の矛盾とその解消である。化石の例がよくわかるだろう。異教徒であるギリシャ人は，海の化石を動物の遺骸と見なし，茫漠たる時間の経過と海と陸の交代を認めるのに抵抗はなかった。ところがキリスト教正統派がこんなことを認めるわけにはいかない。海と陸は天地創造の第3日目に分離され，動物が創造されたのは第4日だったからだ。かれらにとって，化石は惑星の感応力の結果，石がグロテスクに歪められたものでしかなかった。

▶バーネットの地球論　　最後にバーネットの『神に捧げる地球論』にふれておこう。この理論は，1671年に彼がグランド・ツアーをこころみたときの経験に発している。山は，「われわれが自然の中で知りうるかぎりもっとも混沌とした実例」であり，どんな嵐，火山，地震でもこれほどの混沌に陥ることはなく，自分なりに説明しないでは，どうしても不安であったという。

　その著書のなかで，彼は山の険阻(けんそ)，不均衡，不規則性を非難しながら，同時にその壮大さに敏感に反応し礼賛するというパラドクシカルな感情を示している。以前ではただ神としか結びつかなかった畏怖と驚異を，山や海を前にして感じた。むしろ神と無限性を思わせるのは，山や海をおいてほかになかったのである。それはもはや古典的な美への反応ではなかった。

　バーネットは人類の罪が引き起こした「巨大な廃墟」である山を見下ろしながら愁嘆する人として言及されてきた。しかしその自然描写を仔細に精読したニコルソン（Marjorie Hope Nicolson 1894-1981）は，不規則性をはげしく非難している文章そのものが，山や海の壮大さに畏怖と驚異を感じ，礼賛してしまっていることを読みとったのである。

　バーネット以後，イギリスはかつてないほど山を意識し始めた。そしてワーズワス（William Wordsworth 1770-1850）や，バイロン（Lord George Gordon Byron 1788-1824）でバーネットの影響は頂点に達する。

3　〈海〉の文化史

▶イギリスと海　　最近の主要な批評にポストコロニアリズムがある。それは，たとえばシェイクスピアの『テンペスト』（*The Tempest* 1611）に登場するプロスペローとキャリバンの関係が，植民地主義とそれに対する異議申立てを代理表象しており，そのテクストの植民地主義言説を解読するような作業である。その成果の1つとして〈キャリバン〉の文化史も語られるようになった。これを支えているのは，大航海時代から，植民地主義の時代，帝国主義の時代を経て現在へいたる膨大な歴史の緻密な読みである。そしてイギリ

ス史の一側面は，7つの海を征服していく歴史でもあった。

帆は車輪と並んで，世界文明史上最大の発明の1つといわれる。櫂と竿を操って漕いでいく漕走と帆を使った帆走とを比較してみれば，長期間・長距離の走行が飛躍的に可能になったことがわかるだろう。6,000年を越えるといわれる船の歴史で，帆船は長い間その中心的存在であった。汽船の時代といえるのは20世紀になってからである。

大ブリテン島の東方と南方は，ほんのわずかの距離で旧世界から隔り，西方は大西洋と新世界に繋がっている。イギリスはこの地勢上かつて外敵に散々悩まされていた。しかし，海上制覇を進めるにつれて，島国であることが長所に，つまり富と海軍力の基盤になった。

国という単位は，陸と海とに国境をもっているのがふつうである。したがって各国は陸軍だけでなく，海軍の養成にも力を注がざるを得ず，両者の戦力を増強する必要があった。しかしイギリスの場合，他の国々と比べて，おもに海軍の発展に力を注ぐことができた。

▶海賊から海軍へ　ドイツの主要な沿岸都市を結ぶハンザ同盟と呼応するかのように，イギリス海峡沿いに五港連合（サンドイッチ，ドーヴァー，ハイズ，ロムニー，ヘイスティングズ）という一種の経済同盟が結成された。これはいわば防人で，政府に軍用船を供給し，船乗りを補充する義務があった反面，一種の治外法権が認められていた。チューダー朝まではすべての軍船がここで建造された。

イギリスが海外に拡張して世界的な帝国になろうとする意図がヘンリー7世（Henry VII 1457-1509）によって確立され，開国以来初の本格的な軍船を建造した。

ヘンリー8世（Henry VIII 1491-1547）はイギリス海軍を創設し，将来の海上制覇の基礎を作り上げる。

当時の著名な人物を3人挙げておこう。プリマスの大船主で，ポルトガル商人から黒人奴隷を奪い取り，スペインの独占する西インド諸島の植民地にそのアフリカ奴隷を売り込んで巨利を博し，イギリス最初の奴隷売買に従事したサー・ジョン・ホーキンス（Sir John Hawkyns 1532-95）。彼に同行し，マゼラ

ン（Fernao de Magalhaes 1480-1521）に次いで世界で2度目，イギリスでは初の世界周航を達成したサー・フランシス・ドレイク（Sir Francis Drake 1545-96）。タバコとジャガイモを新大陸から持ち込み，処女王エリザベス1世に因んで新大陸の植民地をヴァージニアと名付けたサー・ウォルター・ローリー（Sir Walter Raleigh 1552-1618）。

1577年に「黄金雌鹿号」で出航したドレイクは，途中ペルー沖でスペイン最大の財宝船を襲撃し，1580年帰国した。ここでエリザベス1世はナイトの称号を授けた。当時私掠船と海賊の区別は曖昧で，英国民は「海賊国民」とまで呼ばれることもあったが，この事実は新教国イギリスを大いに鼓舞した。ドレイクは自分が率いる船だけで旧教国スペインの全艦隊に挑むことができると誇ったといわれる。1588年にはスペインの無敵艦隊（the Invincible Armada）を撃退し，イギリスが制海権を握った。

1494年のトルデシーリャス条約で，大西洋上に引いた仮想の境界線から西で発見された土地はスペインの領土，東側で発見された土地はポルトガルの領土と決められていた。しかし1604年まで続いた戦争でスペイン，ポルトガルの連合軍を破り，東洋と西洋の両方がイギリスへ開かれることになる。1600年12月31日設立された東インド会社や，新大陸方面のヴァージニア会社も組織として充実してくる。

フォールスタッフは，『ウィンザーの陽気な女房たち』（*The Merry Wives of Windsor* 1597）で「ふたりの女を東西両インドに見たて，おれは東奔西走してうまく取引しようって寸法だ」（1幕3場）とフォード夫人とページ夫人を2つのインドに見たてている。またピストルは，「世界はおれの真珠貝，それを剣で切り開いて真珠を頂戴しよう」（2幕2場）とまるで海賊の台詞を代弁している。

ダンは「……そのふくよかな目と胸は，西インド諸島に／金色の光を添え，東インドに芳香を与えたあの女性」（*The First Anniversary* ll. 229-230.）と暗にエリザベス1世を称えている。

こうしてエリザベス1世の時代に大英帝国の様相を呈し始めた。

▶パクス・ブリタニカ　　しかし1623年のアンボン（Ambon）事件を機に香辛料の産地インドネシアおよびジャワから撤退を余儀なくされる。ジェイムズ１世（James I 1566-1625），チャールズ１世（Charles I 1600-49）の治世には，議会と王との不和のために，海軍も然るべく維持されず，イギリスの海上覇権主張にオランダが公然と反対し始めた。

　クロムウェル（Oliver Cromwell 1599-1658）は，イギリスに敬意を表させるべく，狭水域でオランダ船の国旗を降下させ，それまでのオランダの不当行為に賠償金を支払わせた。とくに1651年の「航海法」（Navigation Acts）は，オランダによる中継貿易の排除をねらったため，英蘭戦争の原因となった。

　この時期海軍が近代的に組織化され，大拡張された。チャールズ２世（Charles II 1630-85）は，太陽王ルイ14世（Louis XIV 1638-1715）に対して，海上覇権をイギリスが本来有しているとまで言っている。

　1704年にはジブラルタルを攻落し，ここでフランス軍およびスペイン軍を地中海に封じ込めることができた。1713年にはユトレヒト講和でアメリカ植民地への拠点を獲得し，1745年には北アメリカのフランスの大拠点ルイスバーグを占拠した。しかし1776年にアメリカは独立し，1783年にはアメリカの植民地を失うことになる。

　一方1768年にクック（James Cook 1728-79）がタヒチ島方面に派遣されていた。目的はオーストラリア大陸で，大陸東部がイギリス領であることを宣言することと，ニュージーランドの調査であった。アメリカを失ってオーストラリアを手に入れたイギリスは，まだインド，南アフリカ，カナダを維持していた。

　当時の船乗りは長い航海で壊血病に苦しんでいた。クックはこの病に柑橘類が効くことを知ると真っ先にこれを船内食に加えた。こうして1795年以降イギリス海軍の全艦隊にレモン果汁の搭載が義務付けられることになる。

　1805年にはネルソン提督（Viscount Horatio Nelson 1758-1805）がトラファルガーの海戦でフランスに対して大勝利を収めた。この海戦は帆走船時代最大にして最後の海戦であった。彼の「大英帝国は総員がその義務を果たすことを期待する」という全軍の士気を高める言葉は有名である。この後ほぼ１世紀にわたってイギリスが７つの海の制海権を掌握し，「パクス・ブリタニカ」（Pax

Britannica）を支えた。ロンドンのトラファルガー広場には145フィートの記念柱の上に彼の銅像が今も立っている。

4 〈ユートピア〉の文化史

▶ユートピアとその系譜

　　ユートピアとは，「どこにもない場所」の謂である。錬金術師がペテン師と同義語と考える人がいるように，ユートピアンは，浮世離れした夢想家と考える人もいる。しかしユートピアは，単なる空理空論であるというよりも，現実の社会を冷静に見据え，その批判の上で提案された理想社会のことだと考えた方がいいだろう。

　ユートピアはふつう空間的に遠い場所に置かれるが，時間的に遠い場所に置かれたり，さらに同時代，同空間であっても，3次元ではなく別の次元に設定

図 11-6　ユートピア島。トマス・モアの『ユートピア』（1518 年版）掲載の木版画

第11章　パラダイム・シフト　245

される場合もある。

　ユートピアに極めて近接した領域として，地上の楽園，黄金時代，アルカディア，牧歌などが挙げられる。

　まずトマス・モア（Sir Thomas More 1478-1535）の『ユートピア』（*Utopia* 1516）に触れないわけにはいかないだろう。語り手ラルフ・ヒスロディは探検家でもあり，アメリゴ・ヴェスプッチ（Amerigo Vespucci 1451-1512）の仲間である。第1巻は，当時のイギリス社会に対する批判であり，第2巻はユートピア国を手本として，それに仮託した新しい社会へ改造することを提案している。

　この作品は，クリスチャン・ヒューマニズム（ギリシャ・ローマの古典文化とキリスト教文化の融合），大航海時代の成果，当時の政治的混迷に対する諷刺などの総和であり，理性によって統治され，平等，自由を享受する平和な国家のヴィジョンを示した。

　カンパネラ（Tomaso Campanella 1568-1639）の『太陽の都』（*Citta del sole* 1623）は，占星術，錬金術，秘教的知識に関心を示している。新しい科学の知識が人間の幸福のために応用されているし，『化学の結婚』（*Chymische Hochzeit* 1616）を書いたアンドレーエ（Johann Valentin Andreae 1586-1654）の『キリスト教徒の都』（*Christianopolis* 1619）では，著者は薔薇十字団員であるためか，科学研究所がいくつも登場する。

　モアの『ユートピア』からほぼ1世紀後，ベーコン（Francis Bacon 1561-1626）の『新アトランティス』（*The New Atlantis* 1627）では，科学の無限の可能性と社会変革を示した。

▶進化論とユートピア　鮮明に進化論と自然科学の驚異を述べたユートピア／ディストピアは，リットン（Edward Robert Bulwer Lytton 1831-91）の『来るべき人種』（*The Coming Race* 1871）であろう。科学に支配されたユートピアの生活は便利である反面，非常に耐えがたいものになると警告することも忘れてない。

　リード（William Winwood Reade 1838-75）の『人間の苦難』（*The Martyrdom of Man* 1872）でも，進化論の影響が見られる。

図11-7 進化論の戯画化。「人間など虫に過ぎぬ」というキャプションが下にある

　　今なお我々が保有しているこの肉体は下等動物のものであり，……科学は予想もつかないようなやり方で肉体を変化させ……病気は根絶され，腐敗の原因は除去され，不死も可能となるような時代がやがてやってくる。

　優生学や能力別教育，応用生物学などによって人類は改良され，ついには地球を脱出し，広大な無限の宇宙を探求していくとリードは述べる。
　ウェルズ（H(erbert). G(eorge). Wells 1866-1946）の『モダン・ユートピア』（*A Modern Utopia* 1905）では，シリウス星のはるか彼方に状況設定され，他の多くのユートピアと同じように優生学的施策が見られる。自然の適者生存の考えにしたがって，エリート階級はプラトンの理想国家で行なわれたようなスパルタ式教育によって訓練される。
　こうした進化論的ユートピアの傾向は，ステイプルドン（Olaf Stapledon 1886-1950）の『空前絶後の人類』（*Last and First Men* 1930）で最高潮に達し，何

百万年も経過した後の18種類の未来人が描かれている。そしてすでにこの時点で空想科学小説（Science Fiction）のジャンルが確立されつつあった。

▶ディストピア　もちろんこういうユートピアの系譜は連綿と続いていくのだが，一方でディストピア（＝反ユートピア）が出現する。その嚆矢は，スウィフト（Jonathan Swift 1667-1745）の『ガリバー旅行記』（Gulliver's Travels 1726）で文学的諧謔のディストピアである。

17世紀がユートピアの多産時代だったとすれば，20世紀の2度の世界大戦とその前後は，ディストピア多産時代だったといえよう。その要因の1つは人間の進化に対する期待とともに不安であり，その人間が構築する社会そのものへの期待と不安である。もう1つは，予想以上に発達していく機械文明への期待と不安であろう。

バトラー（Samuel Butler 1835-1902）の『エレホン』（Erewhon 1872）の「機械の書」という章は，とくに機械論的仮説に反駁することがねらいである。つまり機械の発達が人間を堕落させ，人間は機械の奴隷になってしまうことに対する批判である。現実とはみごとにあべこべの理想社会に逆説的マイナス面を見い出し，未来に懐疑的である。

ベラミー（Edward Bellamy 1850-98）の『振り返ってみると』（Looking Backward: 2000-1887 1888）では，国家社会主義的ユートピアを謳い上げた。ここでベラミーが機械文明の支配する都市生活に限定している点と住民への権力統制が強すぎる点を批判し，モリス（William Morris 1834-96）は田園風の共産的楽園『ユートピア便り』（News from Nowhere 1891）を書いた。

ディストピアは否定的管理社会の表象でもある。ハクスリー（Aldous Leonard Huxley 1894-1963）の『すばらしい新世界』（Brave New World 1932）。この題名はもちろんシェイクスピアの『テンペスト』で，ミランダが「すばらしい新世界」と叫んだことに由来する。全体主義的権力が最新の科学を利用して形成した社会への諷刺ということになるだろう。

またオーウェル（George Orwell 1903-50）の『1984年』（Nineteen Eighty-four 1949）。いかにして独裁者はその権力を維持するために情け容赦なく人民を犠牲にしていくか，完全なる服従を強いるためにどれほどの欺瞞が横行するかを

描いている。スペインの内乱とソビエト大粛清（1936-38年）で見せたスターリン体制の醜悪な部分が，その作品に影響している。

▶政治的ユートピア　　ユートピア，ディストピアに続いて，3番目の政治的ユートピアは，文学的夢想でもなく，宗教的なあの世での救済でもない，ユートピアの実現を求める具体的な社会運動である。

　17, 18世紀のユートピアンたちは，人間を善良に幸福にすることで満足した

経度の測定と時計職人ハリソン

　17世紀初めイギリスの軍艦が座礁事故を起こし，原因は経度測定が不正確であったためと判明する。1713年イギリス政府は海上において標準時と地方時の差から精確な経度測定の方法を提示する者に対して最高2万ポンドの賞金（賞金2万ポンドの場合，誤差は30マイル以内）を支払う条例を制定した。

　緯度は天体観測から比較的精確に求めることができていた。また高精度の時計があれば，太陽の南中時刻からその地点の経度が求められることは16世紀頃からわかっていた。ハリソン（John Harrison 1693-1776）は，精確な時計であるクロノメーターの製作に腐心した。1735年の第1号機をはじめ，工夫を重ね，第4号まで完成させた。

ジョン・ハリソン

　経度委員会との確執で，ハリソンは直ちに賞金を手にできなかったが，「経度のハリソン」（Longitude Harrison）ともあだ名された。

　彼のクロノメーターはキャプテン・クックの航海でも使用された。こうして経度測定が確かなものになり，航海術は安定し，イギリスの植民地主義を益々確固たるものとしたことになる。

が，19，20世紀では，貧困，無秩序，無知，犯罪，病気，さらに死までも克服することを夢見たことがその一因でもある。

　サン・シモン主義，プルードン主義，フーリエ主義といった19世紀のユートピア社会主義・共産主義運動は，現実的な実験的社会変革運動であった。マルクス主義もロシア革命まではユートピア的雰囲気をもっていた。このころユートピアンと社会主義者は同義語であった。

　20世紀もいろいろ総括できよう。2つの世界大戦を経験した時代であった。宇宙科学，海洋科学，地球科学などビッグ・サイエンスが発達するいっぽうで，遺伝子工学やコンピューターに象徴される半導体を中心とする技術ナノ・テクノロジーなどのように極小領域にどんどん入り込んでいく時代でもあった。アメリカのコカ・コーラ，マクドナルド，セブン・イレブンなどに代表される大衆消費社会が浸透した時代でもあり，情報化社会へ変貌した時代でもあった。

　しかしなかでも重要なのは，ソビエト連邦という共産主義国家が誕生し，資本主義国家であるアメリカと対立し，崩壊していった世紀であったことだ。理想国家として建設されたはずのユートピアが，逆に国家の構成員を不自由に，不幸にしてしまうというのがディストピアのモチーフだが，この共産主義ユートピアの失敗は，文字通りその意味だったのではなかろうか。

　最初に述べたように，ユートピアは一切の抑圧，支配，暴力などから逃れる手段を模索する批判精神の奔出と考えられる。ブロッホ（Ernst Bloch 1885-1977）の『希望の原理』(1959年)にあるように，いっさいの「希望」を破壊してしまう政治的ユートピアに対して，未来に「希望」を託し，現実に異議申立てをし，変革を迫る批判精神そのものが，ユートピアであろう。

　地球温暖化，核の問題，遺伝子組替などから生じる倫理の危機的状況にあって，今必要なのは，細部に入り込んでしまった局所的な見方を停止し，さまざまな状況を総合判断してしかるべき処置を考案し，優先順位を決定し，それを実行できる能力である。あるべき理想を見すえ，ためらわず「いま，ここ」に実現していこうとするラディカルな批判運動としてのユートピアが必要だ。

> 原典をたのしむ

Troilus and Cressida (1601-02)

William Shakespeare

The heavens themselves, the planets, and this centre
Observe degree, priority, and place,
Insisture, course, proportion, season, form,
Office, and custom, in all line of order.
…
　O, when degree is shak'd,
Which is the ladder of all high designs,
The enterprise is sick.

『トロイラスとクレシダ』1601-02年

ウィリアム・シェイクスピア

天球そのものが，惑星が，そしてこの中心（地球）が
守っているのは，位階，優先順位，地位，
停止点，進路，釣合，季節，形状，
職務，そして習慣であり，まったく秩序正しくです。
……
ああ，位階がゆらぐとき，
位階こそあらゆる高邁な配慮による階梯なのですが，
その企ては病むのです。

Paradise Lost (1667)

John Milton

That stone, or like to that, which here below
Philosophers in vain so long have sought,
…
Th'arch-chemic sun, so far from us remote,
Produces, with terrestrial humour mixed,
Here in the dark so many precious things
Of color glorious and effect so rare?

第11章　パラダイム・シフト

『楽園喪失』1667年

ジョン・ミルトン

この下界で哲学者たちが長い間空しくも捜し
求めてきたあの石あるいはそれに近いものだった，
……
大錬金術師太陽は，われわれからはるか遠く離れたところから，
こんな闇のなかで，光輝く色彩と類稀なる効力をもつ
数多くの貴重なものを，
大地の液と混ぜ合わせて，産出するのか？

The First Anniversary (1611)

John Donne

But keepes the earth her round proportion still?
Doth not a Tenarif, or higher Hill
Rise so high like a Rocke, that one might thinke
The floating Moone would shipwracke there, and sinke?
...
If under all, a Vault infernall bee,
...
Then solidnesse, and roundnesse have no place.
Are these but warts, and pock-holes in the face
Of th'earth?

『第1周年追悼詩』1611年

ジョン・ダン

しかし地球はまだ丸い均整を保っているのか？
テネリフェ山やそれを上回る山が
岩のように聳えているので，漂う月が
そこで座礁し，沈没すると思えるほどではないか？
……
もし万有の下に，地獄の空洞があるなら，
……

硬いものでも丸いものでもなくなる。これらは地表面にできた疣や，痘痕にすぎないのか？

第12章　英語世界の万華鏡

概説　ゲルマンの部族語から世界語へ

▶世界の言語と印欧語族　アメリカの言語学者 S. H. ミュラーによれば，現在世界中で話されている言語の数は約2,500にのぼるとされ，それらを発音や構造，同族関係などによって分類すると約14の語族と6つの孤立した言語と48の分類不明の言語になるという。

　言語をその系統や歴史から考察する比較言語学によると，英語をはじめヨーロッパからインドにいたる地域のほとんどすべての言語は共通の祖先（印欧基語）から分かれてきたものであり，これら同族語を総称して印欧（インド・ヨーロッパ）語族あるいは印欧語と呼ぶ。この印欧語族の起源については今のところ確かなことは分かっていないが，言語学や考古学の研究から数千年前に黒海からカスピ海の北部地域で生じ，紀元前2500年頃までに民族移動を繰り返して各地に分散していったのではないかと考えられている。

▶印欧語族の12の語派　印欧語族は通常12の語派に分類され，各々に属する主要語は表12-1のとおりである。

　表から見てとれるように英語は系統的にはゲルマン語派の西ゲルマン語に属し，フリジア語（オランダ北部地方の言語）ともっとも近い関係にあり，ついでオランダ語，ドイツ語さらには北欧の諸言語とも近い関係にある。このような英語が一体どのような起源をもち，どのように変化し発達をしてきたのか，以下ほぼ1,500年にわたる英語の歴史を概観してみよう。

▶先史時代・ケルト人・ローマ人による征服　英語が入ってくる以前の先史時代におけるブリテン島の先住民族は，ストーンヘンジに代表される巨石文化をもったイベリア人で，その言語はスペインのピレネー山脈に住むバスク人の

表12-1 印欧語族の系統

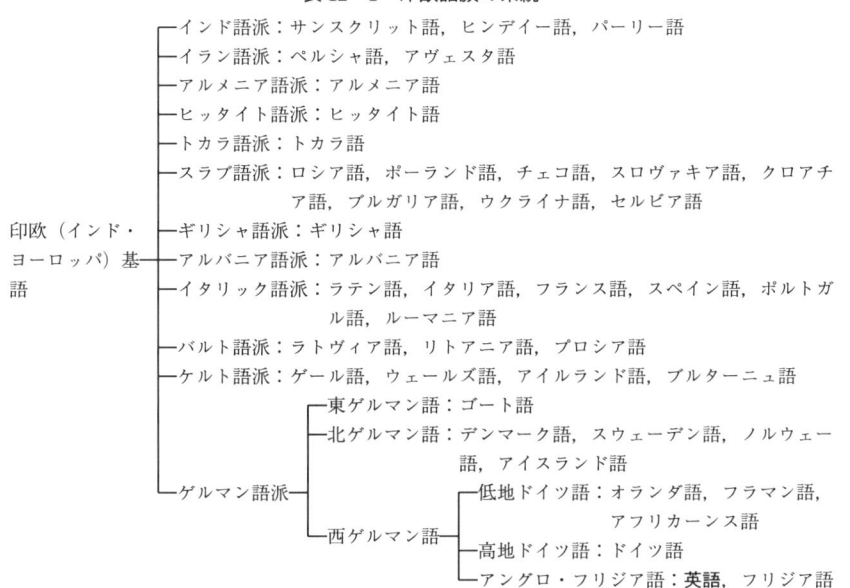

```
                ┌─インド語派：サンスクリット語，ヒンデイー語，パーリー語
                ├─イラン語派：ペルシャ語，アヴェスタ語
                ├─アルメニア語派：アルメニア語
                ├─ヒッタイト語派：ヒッタイト語
                ├─トカラ語派：トカラ語
                ├─スラブ語派：ロシア語，ポーランド語，チェコ語，スロヴァキア語，クロアチ
                │         ア語，ブルガリア語，ウクライナ語，セルビア語
印欧（インド・   ├─ギリシャ語派：ギリシャ語
ヨーロッパ）基 ─┤─アルバニア語派：アルバニア語
語               ├─イタリック語派：ラテン語，イタリア語，フランス語，スペイン語，ポルトガ
                │         ル語，ルーマニア語
                ├─バルト語派：ラトヴィア語，リトアニア語，プロシア語
                ├─ケルト語派：ゲール語，ウェールズ語，アイルランド語，ブルターニュ語
                │              ┌─東ゲルマン語：ゴート語
                │              ├─北ゲルマン語：デンマーク語，スウェーデン語，ノルウェー
                │              │         語，アイスランド語
                └─ゲルマン語派─┤              ┌─低地ドイツ語：オランダ語，フラマン語，
                               │              │         アフリカーンス語
                               └─西ゲルマン語─┤─高地ドイツ語：ドイツ語
                                              └─アングロ・フリジア語：**英語**，フリジア語
```

図12-1　イギリス　ソールズベリー平原に残るストーンヘンジ

言語と近縁関係にあったと推定されているが，今は伝わってはいない。ブリテン島で現存する最古の言語はケルト語で，青銅器時代を通じて大陸から渡来したケルト人のもたらしたものであった。その後ケルト人の住むブリテン島は，紀元前55年，54年のジュリアス・シーザー（Julius Caesar 100-44 B.C.）による来寇を経て紀元43年ローマ皇帝クローディアス（Claudius 10 B.C.-A.D. 54）によって征服され，それ以後約400年間ローマの支配下にあり，さまざまな面で

図12-2 古英語で書かれた叙事詩『ベーオウルフ』冒頭部分の写本

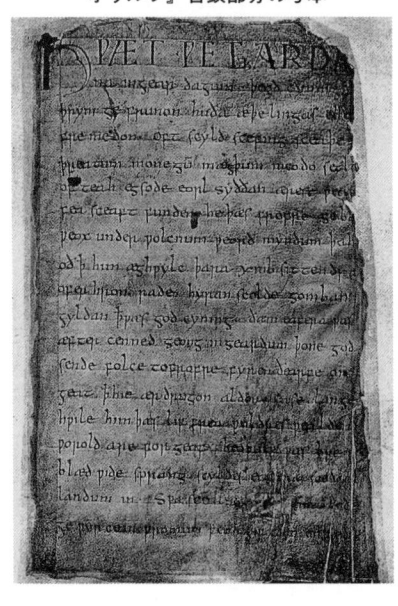

▶古英語・中英語・近代英語

西ローマ帝国の滅亡の近い410年ローマ軍がブリテン島から撤退すると，449年，現在のドイツ北東部からユトランド半島に住んでいた現在のイギリス人の祖先（アングル族，サクソン族，ジュート族）が侵入し，先住民族のケルト人を駆逐して定住した。これら3部族によってブリテン島にもたらされた英語は今日まで約1,500年に及ぶ歴史を持つが，実際文献として現存しているものは7世紀末以降のものである。彼らの用いた英語は古英語（Old English, OE）と呼ばれ，ラテン語やドイツ語のように文法関係を語尾変化によって表すいわゆる屈折言語であった。

この古英語は1066年のノルマン人のイギリス征服を1つの契機として（実際にはそれ以前から），語尾変化を大幅に喪失していき，それに代わって語順を固定化し前置詞の機能を発達させた中英語（Middle English, ME）に変わっていく。この中英語はさらにルネサンス期の16世紀以降，極めて少数の例外を除いて語尾変化を持たない，現在われわれが用いているのと同じ範疇に属する近代英語（Modern English, ModE）へと変化する。このように英語はそれ自身のもっている言葉としての性質（内的要因）や国内外の歴史的な出来事，外国との交易・交流など（外的要因）によって変化し発達してきたが，英語の歴史をその特性によって時代区分すると通例次の3種類の英語に分類される。

　　古英語（Old English, OE）　　　　450-1100年
　　中英語（Middle English, ME）　　 1100-1500年
　　近代英語（Modern English, ModE） 1500年-

なお各々の時代はさらに細かく分けられることもあり，1900年（20世紀）以

降を特に現代英語（Present-day English, PE）とすることもある。

▶標準英語の成立　　古英語期，ブリテン島のイングランドの地域には7つの王国が存在した。アングル族が作ったノーサンブリア，マーシア，イーストアングリア，サクソン族の建てたエセックス，サセックス，ウェセックス，それにジュート族の王国ケントがそれで，アングロサクソン7王国と呼ばれる。

当時の古英語には標準語は無く，4つの方言（ノーサンブリア方言，マーシア方言，ウェストサクソン方言，ケント方言）が存在した。9世紀初めにウエストサクソン王国が覇権を握り，アルフレッド大王（Alfred the Great 849-899）の時代にその方言が共通文語となった。現存する古英語の文献にこの方言のものが多いのはこの理由による。

ところが1066年のノルマン人の征服によってこの方言は被征服者の言葉として公用語の地位を失い，フランス語がイギリスの公用語となった。しかしやがて英仏両国に所領をもつ貴族が英仏のいずれかに属するようになって貴族間の分離が進んだ結果，イギリスの貴族の中にはフランス語を知らない者も増加した。そして英語は14世紀半ばまでには宮廷や議会，法廷などノルマンの征服以来使用が考えられなかった公式の場においてすら使用されるようになった。

図12-3　古英語における方言分布

図12-4　中英語の方言区画

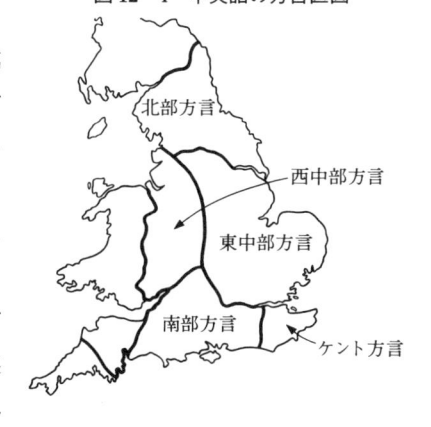

図12-5 バイユータペストリに描かれているイギリス王ハロルドの最期
——1066年のノルマン人によるイギリス征服を描いている

　こうして一旦は被征服者の言葉としてフランス語に道を譲っていた英語は復活していったのである。この中英語期には大まかに言って北部，東中部，西中部，南部，ケントの5つの方言があったが，中部方言の話される地域には政治・経済の中心である首都ロンドンや学都オックスフォード，ケンブリッジ両大学があったこと，『カンタベリー物語』（The Canterbury Tales）で知られる大詩人 G. チョーサー（Geoffrey Chaucer 1340?-1400）などもこの方言で多くの作品を書き，当時導入された印刷技術によって印刷された書物が全国に流布していったことなどから，中英語後期から近代英語初期にかけてロンドンを中心とする中部方言が「標準英語」の地位を獲得していったのである。

▶近代英語から現代英語へ　16世紀に入り近代英語期にエリザベス1世（Elizabeth I 1533-1603）が登場，産業・貿易を奨励し海軍を充実させることによって国家の富強に努め，多くの文人が輩出する輝かしいエリザベス朝時代を現出させた。まさにこの時期に天才詩人・劇作家のシェイクスピア（William Shakespeare 1564-1616）が現れ，ノルマン征服後約500年にして，英語は再び豊かな表現力を回復し見事に開花してゆくのである。

　女王の死後イギリスの国王となったジェイムズ1世（James I 1566-1625）は，聖職者やオックスフォード，ケンブリッジ両大学の学者47名に命じて聖書の英

訳を開始させ，7年後の1611年に完成した。この欽定訳聖書は語彙・語形・統語法の点で古風な要素が多いが，聖書という性質上イギリス国民にもっとも親しまれた書物で，久しく散文の模範とされ近・現代の散文体の確立に貢献した。

　18世紀になると前世紀に萌芽のあったジャーナリズムが台頭し，新しい文学ジャンルとしての小説の誕生とあいまって会話語法にもとづく洗練された散文の英語が定着していった。その後イギリスは18世紀末から19世紀にかけて植民地政策によって世界各地に支配権を拡大し，国内においては産業革命に成功してヴィクトリア朝（1837-1901）の隆盛期を迎える。相次ぐ発明や科学技術の発達にともないそれらに対応する多数の科学用語が必要となったが，それらの多くのものに英語が使用された。

　また1851年にはロンドンにロイター社が設立され，19世紀末にはアメリカで高速度輪転印刷機が発明されて短時間に大量の印刷が可能になり，ジャーナリズムの国際化を促進していった。第2次世界大戦後イギリスの諸植民地は相次いで独立していったが，英語は第2言語あるいは公用語としてその地に残った。特に2つの世界大戦後影響力が縮小していったイギリスにとって替わり，政治・経済・文化・軍事の面で大国となったアメリカが世界的に影響力を持つようになり，マス・メディアの発達とあいまって英語はますます国際化の傾向を強めている。

1　英語のはじまり

▶ケルト語からの借用

　先にブリテン島の歴史および1,500年におよぶ英語の変遷の過程を概観したが，ここでは膨大な語彙数を有し豊かな同意語や同義表現を持つ英語が，どのようにしてその語彙を増加させていったかを，特に古英語期を中心に借用語（他の言語から語を取り入れ自国語の語彙となった語）について見てみよう。

　元来ゲルマン語は外国語から借用することの少ない言語であった。現代のドイツ語がそうであるように，語彙を拡大するために，基本的には自国語の要素を用いて新しい語を作るという手段をとった。

　つまりある語に接頭辞や接尾辞を付け加える方法（派生）と，単語と単語を

結合する方法（複合）である。ゲルマン語派に属する古英語もその傾向が強く認められるが，外国語からの借用が無かったわけではない。先住民のイベリア人を征服してイギリスの大部分を手中に納めたケルト人たちの言葉からはロンドン（London），ヨーク（York），リーズ（Leeds）などの都市名，ケント（Kent），デヴォン（Devon）などの州名，テムズ（Thames），エイヴォン（Avon），ワイ（Wye）など河川名など主として地名を受け継いだ。ちなみにテムズ（Thames）はケルト語で「黒ずんだ川」の意味を持ち，エイヴォン（Avon）は「水，川」の意味を持っている。ロンドン（London）は「荒れ地」を意味する語からの派生，ケント（Kent）は「端，へり」を意味する語から派生したと考えられている。

▶ラテン語からの借用　　紀元43年にイギリスに上陸し3年の歳月をかけてその地を属州としたローマは，その後約400年におよぶ植民地支配の間に約50語のラテン語の遺産を英語に残した。古英語のラテン語からの借用語には軍事に関係するものが多く，地名などにその名残りをとどめている。

たとえばローマ軍の駐屯地（castra=camp）に由来する現在のチェスター（Chester），ウィンチェスター（Winchester），マンチェスター（Manchester），ランカスター（Lancaster）や，港（porta=port）に由来するニューポート（Newport），ポーツマス（Portsmouth），道路（strata=street）に由来するストラットフォード（Stratford）などがそれである。なお時代が下って6世紀末にキリスト教の布教活動が盛んになると，教義，教会，修道院制度などキリスト教文化に関する450語以上のラテン語が借用され，16世紀以降ルネサンス期を中心に文化，芸術，科学用語としてさらに多くのラテン語が取り入れられることになる。

▶古ノルド語（古北欧語）からの借用　　8世紀に始まったいわゆるヴァイキング（デーン人）の侵攻に苦しめられたアルフレッド大王は，彼らとの間に結んだウェドモアの協定によって治外法権を認めたデーンロー地域（イングランド中東部，北部）を与えた。この地には現在のデンマークやスカンディナヴィア人が多く定住し，アングロサクソン人と混交・共存したため文法の面でも語彙の面でも一種の2言語併用（bilingual）状況が起こった。この時期英語に入った語の中には，ダービー（Derby），ラグビー（Rugby），ホイットビー（Whitby）など -by（古ノルド語で農場，都市の意）の語尾をもつ地名がある。

その他日常語としてナイフ（knife），仲間（fellow），法律（law），夫（husband），空（sky），皮（skin），技（skill）などもこの頃英語に入ってきたものである。挙例した最後の3語のように sk で始まる語は古ノルド語起源のものである。

同一の語源から生まれたもので別々の経路をたどったために異なった意味をもつ1組の語を2重語（doublet）という。シャツ（shirt）とスカート（skirt）はもともと同じくゲルマン語起源の語であるが，shirt が古英語期から「上着」を意味する英語固有の言葉であったのに対し，skirt は14世紀初め古ノルド語 skyrta（昔アイスランド人が着用した衣服で，裾が長くてズボンの上まで垂れ下がっていた）から借用した語で，2つの語は全く別の意味になった例である。

図12-6 ウィンチェスターにあるアルフレッド大王の像

その他基本語彙の give（与える），get（得る），egg（たまご），人称代名詞の they, their, them なども古ノルド語由来のものである。また次の各組は前の語が英語起源，後の語が北欧語起源の類義語である。craft—skill（技），hide—skin（皮），no—nay（いいえ），rear—raise（育てる），sick—ill（病気で）など。このように古ノルド語は完全に英語に溶け込んでいるため，今では借用語と感じられないような英語語彙となっているものが多い。

▶英語語彙の特色

今まで古英語期を中心に外国語からの借用語を見てきたが，一説には古英語の語彙は約3万5千語といわれ，中英語は約10万語，近代英語は約65万語といわれている。前に述べたように古英語の語彙の特徴は外来語の要素が非常に少なく，アングロサクソン人たちは自国語の単語に接頭辞や接尾辞を付け加える派生や，単語と単語を結合させて新たな意味の語を作る複合によって語彙を拡大していった。

しかしその後英語は中英語，初期近代英語を経て現代英語にいたる間に他の言語から極めて多くの語彙を取り入れ，飛躍的に語彙数を増加させていく。外国語から膨大な借用語が流入する主要な原因となったのは，11世紀半ばのノルマン人の征服および16世紀のルネサンス期における古代ギリシャ，ローマの古典への関心の高まりとそれに次ぐ近代諸科学の発達であろう。前者は大量のフランス語の，後者はギリシャ語，ラテン語の借用を促したのであった。

フランス語からの借用語は政治・法律・軍事・芸術・文学・料理・ファッションなどに関するものが主であり，ラテン語やギリシャ語からの借用語は書き言葉を経由して英語に入ってきたもので，科学・医学・芸術・宗教など学術用語が中心である。

使用頻度の高い近代英語の語彙約2万語の語源についてなされたある調査によると，①アングロサクソン語起源　約3,700語　②ドイツ語・オランダ語・スカンディナヴィア語起源　約1,360語　③ラテン語・フランス語・イタリア語などロマンス語起源　約9,300語　④ギリシャ語起源　約2,500語　その他約3,100語となっていて，英語の本家本元であるアングロサクソン語起源の語の占める割合は2割以下というのは英語の特性とその歴史性を反映していて極めて興味深い。

2　アーサー王と中世ロマンス

▶ロマンスの誕生　　ロマンスとかロマンといえば，男女の美しい愛の世界や血わき肉踊るようなすばらしい冒険などを想い起こさせる言葉であるが，もともとこのロマンスという用語は中世初期には学者語のラテン語から派生したフランス語，スペイン語，イタリア語，ポルトガル語など（総称してロマンス諸語と呼ばれる）の新しい地方語をさした。

しかしやがてその語義を拡大・変化させて12世紀以降は，それら地方語によるラテン語からの翻訳や翻案，さらにはこれら地方語で書かれた作品自身を意味するようになる。ロマンスは小説の無かったこの時代の中心的なエンターテインメントで，中世の王や騎士，貴婦人を中心とした愛，名誉，忠誠，勇気，

図12-7 ウィンキン・ド・ウォードによる『アーサー王の死』（1498年）の挿絵

礼節などが中心的に扱われる題材である。もともと12世紀初めにフランスで人気を博した英雄の武勇や忠誠を扱った武勲詩がイタリア，ドイツ，イギリスなどに伝わったもので，それぞれの国で独自の発達をとげて，その後約300年間にわたって全欧を風靡した文学の1形式を形成した。現在イギリスには百数十のロマンスが残っているが，そのほとんどは作者不詳である。

これらのロマンスは城の広場や街頭で大勢の聴衆を前に竪琴に併せて朗誦した叙事詩とは異なり，おそらく宮廷や貴族の客間などで比較的小人数の聴衆のために朗誦されたものであろうと考えられている。

▶ロマンスの題材　ロマンスで扱われる題材によって「フランスもの」「ブリテンもの」「大ローマもの」「イギリスもの」そのいずれの範疇にも属さない「ノンサイクルもの」に分けられる。「ブリテンもの」とはケルトを題材にした作品群をさすが，その中で特筆すべきはアーサー王と円卓の騎士の物語であろう。

▶アーサー王と円卓の騎士　アーサー王は5世紀半ばに襲来してきたサクソン人との戦いの時期に現れる伝説的な王である。中世ヨーロッパ文学に豊かな素材を提供してきたこの物語群は遠いケルト族の伝説の中にその源泉を持っており，時代の推移の中でさまざまな要素を付加して現在に伝わる形を整えていった。アーサー王と彼を支える卓越した騎士の集団である円卓騎士団に

第12章　英語世界の万華鏡

図12-8 ウィンチェスター城の大広間にかけられた円卓——14世紀につくられたものがチューダー朝に塗りなおされたと考えられている

まつわる何十もの物語を集大成し，イギリスのロマンスをしてもっとも高い評価を得さしめたのはウォリックシャーの騎士サー・トマス・マロリー (Sir Thomas Malory 1400?-71) であった。

彼の作品は1470年代のはじめ，W. カクストンによって『アーサー王の死』(*Morte d'Arthur*) と題して印刷された。物語の内容はアーサー王の生涯と円卓の騎士の物語を縦糸に，キリスト教伝説に起源をもつ聖杯探求伝説を横糸にして織り上げられた一大絵巻である。

物語の舞台はデヴォンシャー，コーンウォール，ウェールズといった南西部を中心に展開する。イングランド王ウーサー・ペンドラゴンとコーンウォール公の妃イグレインは魔法使いマーリンの差し金で一夜をともにしアーサーを懐妊する。誕生したアーサーはマーリンの助力とサー・エクターによって養育され立派に成長する。やがてあの有名な「この石よりこの剣を抜く者は生まれながらのイングランドの正しき王なり」と書かれた石に突き刺さった見事な剣（秘剣エクスカリバー）をただ1人何回も抜いて見せる。万人歓呼の中で即位したアーサーは彼に反抗する諸王と戦い諸国を平定する。ペリノー王との戦いで秘剣を折ってしまったアーサーは，マーリンの助けをえて湖の貴夫人から名剣エクスカリバーを受け取る（このあたり，作者に混同が見える）。

アーサーはカメリアードの王の娘グィネヴィアと結婚し，その引き出物として妃の父王から150人の騎士が座れる円卓 (Round Table) と100人の騎士団を譲り受ける。この卓はマーリンがウーサー王のために作ったもので，上下の差をつけないのが特色であるが，聖杯探求を遂行するための騎士の席も設けてある。

この円卓騎士団に属することは騎士として最高の誉れで，騎士団に列せられたラーンスロット，ガウェイン，ユーウェイン，トリストラムなど選りすぐら

図 12-9　ティンタジェル城跡

れた騎士たちの愛と冒険，武勇やその他の活躍の様子が語られる。マロリーはそのあとアーサー王のローマ人との戦い，イタリアへの進撃，不肖の甥モードレッドにそむかれて戦いに敗れ，剣を湖心に投じてアヴァロンの島に船出する最期までを扱い，その間ラーンスロットと妃グィネヴィアの恋，ラーンスロットとエレーヌの恋の経緯を語り，トリストラムとイソウドの恋愛とサー・ギャラハッドの聖杯探求の物語を述べてキリスト教的色調を加えている。

▶アーサー王伝説の影響　　アーサー王伝説の成立と発展はほとんどイギリスとフランスでなされたが，マロリーの影響を受けて近世以降の詩人や作家，作曲家なども創作意欲を刺激され，数々の傑作が生まれている。16世紀の E. スペンサー（E. Spenser 1552?-99）の『妖精の女王』をはじめ，後の詩人 M. アーノルド，W. モリス，A. L. テニスンなどへ詩想と題材を提供し，作曲家 R. ワーグナー（Richard Wagner 1813-83）は，楽曲『トリスタンとイゾルデ』（1859年）や『パルジファル』（1882年）を書き，フランスの詩人ジャン・コクトー（Jean Cocteau 1889-1963）は『永劫回帰』と題してトリスタンとイゾルデの悲恋を映画化した（1944年）。またアメリカの詩人 E. A. ロビンソンはアーサー王にまつわる3部作を書き，イギリスの小説家 T. H. ホワイトは『過去と未来の王』（1958年）という小説を発表し好評を博した。

　このように中世に生まれたロマンスの伝統は，アーサー王伝説の例1つ取ってみても時代とともに紆余曲折を経て多様に変化しながら現代にまで継承され，英米文学はもとより他の欧米の文学や芸術の創作に豊かな源泉を提供し続けて

図12-10　聖書の6種類訳

ΒΙΒΛΟΣ γενέσεως Ἰησοῦ Χριστοῦ, υἱοῦ *Δαυὶδ| υἱοῦ Ἀβραάμ. ²Ἀβραὰμ ἐγέννησε τὸν Ἰσαάκ· Ἰσαὰκ δὲ ἐγέννησε τὸν Ἰακώβ· Ἰακὼβ δὲ ἐγέννησε τὸν Ἰούδαν καὶ τοὺς ἀδελφοὺς αὐτοῦ· ³Ἰούδας δὲ ἐγέννησε τὸν Φαρὲς καὶ τὸν Ζαρὰ ἐκ τῆς Θάμαρ· Φαρὲς δὲ ἐγέννησε τὸν Ἐσρώμ· Ἐσρὼμ δὲ ἐγέννησε τὸν Ἀράμ· ⁴Ἀρὰμ δὲ ἐγέννησε τὸν Ἀμιναδάβ· Ἀμιναδὰβ δὲ ἐγέννησε τὸν Ναασσών· Ναασσὼν δὲ ἐγέννησε τὸν Σαλμών· ⁵Σαλμὼν δὲ ἐγέννησε τὸν Βοὸζ ἐκ τῆς Ῥαχάβ· Βοὸζ δὲ ἐγέννησε τὸν Ὠβὴδ ἐκ τῆς Ῥούθ· Ὠβὴδ δὲ ἐγέννησε τὸν Ἰεσσαί· ⁶Ἰεσσαὶ δὲ

^a Rec. Δαβίδ. [et sic passim.]

WICLIF — 1380.	TYNDALE — 1534.	CRANMER — 1539.
THE book of the generacioun of ihesus crist: the sone of dauith, the sone of abraham,	THIS is the boke of the generacion of Iesus Christ the sonne of Dauid, the sonne also of Abraham.	THYS is the boke of the generacion of Iesus Christ, the sonne of Dauid, the sonne of Abraham.
² abraham bigat Isaac, Isaac: bigat Iacob, Iacob bigat Iudas, & hise britheren,	² Abraham begat Isaac: Isaac begat Iacob: Iacob begat Iudas and his brethren:	² Abraham begat Isaac: Isaac begat Iacob: Iacob begat Iudas and his brethren:
³ Iudas bigat fares & zaram of thamar, Fares bigat Esrom, Esrom bigat Aram, ⁴ Aram bigat Amynadab. Amynadab bigat Naason, nason bigat Salmon, ⁵ Salmon bigat Booz of raab, Booz bigat obeth of ruth, Obeth bigat iesse, ⁶ Iesse bigat Dauith the king. Dauith the king bigat Salomon of hir that was vries wijf,	³ Iudas begat Phares and zaram of Thamar: Phares begat Esrom: Hesrom begat Aram: ⁴ Aram begat Aminadab. Aminadab begat Naasson: Naasson begat Salmon: ⁵ Salmon begat Boos of Rahab: Boos begat Obed of Ruth: Obed begat Iesse: ⁶ Iesse begat Dauid the kynge: Dauid the kynge begat Salomon, of her that was the wyfe of Ury:	³ Iudas begat Phares and zaram of Thamar. Phares begat Esrom: Esrom begat Aram: ⁴ Aram begat Aminadab: Aminadab begat Naasson: Naasson begat Salmon: ⁵ Salmon begat Boos of Rahab: Boos begat Obed of Ruth: Obed begat Iesse: ⁶ Iesse begat Dauid the kynge: Dauid the kynge begat Salomon, of her that was the wyfe of Ury:
⁷ Salomon bigat Roboam, Roboam bigat abias, Abias bigat Asa, ⁸ Asa bigat Iosaphat. Iosaphat bigat ioram, Ioram bigat Osias,	⁷ Salomon begat Roboam: Roboam begat Abia: Abia begat Asa: ⁸ Asa begat Iosaphat: Iosaphat begat Ioram: Ioram begat Osias:	⁷ Salomon begat Roboam: Roboam begat Abia: Abia begat Asa: ⁸ Asa begat Iosaphat: Iosaphat begat Ioram: Ioram begat Osias:
⁹ Osias bigat ioathan, Ioathan bigat Achaz. Achaz bigat ezechie, ¹⁰ Ezechie bigat manasses, Manasses bigat Amon, Amon bigat Iosias,	⁹ Osias begat Ioatham: Ioatham begat Achas: Achas begat Ezechias: ¹⁰ Ezechias begat Manasses: Manasses begat Amon: Amon begat Iosias:	⁹ Osias begat Ioatham: Ioatham begat Achas: Achas begat Ezechias: ¹⁰ Ezechias begat Manasses: Manasses begat Amon: Amon begat Iosias:

いるのである。

3　処刑された翻訳者——英訳聖書をめぐって

▶旧約と新約　ヨーロッパ文化はギリシャ・ローマの古典文化とキリスト教文化（さらにさかのぼってユダヤ教文化と主張する人もいる）という2本のより糸からなる織物にたとえられる。欧米文化の理解にはキリスト教および聖書の知識が不可欠であることは言うまでもない。

　周知のようにキリスト教の聖書には旧約聖書と新約聖書があるが，前者は元来ヘブライ語で書かれたユダヤ教の聖典で，古代イスラエル史，モーセの律法，詩篇，予言の書などを含むいわゆるユダヤの民と神との契約を述べたものである。後者は全7巻からなりキリストの事跡を記した福音書，弟子たちの行動を

(English Hexapla) の 1 頁

ἐγέννησε τὸν Δαυὶδ τὸν βασιλέα. Δαυὶδ δὲ ὁ βασιλεὺς ἐγέννησε τὸν [b]Σολομῶνα | ἐκ τῆς τοῦ Οὐρίου· [7] Σολομὼν δὲ ἐγέννησε τὸν Ῥοβοάμ· Ῥοβοὰμ δὲ ἐγέννησε τὸν Ἀβιά· Ἀβιὰ δὲ ἐγέννησε τὸν Ἀσά· | [8] Ἀσὰ δὲ ἐγέννησε τὸν Ἰωσαφάτ· Ἰωσαφὰτ δὲ ἐγέννησε τὸν Ἰωράμ· Ἰωρὰμ δὲ ἐγέννησε τὸν Ὀζίαν· [9] Ὀζίας δὲ ἐγέννησε τὸν Ἰωάθαμ· Ἰωάθαμ δὲ ἐγέννησε τὸν Ἀχάζ· Ἀχὰζ δὲ ἐγέννησε τὸν Ἐζεκίαν· [10] Ἐζεκίας δὲ ἐγέννησε τὸν Μανασσῆ· Μανασσῆς δὲ ἐγέννησε τὸν [d]Ἀμών· | Ἀμὼν δὲ ἐγέννησε τὸν Ἰωσίαν·

[b] Rec. Σολομῶντα.   [c] Alex. Ἀσάφ.   [d] Alex. Ἀμώς.

GENEVA — 1557.	RHEIMS — 1582.	AUTHORISED — 1611.
THE Booke of the generation of Iesus Christe, the sonne of Dauid, the sonne of Abraham. [2] Abraham begate Isaac. And Isaac, begate Iacob. And Iacob, begate Iudas and his brethren. [3] And Iudas, begate Phares and Zaram of Thamar. And Phares begate Esrom. And Esrom begate Aram. [4] And Aram begate Aminadab. And Aminadab begate Naasson. And Naasson begate Salmon. [5] And Salmon begate Booz of Rachab. And Booz begate Obed of Ruth. And Obed begate Iesse. [6] And Iesse begate Dauid the Kynge. And Dauid the Kynge begate Solomon, of her that was the wife of Vrie. [7] And Solomon begate Roboam. And Roboam begate Abia. And Abia begate Asa. [8] And Asa begate Iosaphat. And Iosaphat begate Ioram. And Ioram begate Ozias. [9] And Ozias begate Ioatham. And Ioatham begate Achaz. And Achaz begate Ezecias. [10] And Ezecias begate Manasses. And Manasses begate Amon. And Amon begate Iosias.	THE booke of the generation of Iesvs Christ, the sonne of Dauid, the sonne of Abraham. [2] Abraham begat Isaac, And Isaac begat Iacob. And Iacob begat Iudas and his brethren : [3] And Iudas begat Phares and Zaram of Thamar. And Phares begat Esron. And Esron begat Aram. [4] And Aram begat Aminadab. And Aminadab begat Naasson. And Naasson begat Salmon. [5] And Salmon begat Booz of Raab. And Booz begat Obed of Ruth. And Obed begat Iesse. [6] And Iesse begat Dauid the King. And Dauid the King begat Salomon of her that was the vvife of Vrias. [7] And Salomon begat Roboam. And Roboam begat Abia. And Abia begat Asa. [8] And Asa begat Iosaphat. And Iosaphat begat Ioram. And Ioram begat Ozias. [9] And Ozias begat Ioatham. And Ioatham begat Achaz. And Achaz begat Ezechias. [10] And Ezechias begat Manasses. And Manasses begat Amon. And Amon begat Iosias.	THE Booke of the generation of Iesus Christ, the sonne of Dauid, the sonne of Abraham. [2] Abraham begate Isaac, and Isaac begate Iacob, and Iacob begate Iudas and his brethren. [3] And Iudas begate Phares and Zara of Thamar, and Phares begate Esrom, and Esrom begate Aram. [4] And Aram begate Aminadab, and Aminadab begate Naasson, and Naasson begate Salmon. [5] And Salmon begat Boos of Rachab, and Boos begate Obed of Ruth, and Obed begate Iesse. [6] And Iesse begate Dauid the King, α Dauid the King begat Solomon of her *that had bin* the wife of Urias. [7] And Solomon begat Roboam, and Roboam begat Abia, and Abia begate Asa. [8] And Asa begate Iosaphat, and Iosaphat begate Ioram, and Ioram begate Ozias. [9] And Ozias begat Ioatham, and Ioatham begate Achas, and Achas begate Ezekias. [10] And Ezekias begate Manasses, and Manasses begate Amon, and Amon begate Iosias.

記した使徒行伝、使徒たちの書簡および黙示録を含む。ユダヤ教では新約聖書を正典とは認めていないが、旧約聖書の中に述べられているさまざまな予言が新約聖書において実現するということから、キリスト教では新約・旧約両聖書を正典とする。

▶聖書翻訳の歴史　ヘブライ語で書かれていた聖書は紀元2〜3世紀のころ、まずギリシャ語に翻訳された。ギリシャ語は話せるがヘブライ語は話せなくなったユダヤ人のためになされたことであった。その後2種類のラテン語訳の聖書が出現するが、そのうちの1つ『ウルガータ』（Vulgate「一般に容認された」の意）と呼ばれる聖書が後代に大きな影響を与えることになる。

すなわちこの『ウルガータ』を原典として後に幾つかの国語に翻訳されるからである。当時ヨーロッパ世界で公用語的地位を得ていたラテン語は聖職者や王侯貴族、学識者という特権階級の人々にしか理解できなかったので、当時の

第12章　英語世界の万華鏡 | 267

民衆は聖職者の言葉を通していわば間接的にキリストの教えに接することしかできなかった。聖書が各国語に翻訳されるということは，民衆がキリストの教えの真髄に直に接することを意味し，同時に聖職者の特権性を希薄にすることに繋がったのである。

▶古英語期　英訳聖書は古英語期から作られていたが，その中でもっとも有名なものが『リンデスファーン福音書』である。これは7世紀末に作られたものに10世紀中頃，アルドレッドという司祭が古英語のノーサンブリア方言で註解を書き入れたもので，その書体，挿図，製本技術などの点で当時のヨーロッパ文化の粋を集めた傑作といわれている。

▶中英語期　14世紀のイギリスはフランスの王位を要求するエドワード3世によって始められた百年戦争（イギリスの初期の優勢はジャンヌ・ダルクのオルレアンの勝利以来一変，フランスは失地の大部分を回復する），黒死病（ペスト）の大流行（人口の半数近くが死亡したとも言われている），ウォット・タイラーによる農民一揆が起こるなど，中世の末期的情況を呈していた。宗教界では聖職者たちが罪を犯した者でも，免罪符（犯した罪を購うことができるという教皇の発行する許可証）を売って私利私欲をこやし，時には自分の聖職者の身分を売って金にする（聖職売買）ような，堕落した状況があった。

　このような時代背景の中で，J. ウィクリフ（John Wycliffe 1320?-84）は聖書こそ真理の源泉であるという信念から聖書の英訳に没頭する。彼は当時の英語である中英語で翻訳したが，原典としたのが前述の『ウルガータ』であったためか，ラテン語の直訳的な訳が随所に見られる。しかし彼の遺志は弟子たちに受け継がれ，英訳聖書史上初の完訳聖書となった。この英訳聖書の影響で中英語期に宗教や教会関係のラテン語が数多く借用されたが，彼は死後コンスタンツ公会議で異端者と宣告され，1428年墓から掘り出されて著書とともに遺骨が焚かれた。

▶初期近代英語期　カトリック教会は11世紀末，十字軍派遣の資金調達のために免罪符を売り出して以来幾度か発行を許可してきた。この悪弊に激しい批判を突きつけたのがドイツの神学者 M. ルター（Martin Luther

1483-1546) であった。1517年，彼は95か条の抗議書を公表，教皇の破門やさまざまな迫害を受けるが，宗教改革の端緒を開き，1522年には独語訳聖書を刊行した。

イギリスでは W. ティンダル（William Tyndale 1484?-1536）が迫害を逃れながらギリシャ語の聖書から新約聖書を完成させるが（1526年），後にヘンリー 8 世の信任を失い，異端の故をもってアンベルスで捕らえられ絞首刑に処せられてしまう。彼の英訳聖書は初めて原典から翻訳された画期的なもので欽定訳聖書の基礎を築いた。

次に注目すべきは M. カヴァデール（Miles Coverdale 1488?-1569）の英訳聖書で，彼は生涯の大半をヨーロッパ大陸で過ごして宗教改革を促進し，1535年ウルガータとルターの独訳聖書をもとに印刷本として初めて旧約・新約両聖書を刊行した。これはまさに画期的なことであった。

1534年ヘンリー 8 世によって英国国教会が設立されると，カンタベリー大主教の T. クランマー（Thomas Cranmer 1489-1556）は大主教区会議の決議をうけて公認英訳聖書の作成を国王に誓願し，後に「大聖書」といわれるマシュー訳の第 2 版に序文を寄せ，「クランマー聖書」と呼ばれる聖書を刊行して国教会の新教化をはかったが，メアリ 1 世のカトリック反動によって処刑された。

このように英訳聖書の歴史には時の為政者や教会権力などが複雑に絡み合い，殺戮とは最も遠くに位置しているはずの聖書の翻訳という営みが，同時に血なまぐさい歴史でもあったのである。今まで見てきたように中英語期，初期近代英語期の英語訳聖書を経由して，1611年に刊行される先に述べた英訳の聖書の決定版ともいうべき「欽定訳聖書」（「ジェイムズ王聖書」ともいう）さらには20世紀の「新約聖書」（1970年）へと続いていくのである。

4　多様性と階級

▶ことばのヴァリエーション　私たちは日常生活において同じことを言う際でも実にさまざまな表現を用いる。たとえば日本語で「自分自身」を表す単語は，わたくし，わたし，ぼく，おれ，わし，わいなどいろいろあるが，それ

らは発話者の個人的な癖や地域，社会，性別，時代などによってさまざまに使われ，また同一人物の中にあってもいわゆる TPO に応じて使い分けられている。

このように同じ類に属すると見なすことができるもの（上例でいうと，1人称単数という1つの概念）が，複数の表現形式を持つことをヴァリエーション（Variation）とか変異（形）と呼ぶ。この変異には①地理的変異（Regional Variation），②社会的変異（Social Variation），③機能的変異（Functional Variation）があり，異なる変異の使用者間で時としてコミュニケーションに齟齬を来たすこともあるが，同時に変異の存在は言語の多様性を意味し，その言語に豊かな表現力を与えている部分にもなっているのである。

▶地理的変異　これは地域による差異を意味するいわゆる（地域）方言と同じものと考えてよい。先に述べたように，古英語の時代は地域間の交流も少なく標準語的な英語がなかったために，逆に方言という概念も無かった。それぞれが自分の属する社会で過不足なく言語生活を営んでいたはずである。しかし14，5世紀から16世紀にかけて中部方言から生まれた標準的な英語が現れるに及んで方言という変異形が意識され始めたといっていい。時代の経過とともに標準英語は普及していったが，19世紀末になっても右に見られるように，5つないし6つの変異があった。

地理的変異の中でもっとも重要なものは〈容認発音〉（Received Pronunciation 略して RP）と呼ばれるもので，これはイングランド南部の教養ある人々によって話される英語で，BBC 放送で用いられる英語である。この RP は有名な全寮制のパブリック・スクールでも意識的に教えられるようになり最も権威あるイギリス英語として考えられているものである。

ミュージカル『マイ・フェア・レディ』（*My Fair Lady*）の主人公イライザはロンドン訛りのひどい花売り娘であったが，ヒギンズ教授の指導でみごとに RP を習得し，上流社会に受け入れられていく話である。

▶社会的変異　話者が属する社会がもし階級的区別を持っている場合，その階級による言葉の違いが現われることがある。また若者言葉に代表されるように年齢による差異，性別による差異，さらに発話される場所とか対象によって使い分けられる差異，これらの差異が社会的変異と呼ばれるもの

である。

　イギリスは世界で最も早く議会制を取り入れた国であるが，依然として階級社会を保持している。大別して上流階級，中産階級，労働者階級の3つがある。上流社会は王侯貴族をはじめ，地主階級，牧師，医師，弁護士，その他知識人階級を中心とする専門職の人々からなっている。中産階級には商店経営者，ホワイト・カラー，会計係，下級公務員などが含まれる。最近労働者階級と中産階級を峻別することは難しくなったが，一般的に言って前者には工場，鉱山，畑などで働く人々が含まれ，国民の65％を占めるといわれている。

図12-11　19世紀末のイギリスの方言分布

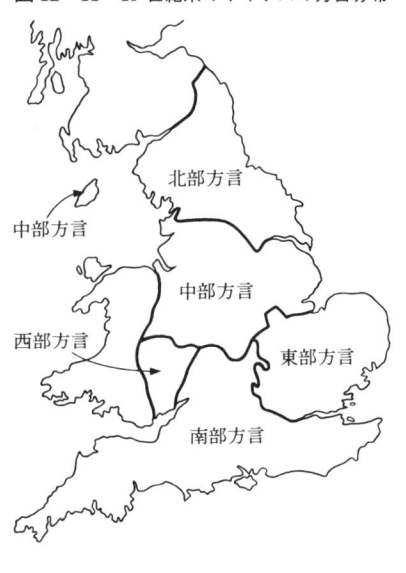

　この3つの階級による英語の変異は，最近希薄になりつつあるという指摘もあるが，長い生活習慣の中で形成されたもので，現在でも発音・語彙・文法などの点から変異が認められ，バーミンガム大学のA. S. C. ロス教授は，上流階級の英語をU（upper class の略），非上流階級の英語をnon-Uと二分し，各階層の英語を発音，語彙・語法，文法などの点から分析している。

　広い意味で言語使用域や階級に関係し，通常標準語に入れられないものに俗語（slang）がある。この俗語には特定の職業や同業者間，仲間内で用いられる隠語（cant, argot）や芸術家・科学者・法律家などの特定集団が用いる専門語の職業隠語（jargon）がある。

　また最近は，社会言語学的な立場から，年齢差，性差などによる変異を解明するためにさまざまなアプローチが試みられている。

▶機能的変異
　私たちは日常生活の中で，多くの類義語あるいは同義表現の中で「その場面にもっとも適切な言葉」を選んで使っている。つまり，いつ，どこで，だれと，なにを，どうするかによって，その場やその目

的に相応しい表現を選んでいる。これは発音，語彙，文法など言葉のさまざまな面に変異を生じさせる原因となっているが，その根底においては，(1)話題の領域，(2)手段，(3)話者の態度が深く関係している。

話題の領域とはたとえば趣味に関するものであったり，仕事に関するもの，あるいは思想や想念といった抽象的なことなどその話題がどのような分野に属するかということである。

手段とはそれが書き言葉であるのか話し言葉であるのかといった表現方法のことである。

話者の態度とは格式ばっているとか，緊張している，くつろいでいるといっ

アフタヌーン・ティー

　イギリスといえば紅茶をよく飲むことで有名だが，ティーにもいろいろある。モーニング・ティーを初めとして，昼食前にはイレヴンジィズと呼ばれるティー，3時半から5時までのアフタヌーン・ティー，5時から6時頃のハイ・ティー，そしてナイト・ティーなるものまであるという。

　それらは，だいたい伝統的なミルク・ティーをたっぷりと継ぎ足しながら飲むのが基本で，たとえばアフタヌーン・ティーなら，フルーツ・ケーキやタルトなどと一緒に，かための脂肪分の多いクロッテッド・クリーム（コーンウォールやデヴォンシャーの名物クリーム）とジャムを付けて食べるスコーン（ややかためのパン）と，フィンガー・サンドと呼ばれる小ぶりのサンドイッチ（サーモン，ロースト・ビーフ，ツナ，ハム，チーズなど）や，しばしばキュウリのキュウカンバー・サンドイッチが付く。スコットランドでいわれるハイ・ティーでは，それらがパイや冷肉，サラダやマフィンなどになるが，どちらにしても，結構ヴォリュームたっぷりの食事となる。食べ物をあまり伴わないのは，プレイン・ティーと呼ばれている。

　イギリスにおけるアフタヌーン・ティーの習慣は，19世紀半ば頃ベドフォード公爵夫人に始まるといわれる。いまではロンドンなどの（正装を求められる）ホテルで3段重ねのケーキスタンドに上記のような食べ物が載った豪華で高価なものが出されるが，客の大半は日本人だといわれている。普通のイギリス人は田舎で値段の安いのを楽しんでいるようだ。また，美しい庭先に出て，ゆったりとした気持ちで飲むのも好まれる。
　　　　　　　　　　　　　　　　　　　　　　　　　　　　　　（太田）

たように，話者の心的状態を意味し，それぞれの心的状態によって発せられる発話は，形式体，口語体，親密体などに分けられる。

　このように言葉とはきわめて複雑で論理的な有機体である。個人の言語生活を取り上げてみても分かるように，私たちはさまざまな変異を最大限に利用し駆使しながらより円滑なコミュニケーションを目指しているのである。

原典をたのしむ

The Lord's Prayer

　Fæder ūre, þū þe eart on heofonum, sī ðīn nama ġehālgod. Tōbecume ðīn rīċe. Ġeweorðe ðīn willa on eorþan swā swā on heofonum. Urne ġedæġhwāmlican hlāf sele ūs tōdæġ. And forġief ūs ūre gyltas, swā swā wē forġiefað ūrum gyltendum. And ne ġelǣd ðū ūs on costnunge, ac ālīes ūs of yfele, Sōþlīċe.

(Our father, who art in heavens, thy name be hollowed. Thy kingdom come. thy will be done on the earth as the heavens. Give us our daily bread today. And forgive us our debts, as we forgive our debtors. And lead us not into temptation, but deliver us from evil. Amen.)

古英語による「主の祈り」

天にいますわれらの父よ，
御名があがめられますように。
御国がきますように。
みこころが天に行われているとおり，
地にも行われますように。
わたしたちの日ごとの食物を，
きょうもお与えください。
わたしたちに負債のある者をゆるしましたように，
わたしたちの負債をもおゆるしください。
わたしたちを試みに会わせないで，
悪しき者からお救いください。アーメン

Octavian

Lytyll and mykyll, olde and yonge,
Lystenyth now to my talkynge,
   Of whome Y wyll yow [k]ythe ;
Jesu lorde, of hevyn kynge,
Grawnt us all hys blessynge
   And make us gladd and blythe.
Sothe sawys Y wyll yow mynge
Of whom the worde wyde can sprynge,
   Yf ye wyll lystyn and lythe ;
Yn bokys of ryme hyt ys tolde
How hyt befelle owre eldurs olde,
   Well oftyn sythe.

『オクタヴィアン』

身分低き人も身分高き人も，老いたる人も若き人も
これからお伝えしょうと思う人々についての私の話を
さあ，しかとお聞きください。
天国の王であられる主イエス様が
私どもの全てに祝福をお与え下さいますように。
そして私どもを楽しく愉快にさせてくださいますように。
もし皆様が耳を傾け，お聞きくださるなら，
広く名声が知れ渡ったその方にまつわる
本当にあったお話を致しましょう。
物語詩の本の中では，
私どもの遠い祖先たちに
いかなることが起こったか誠にしばしば語られているのです。

参考文献

第1章　4つの文化圏

荒　正人著『ヴァイキング』中央公論社，1968。
　　北ヨーロッパのみならずアメリカやロシアにまで活躍の場をもつヴァイキングの全体像を探り，その精神の本質に迫る。

吉田健一著『英国に就て』筑摩書房，1974。
　　少年時代にイギリスに住んだ文学者のイギリス文化論。「文化などということが念頭にないのが，英国の文化」だという。

ルイ・カザミヤン著，手塚リリ子・石川京子訳『大英国──歴史と風景』白水社，1985。
　　イングランド，ウェールズ，スコットランドの各地域を実際に歩いて細かく観察し，精神的風土としての大英国の本質を探る。

青山吉信（他）編『イギリス史』1～3巻，山川出版社，1991。
　　先史から中世時代を扱った1巻では，イングランド，ウェールズ，スコットランドの各王国の形成過程が詳細に述べられている。

トニー・マイエール著，大塚幸男訳『イギリス人の生活』白水社，1991。
　　政治・経済機構から日常生活に見る習慣に至るまでの諸事情が把握できる。フランス人によるイギリス観としても読める。

今井　宏著『ヒストリカルガイド──イギリス』山川出版社，1993。
　　古代から現代までのイギリス史概説。文化史に関する10人の歴史的人物のコラムがある。

波多野裕造著『物語アイルランドの歴史』中央公論新社，1994。
　　古代から現代までのアイルランド史。付録として北アイルランド問題の歴史的経過が書かれている。

テリー・イーグルトン著，鈴木　聡訳『表象のアイルランド』紀伊國屋書店，1997。
　　イギリスによる植民地支配の歴史をもつアイルランドの文学的風景を考察する。『美のイデオロギー』のいわば実践編。

ナイジェル・トランター著，杉本　優訳『スコットランド物語』大修館書店，1997。
　　著者いわく，これは歴史に物語を織り込む試みである。スコットランド人の歴史は「信じがたいような事件ばかり」である。

小林章夫著『物語イギリス人』文藝春秋，1998。

イギリス（人）らしさ―イングリッシュネス―とは何なのか。さまざまなエピソードや習慣からひとつのイメージを作り出す。

バリー・カンリフ著，蔵持不三也監訳『図説ケルト文化誌』原書房，1998。
　ケルトの文明，社会，宗教，芸術などについての詳細な解説書。写真が多い。

森田浩之著『イギリスの中道革命』森田総合研究所，1998。
　労働党ブレア政権の誕生と現代イギリスが抱える諸問題について，〈中道革命〉というキーワードのもとに考察する。

ロザリンド・ミチスン編，富田理恵・家入葉子訳『スコットランド史――その意義と可能性』未来社，1998。
　古代王国の成立から20世紀の諸問題にいたるまでの専門家8人による歴史的解説書。

指　昭博編『「イギリス」であること』刀水書房，1999。
　イングランド人のアイデンティティを中心テーマに，歴史的，民族的，地域的，文学的な各視点から考察した9論文を含む。

第2章　王室と宗教

小嶋　潤著『イギリス教会史』刀水書房，1988。
　デーン人の侵攻から19世紀の半ば頃までのイギリス教会史を綿密に辿ったすぐれた専門書。イギリス国教会の成立過程がよくわかる。

Plantagenet Somerset Fry, *The Kings & Queens of England & Scotland*, Dorling Kindersley, 1990.
　古代から現代にいたるイングランドとスコットランドの王や女王について的確に記されている。きれいなカラー写真を楽しむことができる。

青山吉信・今井　宏編『概説イギリス史』（新版）有斐閣，1997。
　4章「近代イギリスの形成」と5章「二つの革命」の2章を読むだけで，イギリスの宗教改革についての大雑把な知識が得られる。

森　護著『英国王室史話』大修館書店，1997。
　イギリスの王室史に関する筆者の造詣の深さが遺憾なく発揮されている力作。興味深いエピソードがふんだんに盛り込まれている。

Antonia Fraser, ed. *The Lives of the Kings & Queens of England*, Phoenix Illustrated, 1997.
　ノルマン王朝からウィンザー家にいたるイギリスの王や女王の生涯について詳しく記されている。貴重なモノクロやカラー写真が入っている。ペーパーバック版。

David McDowall, *An Illustrated History of Britain*, Longman, 1997.
　イングランドの歴史だけでなく，イングランドとスコットランド，ウェールズ，ア

イルランドとの歴史的関係についても記されている。
小林章夫著『イギリス王室物語』講談社，1998。
　　イギリスの代表的な王や女王の個性がわかりやすい文章で興味深く綴られている。
John Cannon & Ralph Griffiths, *Oxford Illustrated History of the British Monarch*, Oxford University Press, 1998.
　　イギリスの君主制に関するもっとも権威のある歴史書のひとつ。各時代の王や女王の肖像も生き生きと描かれている。ペーパーバック版。
川北　稔編『世界各国 11――イギリス史』山川出版社，1999。
　　信頼に足る専門的なイギリス史。とくに第 4 章「近代国家の成立」と第 5 章「革命の時代」はイギリスの宗教改革を詳述している。
The Royal Line of Succession : The British Monarchy from Egbert AD 802 to Queen Elizabeth II, Pitkin, 1999.
　　古代から現代までのイギリスの各王朝について簡潔に記されているカラー写真つきの小冊子。ペーパーバック版。
Britain's Kings & Queens, Pitkin, 1999.
　　古代から現代までのイギリスの歴代の王や女王について簡潔に記されているカラー写真つきの小冊子。ペーパーバック版。
松村　赳・富田虎男編著『英米史辞典』研究社出版，2000。
　　英米史の専門家はいうまでもなく，英米史に興味のある一般の読者でも手元に備えておきたい内容の充実した辞典。
ノーマン・サイクス著，野谷啓二訳『イングランド文化と宗教伝統』開文社出版，2000。
　　近代のイギリス社会と文化の担い手としてのキリスト教信仰とキリスト教会について簡潔に記されている。

第 3 章　貴族の城館と庭園

H. ブラウン著，小野悦子訳『英国建築物語』晶文社，1980。
　　イギリスの建築の歴史について，これほどわかりやすく書かれた本はない。
カザミヤン著，手塚リリ子・石川京子訳『大英国――歴史と風景』白水社，1985。
　　フランス派英文学研究を代表するカザミヤンの名著の翻訳は，本文513頁（訳注・参考文献など200頁）におよぶ労作で，文化史的な研究には必携の書。カントリー・ハウスに関する記述も多い。
森　護著『英国の貴族』大修館書店，1987。
　　カントリー・ハウスと貴族はきりはなして考えるわけにはいかないから，貴族に関する知識も必要である。楽しく読めるイギリス史である。

片木　篤著『イギリスのカントリー・ハウス』丸善，1988。
　　100頁あまりの小さな本だが，建築の面からのカントリー・ハウス入門書。

M. ジルアード著，森静子訳『英国のカントリー・ハウス』上・下，住まいの図書館出版局，1989。
　　カントリー・ハウスに関する研究書，紹介書は英米では数多く出版されているが，唯一の翻訳書で必読の書。

小林章夫著『イギリス貴族』講談社，1991。
　　著者にはイギリスに関して数多くの著書があるが，いずれも読みやすく信頼できる。

森　護著『英国王室史事典』大修館書店，1994。
　　カントリー・ハウスに関する項目が数多く含まれていて，この種の事典としてはもっとも信頼できる。

S. マーロウ著，徳岡孝夫訳『イギリスのある女中の生涯』草思社，1994。
　　かつてカントリー・ハウスには数十人，数百人の使用人が働いていた。彼らがいなければ館は機能しなかった。

川本静子著『ガヴァネス（女家庭教師）──ヴィクトリア時代の〈余った女たち〉』中央公論社，1994。
　　貴族の家庭では子どもはまずナニー（乳母）に預けられ，次いでガヴァネスに教育された。

Blue Guide, *Country Houses of England*, A & C Black, 1994.
　　個々のカントリー・ハウスの歴史，解説がたいへん参考になる。

高橋哲雄著『イギリス歴史の旅』朝日新聞社，1996。
　　氏のイギリスやアイルランドに関する著作はいずれも読みごたえがあるが，本書の中にカントリー・ハウスを考察した好論文が含まれている。

田中亮三（文）増田彰久（写真）『英国貴族の邸宅』小学館，1997。
　　写真集で短い解説が付いている。『英国貴族の館』（講談社，1991）という優れた解説付き写真集もあるが，高価すぎる。

杉恵惇宏著『英国カントリー・ハウス物語』彩流社，1998。
　　カントリー・ハウスに関して多面的，総体的に書かれた日本で最初の本。数多くのエピソードに満ちている。

小林章夫著『英国庭園物語』河出書房新社，1998。
中尾真理著『英国式庭園』講談社，1999。
　　イギリスの庭園に関して読みやすいものを選ぶとすればこの2冊である。

杉恵惇宏編『誘惑するイギリス』大修館書店，1999。
　　20数人によるエッセイ集。イギリス人，イギリス文化に関して多面的，複眼的に描

かれている。

第4章　われら役者は影法師

大場建治著『ロンドンの劇場』研究社出版，1975。
　著名な劇場の紹介やイギリス演劇の略史をはじめ，ロンドンでの観劇の案内書。
フィリス・ハートノル著，白川宣力・石川敏男訳『演劇の歴史』朝日出版社，1981。
　戯曲のみでなく，演技，劇場，舞台などにも触れながら，演劇の歴史を考察した概説書。
Phyllis Hartnoll, ed. *The Oxford Companion to the Theatre*, Oxford U. P., 1983.
　イギリスの個々の劇場の歴史の詳しい記述に特色のある事典。
大場建治著『英国俳優物語』晶文社，1984。
　19世紀の天才俳優エドマンド・キーンの破滅的な生涯を描いた伝記。
青山誠子著『シェイクスピアとロンドン』新潮社，1986。
　シェイクスピアが活躍していた時代のロンドン事情や，芝居のなかに描かれたロンドンの生活を活写。
サイモン・ティドワース著，白川宣力・石川敏男訳『劇場——建築・文化史』早稲田大学出版部，1986。
　ギリシャから現代までのヨーロッパの劇場建築の歴史を概観した歴史書。
Tirzah Lowen, *Peter Hall Directs Antony and Cleopatra*, Methuen, 1990.
　アンソニー・ホプキンズの出演した名舞台ができあがるまでの稽古のドキュメンタリー。
Martin Banham, ed. *The Cambridge Companion to the Theatre*, Cambridge U. P., 1992.
　人類学的・博物学的視野に立って世界の演劇を解説した事典。
Quentin Falk, *Anthony Hopkins, The Authentic Biography*, Virgin Books, 1992.
　名優アンソニー・ホプキンズの伝記。舞台の裏話が満載。
ウォルター・ホッジス著，井村君江訳『シェイクスピアの劇場——「グローブ座」の歴史』筑摩書房，1993。
　美麗なイラストでシェイクスピア時代のロンドン市民の観劇の環境を解説した書。
アンドルー・ガー著，青池仁史訳『演劇の都，ロンドン——シェイクスピア時代を生きる』北星堂書店，1995。
　シェイクスピア時代の劇団，役者，上演，観客などに関する研究書。
松田隆美編『イギリス中世・チューダー朝演劇事典』慶応義塾大学出版会，1998。
　中世から近世初期にいたるイギリス演劇の歴史と作品に関する総括的な知識を盛り込んだ事典。

Rob Graham, *Theater, A Crash Course*, Watson-Guptill Publications, 1999.
　　楽しいエピソードを中心に演劇の歴史を教えてくれる好著。
ロビン・メイ著，佐久間康夫編訳『世界演劇事典』開文社出版，1999。
　　劇作家，俳優，舞台，劇団，演劇用語などの章に分けて，世界的視野から取り上げた事典。
ウォルター・ホッジス著，河合祥一郎訳『絵で見るシェイクスピアの舞台』研究社出版，2000。
　　詳細な注釈つきでシェイクスピア時代の劇場の構造を分析した研究書。

第5章　拡がる地平

小池　滋著『英国鉄道物語』晶文社，1979。
　　鉄道をめぐるさまざまな話題を楽しみながら，ディケンズやコナン・ドイルを道案内に，世界で最初に鉄道が走った国，ヴィクトリア朝時代のイギリスの生活風景を描き出す名著。
Isabella Bird, *Korea and Her Neighbours*, KPI Limited, 1985.
　　イザベラ・バードの朝鮮旅行記。
リン・ハーバー著，高山　宏訳『博物学の黄金時代』国書刊行会，1995。
　　博物学がファッションと化した19世紀，ダーウィン以前のロマンティック・サイエンス時代を活写した異色の社会史。
The Royal Botanic Gardens, Kew, *A Vision of Eden: The Life and Work of Marianne North*, HMSO, 1996.
　　メアリアン・ノースの伝記と植物画集。
デイヴィド・M. ウィルソン著，中尾太郎訳『大英博物館の舞台裏』平凡社，1996。
　　大英博物館の歴史と収蔵品の管理，スタッフ，資金等々，一般の読者には不明であったさまざまなことを，詳細に教えてくれる興味深い1冊。
本城靖久著『トーマス・クックの旅——近代ツーリズムの誕生』講談社，1996。
　　ツーリズムの大衆化のきっかけを作り，世界3大旅行代理店の基礎を築いたトマス・クックを伝記的に描き出すとともに当時から現在までのツーリズムの興隆を社会や経済との関連において論じた好著。
松村昌家・川本静子・長島伸一・村岡健次編『英国文化の世紀1——新帝国の開花』研究社出版，1996。
　　18世紀後半から19世紀前半にかけてのイギリス文化の諸相を論じたもの。
山田登世子著『リゾート世紀末——水の記憶の旅』筑摩書房，1998。
　　主としてフランスを扱いながらも，イギリスのレジャーとリゾート，そしてモード

にも言及した興味深い1冊。

今井　宏編『イギリス史2』山川出版社，1999。
　　近代イギリス史についての詳細な記述。

アラン・コルバン編，渡辺響子訳『レジャーの誕生』藤原書店，2000。
　　現代人と時間の関わり方を，「レジャー」という観点から10人の執筆者が社会史としてとらえた興味深い論文集。

第6章　はばたくメディア

角山　榮著『生活の世界歴史（10）産業革命と民衆』河出書房新社，1975。
　　民衆の生活の諸相から近代イギリスの歴史を概観している好著。

香内三郎著『活字文化の誕生』晶文社，1982。
　　ジャーナリズムが市民社会に定着していく過程を考察しているが，活版印刷技術導入の頃の状況が特に参考になる。

ジョージ・オーウェル著，小野寺健訳『オーウェル評論集』岩波書店，1982。
　　民主的社会主義者として全体主義のイデオロギーに生涯抗い続けた稀有の作家でありジャーナリストであるオーウェルの真骨頂を窺い知ることができる。

出口保夫著『イギリス文芸出版史』研究社出版，1986。
　　イギリスの文芸ジャーナリズムの歴史を具体的に考察している。

長島伸一著『世紀末までの大英帝国――近代イギリス社会生活史素描』法政大学出版局，1987。
　　17世紀中葉以後20世紀初頭までの社会生活史を豊富な図版を用いてまとめたもの。

R.D. オールティック著，村田靖子訳『ヴィクトリア朝の緋色の研究』国書刊行会，1988。
　　19世紀イギリスで起きた殺人事件に示された人々の熱狂的な関心ぶりなどを豊富な資料で描く。

長島伸一著『大英帝国――最盛期イギリスの社会史』講談社，1989。
　　情報の大衆化という側面に興味深い光があてられたコンパクトな19世紀イギリス史。

リチャード・B. シュウォーツ著，玉井東助・江藤秀一訳『十八世紀ロンドンの日常生活』研究社出版，1990。
　　ジョンソンの見たロンドンの日常生活が具体的に描写されているので，読者はこの時代のロンドンにまるで入り込んだような印象をもつ。

宮崎芳三・水越久哉著『イギリス文学者論――過渡期としての第18世紀』松蔭女子学院大学学術研究会，1991。
　　18世紀のジャーナリスト，文学者たちの活躍の状況が詳しい統計と丁寧な議論で手

にとるように分かる。
A. S. コリンズ著，青木　健訳及び「はしがき」担当，榎本　洋訳『十八世紀イギリス出版文化史——作家・パトロン・書籍商・読者』彩流社，1994。
A. S. コリンズ著，青木　健・榎本　洋訳『文筆業の文化史——イギリス・ロマン派と出版』彩流社，1999。
　　コリンズの2つの著書は，近代のイギリス出版形態の状況を具体的に解き明かしている。
清水一嘉著『イギリス近代出版の諸相——コーヒーハウスから書評まで』世界思想社，1999。
　　18世紀以後のイギリスの出版形態（物）の変遷を具体的な項目をたてて明快に解き明かしている。
Jonathan Crowther, ed. *Oxford Guide to British and American Culture for Learners of English*, Oxford University Press, 1999.
　　英語学習者向けに，英米文化圏の様々な興味深い項目が簡潔に綴られている。
小林章夫著『コーヒー・ハウス——18世紀ロンドン，都市の生活史』講談社，2000。
　　日本におけるこの主題に関しての先駆的な考察。
飛田茂雄編『現代英米情報辞典』研究社出版，2000。
　　現代英米の文学作品や新聞雑誌，そして広く英語文化を正しく理解するために必要な基礎知識を得られる。
The British Library Newspaper Library: 'Concise History of The British Newspaper since 1620,' The British Library Website.
　　17世紀以降の主な新聞，定期刊行物の変遷をこの website で確認できる。

第7章　子どもへのまなざし

Iona and Peter Opie, ed. *The Oxford Dictionary of Nursery Rhymes*, Oxford, 1951.
　　選び抜かれた550篇のマザー・グースに詳細な注解を付けた20世紀の伝承童謡辞典の決定版。
William S. Baring-Gould and Ceil Baring-Gould, ed. *The Annotated Mother Goose*, Meridian, 1967.
　　884篇のマザー・グースの唄に注解を付けた必携書。ペーパーバック版。
平野敬一著『マザー・グースの唄——イギリスの伝承童謡』中央公論社，1972。
　　日本におけるマザー・グース研究の草分け的な入門書だが，いまだにこれを超える本がなかなか見あたらない。
ピーター・カヴニー著，江河　徹監訳『子どものイメージ——文学における「無垢」の

変遷』紀伊國屋書店，1979。
　19世紀から20世紀初期までの文学作品に描かれた子ども像の，主として無垢の観念の変容を見事に捉えた必読の研究書。

フィリップ・アリエス著，杉山光信・杉山恵美子訳『〈子供〉の誕生——アンシャン・レジーム期の子供と家族生活』みすず書房，1980。
　中世から18世紀に至る間の，〈子ども〉と家族の関係のメンタリティーを焦点に考察し，〈子ども〉の発見という視点を提示した名著。

W. J. リーダー著，小林　司・山田博久訳『英国生活物語』晶文社，1983。
　ヴィクトリア朝の様々な生活事情を中心に，この時代の独特な社会現象や矛盾を分かりやすい文章で読ませる格好の入門書。

長島伸一著『世紀末までの大英帝国——近代イギリス社会生活史素描』法政大学出版局，1987。
　17世紀からの2世紀半にわたる社会生活史を，コンパクトながらも多くの図版とともに手際よく通観できるようにまとめたもの。

ヘンリー・メイヒュー著，ジョン・キャニング編，植松靖夫訳『ヴィクトリア時代ロンドン路地裏の生活誌』上・下，原書房，1992。
　ヴィクトリア朝中期に関する必読書の簡易版。当時の腕利きジャーナリストが直接自分で探索したロンドンのさまざまな姿がある。

岸田　秀著『不惑の雑考』文藝春秋，1993。
　この中の「子どもとは何か」というエッセイは，〈子ども〉の発見が同時におとなの発見によるものという刺激的な視点からのもの。

松村昌家編『『パンチ』素描集——19世紀のロンドン』岩波書店，1994。
　1841年創刊から30年間の諷刺図版により，飢餓，万博，鉄道，テムズ川汚染，女性解放，そして〈子ども〉の情景などから時代を描く。

松村昌家（他）編『民衆の文化誌』研究社出版，1996。
　ヴィクトリア朝の民衆の教育・娯楽・風俗を扱う。とりわけ，人形劇「パンチ＆ジュディ」に関する論文に注目。

第8章　ジェントルマンのたしなみ

Christopher Martin, *A Short History of English Schools*, Wayland Publishers, Ltd., 1979.
　1970年代までの教育の流れを簡潔に分かりやすく説明する。図版多。

ローレンス・ストーン著，佐田玄治訳『エリートの攻防——イギリス教育革命史』御茶の水書房，1985。

1560年から1900年までのイギリスの教育について社会学的に考察する。階級に着目し，読み書きの能力の進展という観点から論ずる。

Oxfordshire County Council, *The School Book : Life at a Comprehensive School*, Peers School Books, 1988.
　総合学校のしくみを，写真や図版を用いて，生徒，教師，保護者のそれぞれの視点から立体的に解説する。

小池　滋著『英国流立身出世と教育』岩波書店，1992。
　19世紀のイギリスの教育について，パブリック・スクール，慈善学校，女子教育，教員教育，といったトピックを中心に考える。

伊村元道著『英国パブリック・スクール物語』丸善ライブラリー，1993。
　19世紀のパブリック・スクールについて，ラグビー校を舞台とした小説『トム・ブラウンの学生生活』を軸に考察する。

Denis Lawton & Peter Gordon, *Dictionary of Education*, Hodder & Stoughton Educational, 1993.
　教育に関係する語彙をアルファベット順に解説し，複雑な制度の理解の一助とする。

Colin Brock & Witold Tulasiewicz, ed. *Education in a Single Europe*, Routledge, 1994.
　EU統合にむけ，加盟12か国の抱える教育制度の現状と課題を国別に論じる。それぞれの国の特色が明解に語られる。

中野葉子著『オックスフォードの贈り物』廣済堂，1995。
　現代のオックスフォード大学の学生生活について体験をもとに語る。街と大学の歴史についても紐解く。

G. ウォルフォード著，竹内　洋・海部優子訳『パブリック・スクールの社会学——英国エリート教育の内幕』世界思想社，1996。
　パブリック・スクールの歴史的発展と，卒業生の社会進出について，統計をもとに実証する。文献録が充実。

The Office for National Statistics, *Britain 2001 : The Official Yearbook of the United Kingdom*, The Stationery Office, 2000.
　「教育」の章で，教育制度の現状について最新の統計資料とともに解説する。

第9章　問いかける女性たち

Sheila Rowbotham, *Hidden from History : Rediscovering Women in History from the 17th Century to the Present*, Pluto Press, 1973.
　17世紀の初期資本主義の時代から現代にいたる女性の歩みの包括的研究。

アイリーン・パウア著，M. M. ポスタン編集，中森義宗・阿部素子共訳『中世の女た

ち』思索社，1977。
　　20世紀前半になされた中世女性史の先駆的研究。貴族から庶民にいたる女性の生き方を考察している。著者の死後出版された。

Suzanne W. Hull, *Chaste, Silent and Obedient, English Books for Women 1475-1640*, San Marino, Huntington Library, 1982.
　　15世紀後半～17世紀前半に出版された，結婚，家政，生き方に対する指南書，祈祷書などの女性向けの書物や，女性論争の書物などに対する研究。

M. プライア編，三好洋子編訳『結婚・受胎・労働──イギリス女性史1500-1800』刀水書房，1989。
　　結婚・授乳から労働，著作活動まで，イギリス近世，近代の女性の足取りを辿る。

今井けい著『イギリス女性運動史──フェミニズムと女性労働運動の結合』日本経済評論社，1992。
　　主として19世紀の女性の労働の実態，フェミニズム運動の流れを膨大な史料を駆使し，分析・解説した研究。

スーザン・バスネット著，進藤久美子訳『世紀末のフェミニズム──四つの国の女たち』田畑書店，1993。
　　アメリカ，旧東ドイツ，イタリア，イギリスの4つの国の女性解放を考察した書物。

Henrietta Leyser, *Medieval Women: a Social History of Women in England, 450-1500*, Weidenfeld and Nicolson, 1995.
　　膨大な資料をもとに探求された中世女性の社会史。農婦から貴族にいたるさまざまな階層の女性の生き方が検証されている。

ジル・リディントン著，白石瑞子・清水洋子訳『魔女とミサイル──イギリス女性平和運動史』新評論，1996。
　　19世紀前半から20世紀末までのイギリス女性が行った平和運動の探求。

石井美樹子著『イギリス中世の女たち』大修館書店，1997。
　　イギリス中世の市井の女性たちが，いかに力強く堅実に生きたのかを探求した。

石井美樹子著『イギリス・ルネサンスの女たち──華麗なる女の時代』中央公論社，1997。
　　ルネサンス期の著名な女性6名を採り上げ，この時代がいかに華麗な女の時代であったのかを明らかにした書物。

井野瀬久美惠著『女たちの大英帝国』講談社，1998。
　　西アフリカなどイギリスの植民地に出掛けた女性たちを通して，帝国主義時代のイギリスと女性たちの関わりを追った書物。

Sue Bruley, *Women in Britain Since 1900*, Macmillan, 1999.

20世紀を2つの世界大戦と60年代の女性解放運動という3つの時間軸に分け，それぞれの時期のイギリス女性の発展を追った書物。
楠　明子著『英国ルネサンスの女たち——シェイクスピア時代における逸脱と挑戦』みすず書房，1999。
　　シェイクスピアの作品なども視野に入れながら，従順という当時の女性の規範に挑戦し逸脱した女性像を考察した著作。ルネサンス期の女性作家の研究としても貴重。

第10章　「大英帝国」の光と影

村岡健次著『ヴィクトリア時代の政治と社会』ミネルヴァ書房，1980。
　　社会史的・文化史的考察から，西洋近代におけるイギリスを論じる。近代イギリスの文化的個体の解明とともに，現代イギリス病の始原も示唆されている。
リットン・ストレイチイ著，小川和夫訳『ヴィクトリア女王』冨山房，1981。
　　ロマンティックでメロドラマ的な要素も加味した伝記。人間味あふれるヴィクトリア像を作りあげている。
エイザ・ブリッグズ著，村岡健次他訳『MINERVA 西洋ライブラリー⑨——ヴィクトリア朝の人びと』ミネルヴァ書房，1988。
　　1840年代と1880年代の2つの激しい闘争の時代にはさまれたヴィクトリア中期。繁栄と安定の時代から生まれた独特の文明を読み解く。
リチャード・D. オールティック著，村田靖子訳『ヴィクトリア朝の緋色の研究』国書刊行会，1988。
　　ヴィクトリア時代において，一般大衆には殺人事件が一種の娯楽だったと断言。社会史研究の異色作である。
David Adamson, *The Last Empire: Britain and the Commonwealth*, Tauris, 1989.
　　「帝国」から「イギリス連邦」へと移り変わる歴史的背景を詳述。その変遷過程における諸問題にも言及。
ローレンス・ストーン著，北本正章訳『家族・性・結婚の社会史』勁草書房，1991。
　　結婚観，性意識，夫婦・親子の情愛，子育てと教育など，家族をめぐる諸問題の社会史的起源を，近代以後の経済，宗教倫理，生活意識，文化の諸相から探る。
松浦高嶺著『イギリス現代史』山川出版社，1992。
　　帝国の喪失による「英国病」を克服し，再建の道を求めるにいたった経緯を解きあかす。イースター蜂起以降のアイルランドもあつかう。
中西輝政著『大英帝国衰亡史』PHP 研究所，1997。
　　大国はいかにしてその力を失っていったのか。衰退の運命に敢然と立ち向かった人たちの生きざまを通し，イギリスという国全体を見つめている。

加藤祐三・川北　稔著『世界の歴史25――アジアと欧米世界』中央公論新社，1998。
　　国家の諸問題だけでなく，時代とともに変貌する人びとの日常生活についても丁寧に論じた書。
リチャード・D. オールティック著，要田圭治他訳『ヴィクトリア朝の人と思想』音羽書房鶴見書店，1998。
　　宗教や民衆芸術など幅広く言及されていて，ヴィクトリア時代の心性に触れることのできる好著。
樺山紘一著『世界の歴史22――近代ヨーロッパの情熱と苦悩』中央公論新社，1999。
　　19世紀のヨーロッパやロシアについての概観。イギリスについてはヴィクトリア時代を，さらに〈産業革命〉〈改革〉〈繁栄〉の時代にわけて解説。

第11章　パラダイム・シフト

アーサー・O. ラヴジョイ著，内藤健二訳『存在の大いなる連鎖』晶文社，1975。
　　概念史の方法論で中世の世界観の根底にある「存在の鎖」を掘り起こした。
フランセス・イエイツ著，内藤健二訳『魔術的ルネサンス』晶文社，1984。
　　ジョン・ディーを中心にオカルト哲学がエリザベス朝ルネサンスの指導的哲学であったことを例証している。
マージョリー・ニコルソン著，小黒和子訳『暗い山と栄光の山』国書刊行会，1989。
　　17世紀の人々には〈山〉は歪なものでしかなかった。18世紀には見方が変わっていき，19世紀には〈崇高〉なものとなる原因をさぐった概念史学派の名著。
フィリップ・P. ウィナー編，荒川幾男（他）訳『西洋思想大事典』全5巻，平凡社，1990。
　　概念史（History of Ideas）の集大成。本章でもとくにニコルソンの仕事に依拠している。
E. M. W. ティリヤード著，磯田光一（他）訳『エリザベス朝の世界像』筑摩書房，1992。
　　〈存在の鎖〉の等価性と比喩で語られるエリザベス朝は，近代の曙というよりも中世の夕映えであった。
川端香男里著『ユートピアの幻想』講談社，1993。（初版，潮出版，1971）
　　ユートピア概念の厳密な定義，その多面的な姿の記述，文学ジャンルとしてのユートピアを文学史のなかに位置づける。
加藤憲市著『イギリス古事物語』大修館書店，1994。
　　海，城，馬などをキーワードにイギリスの故事来歴をかたる。
植月恵一郎著「幻想の〈ユートピア〉――『ユートピア』から『1984年』まで」倉智恒

夫・前田彰一・水之江有一編『幻想のディスクール——民衆文化と芸術の接点』多賀出版，1994，625～62頁．
　　副題にあるようにイギリスのユートピアを，モアの『ユートピア』からオーウェルの『1984年』まで時代順に詳述した．
チェリー・ジルクリスト著，桃井緑美子訳『錬金術——心を変える科学』河出書房新社，1996．
　　非常に読みやすい．資料として文学関係の原典が掲載されているし，精神的な分野とのつながりにまで発展させている．
マージョリー・ニコルソン著，小黒和子訳『円環の破壊』みすず書房，1999．
　　新しい科学の発達で，従来の完全な宇宙が歪み，その中世的な世界観が崩壊する過程を探ったやはり概念史学派の古典的名著．
アルデン・T. ヴォーン，ヴァージニア・メーリン・ヴォーン著，本橋哲也訳『キャリバンの文化史』青土社，1999．
　　シェイクスピアの『テンペスト』のキャリバン表象史．400年にわたって植民地の権力関係を体現し，文化的イコンとして機能してきたキャリバンの文化史．

第12章　英語世界の万華鏡

フェルナン・モセ著，郡司利男・岡田　尚訳『英語史概説』開文社出版，初版1963．
　　古英語，中英語，ルネッサンス期，17-8世紀，19世紀から現代まで，および世界の英語の章に分け，英語の歴史を音韻・形態・統語などを網羅的に扱った名著．
清水阿や著『アーサー王伝説研究』研究社出版，1966．
　　アーサー王伝説文学の成立の過程をその萌芽からたどり，マロリーに至るまでを詳述，特にマロリーの作品を各巻各章に分けて逐一その梗概を述べていて，マロリーを知る上でも貴重な書．
G. L. ブルック著，鈴木重威訳『英語の方言』千城，1976．
　　OE，ME，ModE，海外の英語，階級方言と職業方言など，地理的方言だけでなく社会的方言についても解説している．
A. C. ボー，T. ケイブル著，永嶋大典（他）訳『英語史』研究社出版，1981．
　　英語史のもっとも標準的なテキスト．言語変化の内面史，外面史双方からの記述が参考になる．
ヘンリー・ブラッドリ著，寺澤芳雄訳『英語発達小史』岩波書店，1982．
　　ゲルマン語の特徴，英語の文法組織，借用語，造語法などについて書かれている．翻訳は明快で読みやすい．
畑中孝實（他）著『英語のバリエーション』南雲堂，1983．

地域的変異，社会的変異，機能的変異，文学に見られる方言などについて解説している。

中世英国ロマンス研究会訳『中世英国ロマンス集』Ⅰ，Ⅱ，Ⅲ，Ⅳ 篠崎書林，1983，1986，1993，2001。
中世英国ロマンスの訳。アーサー王伝説以外の代表的なロマンス24作品を平易な日本語で主題別に訳出している。

T. マロリー著，厨川文夫・厨川圭子訳『アーサー王の死』筑摩書房，1986。
中英語期のイギリスに流布していた多数のアーサー王伝説を集大成してアーサー王一代記の体裁を整え，後代に多大の影響を与えた T. マロリーの原作の訳。

永嶋大典著『英訳聖書の歴史』研究社出版，1988。
まず新旧聖書について概説し，古英語期よりなされてきた各種英訳聖書について詳述，最終章の邦訳聖書史も参考になる。

デイヴィッド・クリスタル著，豊田昌倫訳『英語——きのう・今日・あす』紀伊國屋書店，1989。
英語共通の構造を論じた後，さまざまな環境の中での英語の使われ方（変異，遊びの英語，個人の英語）などに言及し，英語の歴史も分かりやすく解説した好著。

ロバート・マックラム（他）著，岩崎春雄（他）訳『英語物語』文藝春秋社，1989。
BBC放送が「英語に関する9章」と題して放送した番組のスクリプト版。世界各地の英語，黒人英語についても記述するなど一般読者向けに書かれたもので読みやすい。

井村君江著『アーサー王ロマンス』筑摩書房，1992。
T. マロリー原作の『アーサー王の死』の内容を分かりやすく解説した書。主要な主題であるアーサーの誕生と即位，円卓騎士団，聖杯探求の旅，アーサー王の死などを4部に分けて説明している。

加藤恭子著『アーサー王伝説紀行——神秘の城を求めて』中央公論社，1992。
伝説の王アーサーの生涯とその逸話などに言及しながらアーサーにまつわるイギリス各地を訪ねた紀行記。読んでいるうちに読者はアーサー王をより身近に感じるだろう。

橋本　功著『聖書の英語』英潮社，1995。
聖書の原典であるヘブライ語聖書やギリシャ語聖書，ラテン語聖書などにも言及しながら各時代の英訳聖書の英語を詳細に考証した書。

松浪　有編，小川　浩（他）著『英語の歴史』大修館書店，1995。
英語史の通史として簡にして要をえた好著。典型的な構成で，古英語，中英語，近代英語，アメリカ英語，世界の英語について分かりやすく論述している。

渡部昇一著『講談——英語の歴史』PHP 研究所，2001。
　英語がいかにして国際語に発展していったかを，各時代の具体的な言語事実とイギリスの歴史とからめて解説している。日本語と英語の対比，英語教育についても言及している。

略　年　表

西暦	イギリス重要事項	日本・世界の動き
B.C. 3000頃	ストーンヘンジの建設開始	
B.C. 1c頃	ケルト人世界の形成	(日) 弥生文化
B.C. 55	ローマ総督シーザーがブリテン島に遠征	
A.D. 43	クラウディウス帝のブリタニア遠征，ローマの属州となる	
121	ハドリアヌスの長城建設（〜127)	
367	ピクト人・スコット人・サクソン人の侵入	(日) 大和政権の統一
410	西ローマ皇帝ホノリウス，ブリタニア撤退宣言。ローマ支配の終焉 この頃ケルト人の復興	
449	アングロ・サクソン人の本格的侵入開始	
597	アウグスティヌスのキリスト教布教。この頃7王国の形成	
604		(日) 17条の憲法の制定
710		(日) 平城京遷都
794		(日) 平安京遷都
829	ウェセックス王国のエグバート，全イングランドを統一	(世) イスラム帝国が栄える
9世紀半ば	デーン人（ヴァイキング）の侵入	
871	アルフレッド大王，ウェセックス王に即位（〜901)。デーン人の侵入阻止	
980	デーン人の侵入再開	(世) 西ヨーロッパで封建社会が成立
1016	デーン人クヌート，イングランド征服	(日) 藤原道長が摂政となる
1042	エドワード（懺悔王）即位。ウェセックス朝復活。	
1066	ノルマンディ公ギヨーム，ウィリアム1世として即位。(ノルマン朝)	(世) ローマ法王の権威が高まる
1096	第1回十字軍（〜99)	
1154	アンジュー伯アンリ，イングランド国王即位（ヘンリー2世）	

291

西暦	イギリス重要事項	日本・世界の動き
1192		(日) 源頼朝,鎌倉幕府を開く
1215	ジョン王,マグナ・カルタ(大憲章)に署名	(世) モンゴル帝国の力強まる
1249	オックスフォード大学創立	
1277	エドワード1世,ウェールズ征服(～84)	
1337	百年戦争開始(～1453)	
1348	黒死病の大流行(～49)	(世) ルネサンスが始まる
1381	ウォット・タイラーの一揆	
1455	バラ戦争(～85)	
1485	ヘンリー7世即位。チューダー朝成立	
1492		(世) コロンブス,北米発見
1509	ヘンリー8世即位(～47)	
1517		(世) ルターの宗教改革
1534	ローマ教会から独立。首長令。イギリス国教会を設立	
1536	ウェールズ,イングランドに統合	
1549		(日) キリスト教の伝来
1558	エリザベス1世即位(～1603)	
1587	スコットランド女王メアリ・スチュアート処刑	
1588	スペイン無敵艦隊を撃退	
1590		(日) 豊臣秀吉が天下を統一
1600	東インド会社を設立	
1601	救貧法制定	
1603	ジェイムズ1世即位(～25)。スチュアート朝成立	(日) 徳川家康が江戸幕府を開く
1605	火薬陰謀事件	
1611	欽定訳聖書刊行	
1620		(世) ピルグリム・ファーザーズの北米移住
1628	権利の請願提出	
1629	チャールズ1世の無議会政治	
1637	スコットランド人の抵抗はじまる	
1639		(日) 鎖国の完成
1641	アイルランドの反乱	
1642	ピューリタン革命勃発	
1649	チャールズ1世処刑。クロムウェル,共和国	

西暦	イギリス重要事項	日本・世界の動き
	を建国	
1653	護国卿体制成立	
1660	王政復古	
1665	ロンドンのペスト大流行	
1666	ロンドン大火	
1685	ジェイムズ2世即位	（日）歌舞伎・浮世絵・浄瑠璃・浮世草子・俳諧などの町人文化が栄える
1688	オレンジ公ウィリアム上陸。名誉革命	
1689	権利の章典	
1694	イングランド銀行創立	
1702	スペイン継承戦争（～13）	
1707	イングランド・スコットランド合同	
1714	ハノーヴァー朝成立	
1721	首相ウォルポール，政権掌握（～42）	
	▽このころ産業革命開始	
1775	アメリカ独立戦争（～83）	
1776		（世）北米13植民地独立宣言
1789		（世）フランス革命（人権宣言）
1801	アイルランド併合	
1804		（世）ナポレオン，皇帝となる
1805	トラファルガーの海戦	
1807	奴隷貿易廃止法成立	
1814	蒸気機関車の発明。鉄道建設時代へ	
1815	ワーテルローの戦い。穀物法制定	
1829	カトリック教徒解放法	
1830	リヴァプール・マンチェスター間に鉄道完成	
1832	第1次選挙法改正	
1834	新救貧法	
1836	穀物法撤廃	
1837	ヴィクトリア女王即位（～1901）	
1838	チャーチスト運動おこる。反穀物法同盟結成	
1840		（世）アヘン戦争（～42）
1845	アイルランド大飢饉	
1848	チャーチスト最後の示威運動。公衆衛生法	
1851	第1回万国博覧会，ロンドンで開催	

西暦	イギリス重要事項	日本・世界の動き
1853	クリミア戦争（～56）	（日）ペリー浦賀に来航
1858	インド直接統治開始	（日）日英，通商条約を結ぶ
1867	第2次選挙法改正	
1868		（日）明治維新
1870	初等教育法。アイルランド土地法	
1871	労働組合法	（日）廃藩置県，断髪・洋服・ランプ・ガス・鉄道開通・郵便制度などの文明開化
1875	スエズ運河株買収	
1877	ヴィクトリア女王，インド皇帝の称号をとる	
1884	第3次選挙法改正。フェビアン協会結成	
1886	アイルランド自治法案否決	
1889		（日）大日本帝国憲法の発布
1891	初等教育の無料化実現	
1894		（日）日清戦争（～95）
1902	日英同盟	
1904		（日）日露戦争
1906	労働代表委員会，労働党と改称	
1909	ロイド・ジョージの人民予算	
1911	議会法	
1914	第1次世界大戦勃発（～18）。対独宣戦布告	
1916	アイルランドのイースター蜂起	
1917		（世）ロシア革命
1918	議会改革法（婦人参政権一部賦与）	
1922	アイルランド自由国成立	
1923		（日）関東大震災
1924	初の労働党内閣成立	
1926	ゼネスト	
1927	BBC開局	（日）昭和時代（～89）
1928	普通選挙法（女子の参政権が男子と平等になる）	
1929		（世）世界恐慌
1931	イギリス連邦成立	
1939	対独宣戦。第2次世界大戦勃発（～45）	
1940	英軍，ダンケルク撤退。独軍，イギリス空襲	
1941	対日宣戦。アイルランド共和国独立	

西暦	イギリス重要事項	日本・世界の動き
1945	労働党，総選挙に大勝。イングランド銀行国有化	(日) ポツダム宣言を受諾。民主化・財閥解体・婦人参政権・労働組合法など
1946	チャーチル「鉄のカーテン」演説。国民保険法。炭坑・道路・鉄道輸送国有化	(日) 日本国憲法の公布
1947	マーシャル・プラン提示。インド独立	
1950	鉄工業国有化	(世) 冷戦の始まり
1952	エリザベス2世即位	
1956	スエズ戦争	
1961	EEC加入申請	(日) 経済が急速に成長する
1963	EEC加盟がドゴールにより拒否される	
1964		(日) 新幹線開通。オリンピック東京大会
1965	死刑廃止	
1969	北アイルランド暴動	
1970		(日) 大阪で万国博覧会が開かれる
1971	十進法通貨制導入	
1973	ECに正式加盟。IRAの爆破事件頻発	
1974	北アイルランド直接統治再開	
1975	国民投票でEC残留決定	
1979	総選挙で保守党勝利，サッチャー政権成立	
1980	北海油田開発成功	
1981		(日) 米・ECとの貿易摩擦
1982	フォークランド戦争	
1983	総選挙で保守党大勝，サッチャー再選	
1984	炭鉱スト拡大	
1985		(日) 科学万博
1986		(日) 第12回先進国首脳会議
1987	総選挙によりサッチャー3選	
1990	サッチャー首相下野，メージャー首相に就任	
1991		(世) ソ連邦消滅
1993		(世) EU発足
1995		(日) 阪神大震災
1997	労働党ブレア首相就任。香港返還	

図版写真出典一覧

1頁　佐久間康夫提供

3頁　ジェイムズ H. M. ウェブ著，ウェブ康子訳『イギリスってどんな国?』実教出版，1998年。

5頁　Collins Gem, *Flags*, Collins Publishers, 1992.

7頁　緒方孝文提供

9頁　*Heritage February/March 1997*, Bulldog Magazines Ltd, 1997.

10頁　*I see all* 学習研究社，1992年。

11上, 13, 14頁　佐久間康夫提供

11下頁　緒方孝文提供

15頁　佐久間秀彰提供

17頁　佐久間康夫提供

20頁　緒方孝文提供

24頁　P. S. Fry, *The Kings & Queens of England & Scotland*, Dorling , 1990.

25頁　A. Fraser, ed. *The Lives of the Kings & Queens of England*, Phoenix, 1993.

27頁　J. Cannon & R. Griffiths, *Oxford Illustrated History of the British Monarchy*, Oxford, 1998.

30頁　P. S. Fry, *The Kings & Queens of England & Scotland*, Dorling , 1990.

34頁　A. Fraser, ed. *The Lives of the Kings & Queens of England*, Phoenix, 1993.

35, 36, 38頁　J. Cannon & R. Griffiths, *Oxford Illustrated History of the British Monarchy*, Oxford, 1998.

39頁　Angero Hornak, Published by Cathedral Gifts Ltd.

43頁　橋本清一提供

46頁　P. S. Fry, *The Kings & Queens of England & Scotland*, Dorling , 1990.

48, 50, 54, 56, 58, 59, 62, 66, 67頁　杉恵惇宏提供

73頁　佐久間康夫提供

76～78頁　佐久間康夫提供

79頁　CD : Philip Pickett 指揮 Musicians of the Globe, *Ben Jonson's The Masqve of Oberon*, Philips 446217-2 の解説

83～87, 89～91頁　佐久間康夫提供

93, 94, 97頁　Quentin Falk, *Anthony Hopkins : The Authorised Biography*, Virgin Books, 1992.

103頁　松村昌家・川本静子・長島伸一・村岡健次編『女王陛下の時代』研究社出版，1996年。

106頁　小池滋著『英国鉄道物語』晶文社，1979年。

108頁　本城靖久著『トーマス・クックの旅』講談社，1996年。

113左頁　Ernest S. Bernord, ed. *Isabella Lucy Bird's "A Lady's Life in the Rocky Mountains"*, University of Oklahoma Press, 1999.

113右, 114頁　The Royal Botanic Garden, Kew, *A Vision of Eden*, HMSO, 1980.

119頁　香内三郎著『活字文化の誕生』晶文社，1982年。

122頁　清水　明提供

125頁　小林章夫著『コーヒー・ハウス』駸々堂出版，1984年。

127頁　Robert McCrum *et al.*, *The Story of English*, Penguin Books, 1987.

128頁　『朝日新聞』2000年4月17日付け

130頁　『ガーディアン・ウィークリー』新旧の紙面

132頁　ピーター・ルイス著，筒井正明・岡本昌雄訳『ジョージ・オーウェル1984年への道』平凡社，1983年。

137頁　佐久間康夫提供

142上頁　松村昌家・川本静子・長島伸一・村岡健次編『民衆の文化誌』研究社出版，1996年。

142下頁　松村昌家編『『パンチ』素描集――19世紀のロンドン』岩波書店，1994年。

143頁　Iona and Peter Opie ; with illustrations by Pauline Baynes, *The Book of Nursery Rhymes*, Penguin Books, 1963.

144頁　角山榮・川北稔編『路地裏の大帝国――イギリス都市生活史』平凡社，1982年。

145上頁　アニタ・ショルシュ著，北本正章訳『絵でよむ子どもの社会史』新曜社，1992年。

145下頁　松村昌家編『『パンチ』素描集――19世紀のロンドン』岩波書店，1994年。

146頁　ヘンリー・メイヒュー著，ジョン・キャニング編，植松靖夫訳『ロンドン路地裏の生活誌』上，原書房，1992年。

151頁　リチャード・D. オールティック著『ヴィクトリア朝の人と思想』音羽書房鶴見書店，1998年。

152上頁　Lewis Carroll, *Alice's Adventures in Wonderland*, The Hokuseido Press, 1975.

152下, 153頁　高橋康成著『ヴィクトリア朝のアリスたち――ルイス・キャロル写真集』新書館，1988年。

155頁　パディ・キッチン著『詩人たちのロンドン』朝日イブニングニュース社，1983年。

156上頁　Lewis Carroll, *Alice's Adventures in Wonderland*, The Hokuseido Press, 1975.

156下頁　Iona and Peter Opie ; with illustrations by Pauline Baynes, *The Book of Nursery Rhymes*, Penguin Books, 1963.

157頁　Iona and Peter Opie ; with illustrations by Pauline Baynes, *The Book of Nursery Rhymes*, Penguin Books, 1963.

159, 162頁　Kenneth O. Morgan, *Oxford Illustrated History of Britain*, Oxford, 1984.

163頁　英国政府観光庁提供

165頁　Barrie Parslow 画

167頁　英国政府観光庁提供

171頁　Kenneth O. Morgan, *Oxford Illustrated History of Britain*, Oxford, 1984.

172, 176頁　英国政府観光庁提供

181頁　Sara Mendelson and Patricia Crawford, *Women in Early Modern England*, Clarendon Press, 1988.

182頁　15世紀のエルズミア手稿より

183頁　Sara Mendelson and Patricia Crawford, *Women in Early Modern England*, Clarendon Press, 1988.

185頁　Isabella L. Bird, *Unbeaten Tracks in Japan, 1880*, Charles Tuttle, 1973.

187頁　Sheila Rowbotham, *A Century of Women*, Penguin Books, 1997.

188頁　ジル・リディントン著，白石瑞子・清水洋子訳『魔女とミサイル──イギリス女性平和運動史』新評論，1997年。

189頁　Sara Mendelson and Patricia Crawford, *Women in Early Modern England*, Clarendon Press, 1988.

195頁　Sheila Rowbotham, *A Century of Women*, Penguin Books, 1997.

203頁　佐久間康夫提供

208, 209下頁　樺山紘一著『近代ヨーロッパの情熱と苦悩』世界の歴史22，中央公論新社，1999年。

209上頁　エイザ・ブリッグズ著，村岡健次他訳『ヴィクトリア朝の人びと』MINERVA 西洋文学ライブラリー9，ミネルヴァ書房，1988年。

214頁　樺山紘一著『近代ヨーロッパの情熱と苦悩』世界の歴史22，中央公論新社，1999年。

216頁　エイザ・ブリッグズ著，村岡健次他訳『ヴィクトリア朝の人びと』MINERVA 西洋文学ライブラリー9，ミネルヴァ書房，1988年。

219頁　リチャード・D. オールティック著，要田圭治他訳『ヴィクトリア朝の人と思想』音羽書房鶴見書店，1998年。

226頁　C. A. パトリディーズ他著，村岡晋一他訳『存在の連鎖』平凡社，1987年。

227頁　ジョスリン・ゴドウィン著，吉村正和訳『交響するイコン』平凡社，1987年。

230頁　M. H. ニコルソン著，小黒和子訳『暗い山と栄光の山』国書刊行会，1989年。

235頁　ガレス・ロバーツ著，目羅公和訳『錬金術大全』東洋書林，1999年。

236頁　アンドレア・アロマティコ著，後藤淳一訳『錬金術』創元社，1997年。

245頁　Dava Sobel, *Longitude*, Fouth Estate Limited, 1995.

247頁　小畠啓邦，ジョン・カンスタブル編『ダーウィンとその時代』鶴見書店，1994年。

249頁　Dava Sobel, *Longitude*, Fouth Estate Limited, 1995.

255頁　松原良治提供

256頁　A. J. Wyatt, ed. *Beowulf*, Cambrige U. P, 1952.

257上頁　鈴木英一・佐藤修二編注『英語の歴史』金星堂，1981年。
257下頁　藤井健夫編『英語の世界』昭和堂，1992年。
258頁　Tapisserie de Bayeux.
261頁　松原良治提供
263頁　Thomas Malory, *King Arthur and His Knights*, Oxford, 1975.
264, 265頁　松原良治提供
266, 267頁　*The English Hexapla*, Samuel Bagster and Sons, 1841.
271頁　G. L. ブルック著，鈴木重威訳『英語の方言』千城，1976年。

人名・作品索引

ア 行

アイルランド共和国軍（IRA, Irish Republican Army） *19*
アークライト, リチャード（Richard Arkwright） *104*
アーサー王（King Arthur） *262-65*
アスター, ナンシー（Nancy Astor） *56, 195*
アディソン, ジョウゼフ（Joseph Addison） *120, 124, 126, 229, 230*
アーノルド, トマス（Thomas Arnold） *166, 170*
アーノルド, マシュー（Matthew Arnold） *7, 161*
アーバスノット, ジョン（John Arbuthnot） *9*
『ジョン・ブルの歴史』（*The History of John Bull*） *9*
アリエス, フィリップ（Philippe Ariès） *138, 139*
『〈子供〉の誕生』（*L'enfant et la Vie Familiale sous l'Ancien Regime*） *138, 139*
アルフレッド大王（Alfred the Great） *21, 257, 260*
アレン, エドワード（Edward Alleyn） *77*
アン女王（Anne） *28, 120, 127*
アンドレーエ, ヨハン・ヴァレンティン（Johann Valentin Andreae） *246*
『キリスト教徒の都』（*Christianopolis*） *246*
イーグルトン, テリー（Terry Eagleton） *7*
イシグロ, カズオ（Kazuo Ishiguro）
『日の名残り』（*The Remains of the Day*） *67, 70, 71*
ヴィクトリア女王（Victoria） *28, 46, 108, 122, 181, 208, 211, 214, 217-19, 221*
ウィクリフ, ジョン（John Wycliffe） *24, 268*
ウィリアム1世（William I） *3, 8, 43*
ウィリアム3世（オレンジ公ウィリアム）（William III） *27, 28, 37, 38, 45*
ウェリントン将軍（Duke of Wellington） *112*
ウェルズ, H. G.（Herbert George Wells） *247*
ウォー, イヴリン（Evelyn Waugh） *52*
『ブライズヘッドふたたび』（*Brideshead Revisited*） *52, 67*
ウォルポール, ロバート（Robert Walpole） *120*
ウドハウス, P. G.（P. G. Wodehouse） *131-34*
ウルストンクラフト, メアリ（Mary Wollstonecraft） *193, 195, 199, 200*
『女性の権利の擁護』（*A Vindication of the Rights of Woman*） *193, 199, 200*
ウルフ, ヴァージニア（Virginia Woolf） *195, 197, 198, 201, 202*
『自分だけの部屋』（*A Room of One's Own*） *195, 200, 201*
エグバート王（Egbert） *8*
エッジワース, マライア（Maria Edgeworth） *150, 196*
『両親のアシスタント』（*The Parent's Assistant*） *150*
エドワード3世（Edward III） *268*
エドワード6世（Edward VI） *25, 31, 32, 160*
エドワード7世（Edward VII） *28*
エドワード8世（Edward VIII） *28*
エラスムス（Desiderius Erasmus） *24, 167*
エリオット, ジョージ（George Eliot） *190, 197*
エリザベス1世（Elizabeth I） *25, 26, 29, 33, 48, 49, 75, 81, 83, 160, 181, 228, 243, 258*
エリザベス2世（Elizabeth II） *28, 46, 181*
オーウェル, ジョージ（George Orwell） *23, 132-34, 248*
オースティン, ジェイン（Jane Austen）

61, 197
『いつか晴れた日に』（Sense and Sensibility） 67
『高慢と偏見』（Pride and Prejudice） 67-69, 197
『マンスフィールド・パーク館』（Mansfield Park） 61
オーデン, W. H.（W. H. Auden） 149
オールティック, R. D.（Richard D. Altick） 133, 210, 211, 220
オリヴィエ, ローレンス（Laurence Olivier） 92, 93, 95, 96

カ 行

カヴァデール, M.（Miles Coverdale） 269
カヴニー, ピーター（Peter Coveney） 149
『子どものイメージ』（The Image of Childhood） 149
カクストン, ウィリアム（William Caxton） 119, 124, 264
カフカ, フランツ（Franz Kafka） 232
カルヴァン, ジョン（John Calvin） 24, 25, 160
カンパネラ（Tomaso Campanella） 237, 246
『太陽の都』（Citta del sole） 237, 246
岸田秀 140
ギャリック, デイヴィッド（David Garrick） 80, 84-86
キャロル, ルイス（Lewis Carroll） 151-53
『不思議の国のアリス』（Alice's Adventures in Wonderland） 151-56
キリグルー, トマス（Thomas Killigrew） 79
キング, スティーヴン（Stephen King） 128
クック, キャプテン（Captain James Cook） 111, 112, 115, 116, 244
クック, トマス（Thomas Cook） 55, 107, 112, 209, 212
グラッドストーン, ウィリアム（William Gladstone） 212
クランマー, トマス（Thomas Cranmer） 31, 32, 269
クリスティ, アガサ（Agatha Christie） 89, 148
『ねずみとり』（The Mousetrap） 89
クロムウェル, オリヴァー（Oliver Cromwell） 19, 26, 34, 35, 49, 235, 244
ゲーテ（Johann Wolfgang von Goethe） 235
『ファウスト』（Faust） 235
ケプラー（Johannes Kepler） 228
ケント, ウィリアム（William Kent） 60
ケンプ, マージョリー（Margery Kempe） 182, 183, 196
コクトー, ジャン（Jean Cocteau） 265
コメニウス（Johann Amos Comenius） 160
コリンズ, A. S.（A. S. Collins） 141
『文筆業の文化史』（The Profession of Letters: A Study of the Relation of Author to Patron, Publisher, and Public, 1780-1832） 141
ゴールドスミス, オリヴァー（Oliver Goldsmith） 141
コールリッジ, サミュエル・テイラー（Samuel Taylor Coleridge） 149, 150
コンラッド, ジョウゼフ（Joseph Conrad） 217
『闇の奥』（Heart of Darkness） 217

サ 行

サイード, エドワード W.（Edward W. Said） 223, 224
シェイクスピア, ウィリアム（William Shakespeare） 33, 76-78, 82, 86, 92, 195, 241, 243, 248, 258
『アントニーとクレオパトラ』（Antony and Cleopatra） 93, 95
『ウィンザーの陽気な女房たち』（The Merry Wives of Windsor） 243
『お気に召すまま』（As You Like It） 93
『オセロー』（Othello） 79, 92, 94
『コリオレイナス』（Coriolanus） 93
『じゃじゃ馬ならし』（The Taming of the Shrew） 93
『ジュリアス・シーザー』（Julius Caesar） 86
『テンペスト』（The Tempest） 93, 98, 99, 241, 248

『ハムレット』（*Hamlet*） 77, 86, 93
『ヘンリー5世』（*Henry V*） 10
『マクベス』（*Macbeth*） 85, 93, 94
『真夏の夜の夢』（*A Midsummer Night's Dream*） 236
『リア王』（*King Lear*） 75, 93, 227, 236
ジェイムズ1世（James I） 26, 33, 34, 45, 244, 258
ジェイムズ2世（James II） 27, 36-38, 45
シェリダン, R. B.（R. B. Sheridan） 85, 86
『悪口学校』（*The School for Scandal*） 85, 86
シーザー, ジュリアス（Julius Caesar） 5, 254
シャフツベリ伯（Anthony Ashley Cooper, Third Earl of Shaftesbury） 229, 230
ジョイス, ジェイムズ（James Joyce） 232
『ユリシーズ』（*Ulysses*） 232
ジョウンズ, イニゴ（Inigo Jones） 49, 78, 79
ジョージ1世（George I） 28, 46
ジョージ3世（George III） 46, 109, 163
ジョージ5世（George V） 28, 46, 87
ジョージ6世（George VI） 28, 46
ジョンソン, サミュエル（Samuel Johnson） 16, 121, 126, 127, 141
ジョンソン, ベン（Ben Jonson） 77, 84, 237
『錬金術師』（*The Archemist*） 237
スウィフト, ジョナサン（Jonathan Swift） 120, 124, 151, 248
スコット, ウォルター（Walter Scott） 18, 122
スティーヴンソン, ジョージ（George Stevenson） 104
スティール, リチャード（Richard Steele） 124
ストレイチー, リットン（Lytton Strachey） 214
ストーン, ロレンス（Lawrence Stone） 214
『家族・性・結婚の社会史』（*The Family, Sex and Marriage in England 1500-1800*） 214
スペンサー, エドマンド（Edmund Spenser） 33
スミス, W. H.（W. H. Smith） 97, 109, 110
スモレット, トバイアス（Tobias Smollett） 122
セシル, ウィリアム（William Cecil） 32, 49

タ 行

ダイアナ妃（Lady Diana） 14, 46, 129, 181
タイラー, ウォット（Wat Tyler） 268
ダーウィン, チャールズ（Charles Darwin） 190, 225, 230
『種の起源』（*On the Origin of Species by Means of Natural Selection*） 230
ダヴェナント, ウィリアム（William Davenant） 79
ダン, ジョン（John Donne） 83, 228, 243
ダンテ（Dante Alighieri） 235
『神曲』（*Divina Commedia*） 235
チェスターフィールド伯（Forth Earl of Chesterfield） 126, 135
チャールズ1世（Charles I） 26, 34, 35, 38, 45, 244
チャールズ2世（Charles II） 26, 27, 35, 36, 45, 78, 79, 84, 244
チョーサー, ジェフリー（Geoffrey Chaucer） 182, 258
『カンタベリー物語』（*The Canterbury Tales*） 182, 258
ディケンズ, チャールズ（Charles Dickens） 122, 150, 224
『オリヴァー・トゥイスト』（*Oliver Twist*） 150
『骨董屋』（*The Old Curiosity Shop*） 150
ディズレーリ, ベンジャミン（Benjamin Disraeli） 212
ティンダル, W.（William Tyndale） 269
テニエル, ジョン（John Tenniel） 153
デニス, ジョン（John Dennis） 229, 230
テーヌ, イポリット（Hippolyte Taine） 216
デフォー, ダニエル（Daniel Defoe） 12, 120, 123, 151
『ペスト』（*A Journal of the Plague Year*） 123
『ロビンソン・クルーソー』（*Robinson*

Crusoe)　*12, 151*
テルフォード, トマス（Thomas Telford）　*104*
トウエイン, マーク（Mark Twain）　*150*
トムスン, ウィリアム（William Thompson）　*193*
『人類の半分, 女の訴え』（*Appeal of One-Half of the Human Race, Women*）　*193*
トラヴァース, P. L.（Pamela Lyndon Travers）　*151*
トリスタン, フロラ（Flora Tristan）　*146*
『ロンドン散策』（*Promenades dans Londres*）　*146*
トールキン, J. R. R.（J. R. R. Tolkin）　*151*
『指輪物語』（*Lord of the Rings*）　*151*
ドレイク, フランシス（Francis Drake）　*243*

ナ 行

ナイチンゲール, フローレンス（Florence Nightingale）　*184*
ナイト, アン（Anne Knight）　*184*
ニコルソン, マージョリー（Marjorie Hope Nicolson）　*241*
ニュートン, アイザック（Isaac Newton）　*168*
ニューベリー, ジョン（John Newberry）　*141, 147*
ネルソン提督（Horatio Nelson）　*112, 244*

ハ 行

ハイゼンベルグ, ヴェルナー・カール（Werner Karl Heisenberg）　*232*
バイロン卿（Lord Byron）　*86, 239*
バーク, エドマンド（Edmund Burke）　*149, 230*
パクストン, ジョウゼフ（Joseph Paxton）　*104, 220*
ハクスリー, オルダス（Aldous Leonard Huxley）　*248*
ハッサン, I.（I. Hassan）　*232*
ハーディ, トマス（Thomas Hardy）　*186*
『日陰者ジュード』（*Jude the Obscure*）　*186*

バード, イザベラ（Isabella Bird）　*113, 185*
パトモア, コヴェントリ（Coventry Patmore）　*184*
バトラー, サミュエル（Samuel Butler）　*248*
バーニー, フランシス（Frances Burney）　*196*
バニヤン, ジョン（John Bunyan）　*152, 237*
『天路歴程』（*The Pilgrim's Progress*）　*152, 237*
バーネット, トマス（Thomas Burnet）　*229, 240, 241*
バーベッジ, ジェイムズ（James Burbage）　*75, 76*
バリー, J. M.（James Matthew Barrie）　*151*
『ピーターパンとウェンディ』（*Peter Pan*）　*151*
ハリウェル, ジェイムズ・オーチャード（James Orchard Halliwell）　*148*
『イングランドの童謡』（*Nursery Rhymes of England*）　*148*
バーンズ, ロバート（Robert Burns）　*17*
『蛍の光』（"Auld Lang Syne"）　*17*
ピーチャム, ヘンリー（Henry Peacham）　*161*
ビートルズ（The Beatles）　*148, 206*
フィールディング, ヘンリー（Henry Fielding）　*80*
フォースター, E. M.（E. M. Forster）　*21, 22*
フォーセット, ミリセント（Millicent Garrett Fawcett）　*187, 194*
ブラウン, ランスロット（Lancelot Brown）　*58, 60*
ブラマー, ジョウゼフ（Joseph Bramah）　*104*
ブレイク, ウィリアム（William Blake）　*149, 152, 222*
ブロッホ, エルンスト（Ernst Bloch）　*250*
ブロンテ, エミリー（Emily Brontë）　*197*
ブロンテ, シャーロット（Charlotte Brontë）　*197*
ベケット, サミュエル（Samuel Beckett）　*90*
『ゴドーを待ちながら』（*Waiting for Godot*）　*90*

ベーコン，フランシス（Francis Bacon）　*160, 246*

ベーン，アフラ（Aphra Behn）　*196*

ベラミー，エドワード（Edward Bellamy）　*248*

ヘンズロウ，フィリップ（Philip Henslowe）　*77*

ヘンデル（Georg Friedrich Handel）　*85*

ヘンリー7世（Henry VII）　*30, 31, 45, 242*

ヘンリー8世（Henry VIII）　*20, 24, 25, 29-31, 43, 45, 47-49, 75, 81, 159, 204, 205, 217, 242*

ホイットニー，イザベラ（Isabella Whitney）　*196*

ホイットブレッド，サミュエル（Samuel Whitbread）　*86*

ホーキンス，ジョン（John Hawkyns）　*242*

ボズウェル，ジェイムズ（James Boswell）　*16, 64*

ホッケ，ルネ（Gustav Rene Hocke）　*234*

ポープ，アレグザンダー（Alexander Pope）　*127*

ホプキンズ，アンソニー（Philip Anthony Hopkins）　*91-97, 100*

マ 行

マゼラン（Fernao de Magalhaes）　*242*

マードック，アイリス（Iris Jean Murdoch）　*233*

マーロウ，クリストファー（Christopher Marlowe）　*76*

マロリー，トマス（Thomas Malory）　*264*

ミューディ，C. E.（C. E. Mudie）　*109, 121*

ミル，ジョン・スチュアート（John Stuart Mill）　*189, 194*

ミルトン，ジョン（John Milton）　*161, 229, 237, 251*

『楽園喪失』（*Paradise Lost*）　*229, 237, 251*

メアリ・スチュアート（Mary Stuart, Queen of Scotland）　*32, 45*

メアリ1世（Mary I）　*25, 30-33, 45, 160, 269*

メアリ2世（Mary II）　*27, 28, 37, 38, 45*

モア，トマス（Thomas More）　*12, 24, 30, 31, 168, 245, 246*

『ユートピア』（*Utopia*）　*12, 30, 40, 245, 246*

モア，ハンナ（Hannah More）　*184*

モア，ヘンリー（Henry More）　*229*

モーズリ，ヘンリー（Henry Maudsley）　*190*

モリス，ウィリアム（William Morris）　*163, 248*

ヤ・ラ・ワ行

ユング（Carl Gustav Jung）　*238*

ライエル，チャールズ（Charles Lyell）　*231*

ライトソン，キース（Keith Wrightson）　*139*

『イギリス社会史1580-1680』（*English Society 1580-1680*）　*139*

ラヴジョイ（Arthur Lovejoy）　*231*

ラスキン，ジョン（John Ruskin）　*163, 189*

リチャードソン，サミュエル（Samuel Richardson）　*63, 121*

『パミラ』（*Pamela*）　*63, 121*

リットン，ブルワー（Edward Robert Bulwer Lytton）　*246*

リード，ウィリアム（William Winwood Reade）　*246*

ルイ14世（Louis XIV）　*244*

ルイス，C. S.（Clive Staples Lewis）　*151*

ルイス，G. H.（George Henry Lewes）　*189, 197*

ルソー（Jearn-Jacques Rousseau）　*149, 150, 152, 193*

『エミール』（*Emile, ou de l'Education*）　*193*

ルター，マルティン（Martin Luther）　*24, 229, 268*

レプトン，ハンフリー（Humphrey Repton）　*58, 60, 61, 66*

レン，クリストファー（Christopher Wren）　*49, 84*

ロウス，メアリ（Lady Mary Wroth）　*196*

ロスチャイルド，マイアー（Meyer Rothschild）　*51*

ロック，ジョン（John Locke）　*150, 152, 161*

ローリー，ウォルター（Walter Raleigh）　*243*

ワイアット，トマス（Thomas Wyatt）　*32*

ワイルド，オスカー（Oscar Wilde）　*168, 220*

ワーグナー, R. (Richard Wagner) 265
ワーズワス, ウィリアム (William Wordsworth) 149, 150, 152, 241
ワット, ジェイムズ (James Watt) 102

事項索引

ア 行

アウクスブルク同盟戦争（War of the League of Augsburg） *38*
アフタヌーン・ティー（afternoon tea） *272*
イギリス国教会（Church of England） *25, 29-33, 39, 47, 211, 269*
イギリス連邦（The British Commonwealth of Nations） *206*
イースター蜂起（Easter Rising [Rebellion]） *19*
イレヴン・プラス（Eleven Plus） *172, 173*
印欧語族（Indo-European family of languages） *254, 255*
ヴィクトリア・アンド・アルバート博物館（Victoria and Albert Museum） *116, 163*
ヴィクトリア朝（時代）（Victorian Age） *51, 114, 133, 142, 151, 183-85, 189-91, 197, 198, 204, 219, 220, 259*
ヴィクトリアニズム（Victorianism） *211, 213-15, 218, 219*
ウィンザー家（The House of Windsor） *28, 46*
ウェイマス（Weymouth） *109*
ウェスト・エンド（West End） *87-90*
ウーマン・クエスチョン（the Woman Question） *188*
王権神授説（The Divine Right of Kings） *26*
王政復古（Restoration） *26, 84, 120, 142*

カ 行

ガヴァネス（governess） *184, 191, 192*
囲い込み運動（Enclosure） *30, 101*
カトリック教徒解放令（Cathoric Emancipation Act） *37*
仮面劇（masque） *78*
カルヴァン主義（Calvinism） *33, 160*
寛容法（Toleration Act） *37*
ギネス（Guinness） *51*
キュー植物園（the Royal Botanic Gardens, Kew） *114*
救貧法（The Poor Law） *144*
共和政（Commonwealth） *26, 120*
欽定訳聖書（the Authorized Version of the Bible） *34, 41, 258, 269*
グラマー・スクール（grammar school） *158-60, 164, 169, 170, 172-75*
クラレンドン法典（Clarendon Code） *27, 36*
グランド・ツアー（grand tour） *50, 111, 112, 115, 166, 238, 241*
グローブ・シアター（Globe Theatre） *76, 77*
ケルト人（the Celts） *6, 7, 254, 255*
検閲法（the Licensing Act） *80*
賢者の石（the philosopher's stone） *234*
権利の章典（The Bill of Rights） *28, 37, 42*
権利の請願（The Petition of Right） *26, 34*
権利の宣言（The Declaration of Rights） *28, 37*
護国卿（Lord Protector） *26, 35*
コーヒー・ハウス（coffee house） *120, 124-126, 134, 135*
コレッジ（学寮）（college） *159, 160, 163, 167, 168, 171, 174, 175, 184, 186, 193, 202*
コンスタンツ公会議（Council of Konstanz） *268*
コンダクト・ブックス（conduct books） *189*
コンプリヘンシブ・スクール（comprehensive school） *173-75*

サ 行

産業革命（Industrial Revolution） *62, 101-05, 108, 109, 122, 151, 207, 209, 220, 235*
ジャーナリズム（journalism） *119, 121, 123-26, 128, 131, 133, 259*

首長令（Act of Supremacy）　25, 30, 32, 205
蒸気機関（steam engine）　102
女性参政権（woman suffrage）　195
審査法（Test Act）　27, 36
人身保護法（Habeas Corpus Act）　26, 36
水晶宮（Crystal Palace）　103, 208, 212, 220
スチュアート朝（Stuart era）　26, 28, 33, 35
ストーンヘンジ（Stonehenge）　254
スペイン継承戦争（War of Spanish Succession）　38
『スペクテイター』（The Spectator）　120, 124, 126, 134

タ行

第1次英蘭戦争（The First Dutch War）　35
第1回万国博覧会（The Great Exhibition）　102, 107, 208-10, 212
大英帝国（The British Empire）　204-06, 208, 217, 219-221
大英博物館（The British Museum）　115
『タトラー』（The Tatler）　120, 124-26
タブロイド（tabloids）　129, 130
チャッツワース・ハウス（Chatsworth House）　49, 52, 53, 64, 65
チューダー朝（Tudor era）　26, 30, 33, 45, 47
ツーリズム（tourism）　109
鉄道（railway）　105-10
ドーヴァーの密約（Treaty of Dover）　36
ドゥルリー・レイン（Drury Lane）　79, 80, 82-91, 98
トラファルガーの海戦（The Battle of Trafalgar）　112, 221, 244

ナ行

ナーサリー・ライム（nursery rhyme）　143, 147
ナショナル・トラスト（National Trust for Places of Historic Interest and National Beauty）　6, 55-57, 64
西ローマ帝国（the Wesern Roman Empire）　256
ニュー・ウーマン（new woman）　186
ノブレス・オブリージ（noblésse oblige）　65, 217
ノルマンの征服（Norman Conquest）　47,

257

ハ行

パクス・ブリタニカ（Pax Britannica）　204, 206-208, 210, 211, 217, 244
ハノーヴァー朝（Hanover era）　28, 46
パブリック・スクール（public school）　22, 159, 160, 166, 169-71, 172, 174, 270
バラ戦争（Wars of the Roses）　30, 75
『パンチ』（Punch）　142, 214
ピクチャレスク（picturesque）　115, 117
百年戦争（the Hundred Year's War）　268
ピューリタニズム（Puritanism）　218
ピューリタン革命（Puritan Revolution）　26, 35, 49, 120
フェミニズム（feminism）　188, 197
ブライトン（Brighton）　109
プリンス・オヴ・ウェールズ（Prince of Wales）　12-14
ブレダ宣言（Declaration of Breda）　36
ブレナム・パレス（Brenheim Palace）　49, 52, 53, 65
ボイン川の戦い（Battle of the Boyne）　38
ポストコロニアリズム（postcolonialism）　241

マ行

マザー・グース（Mother Goose）　14, 141, 147, 148, 152, 156, 157
ミステリーズ（聖史劇）（mystery play）　74
無敵艦隊（Invincible Armada）　33, 119, 181, 243
名誉革命（Glorious Revolution）　19, 27, 36, 37, 120, 160
モラリティーズ（道徳劇）（morality play）　75

ヤ・ラ行

ユニオン・ジャック（Union Jack）　4, 19, 204, 206
リヴァプール・アンド・マンチェスター鉄道（Liverpool and Manchester Railway）　105-07
リスペクタビリティ（respectability）　215, 220

リゾート地（resorts） 108, 109, 113
錬金術（alchemy） 234-38

ロマンス（romance） 262-65

執筆者紹介（所属，執筆分担，執筆順，＊印は編者）

緒方孝文（青山学院大学教育人間科学部教授，第1章）
橋本清一（青山学院大学経済学部教授，第2章）
杉恵惇宏（明治大学名誉教授，第3章）
＊佐久間康夫（編著者紹介参照，第4章）
木下　卓（愛媛大学名誉教授，第5章）
清水　明（信州大学名誉教授，第6章）
＊太田雅孝（編著者紹介参照，第7章）
＊中野葉子（編著者紹介参照，第8章）
窪田憲子（都留文科大学文学部教授，第9章）
武井博美（横浜創英大学こども教育学部教授，第10章）
植月惠一郎（日本大学芸術学部教授，第11章）
松原良治（神戸大学名誉教授，第12章）

《編著者紹介》

佐久間康夫(さくまやすお)

1955年生まれ。青山学院大学文学部教授。

著 書 『イギリス文学ガイド』(共著) 荒地出版社, 1997年。

訳 書 マーティン・エスリン著『演劇の解剖』北星堂書店, 1991年。
ロビン・メイ著『世界演劇事典』(編訳) 開文社出版, 1999年。

中野 葉子(なかの ようこ)

1956年生まれ。早稲田大学講師, ニキ美術館顧問。

著 書 『〈身体〉のイメージ――イギリス文学からの試み』(共著) ミネルヴァ書房, 1991年。
『オックスフォードの贈り物』(単著) 廣済堂, 1995年。
『誘惑するイギリス』(共著) 大修館書店, 1999年。

太田 雅孝(おおた まさたか)

1952年生まれ。大東文化大学文学部教授。

著 書 『読みの軌跡――英米文学試論集』(共編著) 弓書房, 1988年。
『ポール・マルドゥーンとの出会い――北アイルランド詩の現在』(共編著訳) 国文社, 1994年。
『たのしく読める英米詩』(共編著) ミネルヴァ書房, 1996年。

概説 イギリス文化史

2002年4月20日 初版第1刷発行　　　　　　検印廃止
2020年7月1日 初版第17刷発行

定価はカバーに表示しています

編著者　　佐久間　康夫
　　　　　中　野　葉　子
　　　　　太　田　雅　孝
発行者　　杉　田　啓　三
印刷者　　坂　本　喜　杏

発行所　株式会社 ミネルヴァ書房
607-8494 京都市山科区日ノ岡堤谷町1
電話代表 (075)581-5191番
振替口座 01020-0-8076番

©佐久間・中野・太田, 2002　冨山房インターナショナル・藤沢製本

ISBN 978-4-623-03564-9

Printed in Japan

よくわかるイギリス文学史	浦野郁 編著	A5判 252頁 本体2500円
よくわかるアメリカ文化史	奥村沙矢香 編著	B5判 240頁 本体2500円
世界文化シリーズ		
イギリス文化 55のキーワード	巽孝之 編著	B5判 204頁 本体2500円
アメリカ文化 55のキーワード	木下卓・窪田憲子・久守和憲 編著	A5判 294頁 本体2900円
概説イギリス文化史	笹田直人・野田研一・山里勝己 編著	A5判 298頁 本体2500円
英語文学事典	佐久間康夫・太田雅孝・中田雅子・田中葉子 編著	A5判 320頁 本体3500円
シリーズ・はじめて学ぶ文学史		
はじめて学ぶイギリス文学史	神山妙子 編著	A5判 312頁 本体2800円
はじめて学ぶアメリカ文学史	板橋好一・髙田賢一 編著	A5判 376頁 本体2800円

ミネルヴァ書房
http://www.minervashobo.co.jp/